인공지능 시대

성인학습 및 상담

김신일 이복희 윤옥한 김성호 김소영 염희영 공저

한국평생교육HRD학회

YANGSEOWON
양서원

머리말

인공지능(AI)이 일상과 사회 전반에 깊숙이 스며든 오늘, 우리는 이전의 어떤 시대보다 "인간은 누구인가, 어떻게 살아야 하는가"라는 근본적인 질문 앞에 서 있다. 기술은 단순한 도구를 넘어 인간의 인지와 감정, 판단의 영역까지 확장되고 있으며, 인간의 정체성과 존재 조건을 재정의하는 변화가 가속화되고 있다. 이러한 환경 속에서 성인학습과 상담은 더 이상 전통적 의미의 기능 습득이나 문제 해결의 방법을 가르치는 활동에 머물 수 없다. 오히려 인간의 존엄성, 자율성, 정의라는 근본적 가치를 재해석하고, 개인이 변화의 물결 속에서도 스스로 삶의 방향을 재구성하도록 돕는 실존적·철학적 실천이 되어야 한다.

본서는 이러한 시대적 요구 속에서, 인공지능과 트랜스 휴머니즘의 부상이라는 거대한 전환점에서 성인학습과 상담이 나아가야 할 철학적·윤리적·실천적 지평을 제시하고자 한다. 책의 각 장은 AI 기술의 진보가 인간의 존재 자체에 제기하는 질문을 탐구하고, 포스트 휴먼 담론이 가져올 교육적·상담적 논점들을 비판적으로 분석하며, 기술 중심의 사회가 심화시킨 불평등·정체성 혼란·자율성 위기 등을 어떻게 성찰하고 대응할 것인지 통합적으로 다룬다.

성인학습자는 AI가 제시하는 효율성과 속도에 압도되어 자기 결정권을 잃지 않도록 비판적 사고능력과 자기 주도성을 강화해야 하며, 교육은 이러한 내적 성장과 성찰의 능력을 기르는 방향으로 전환되어야 한다. 기술은 인간의 삶을 편리하게 만들지만, 삶의 의미와 인간다움은 기술이 대신 제공할 수 없는 영역이기 때문이다.

따라서 성인학습의 장은 새로운 인간상(像)에 대한 비판적 사고, 기술과 인간성의 균형, 학습자의 윤리적·철학적 자기 정립을 위한 공간으로 재해석되어야 한다. 상담 역시 개인이 경험하는 정체성의 혼란, 기술 의존, 가치관 충돌, 생애 설계의 불확실성 등을 다루는 새로운 패러다임을 요구받고 있다. 상담자는 더 이상 심리적 안정만을 돕는 전문가가 아니라, 인간 존재의 의미를 함께 성찰하는 철학적 동반자가 되어야 한다.

본서에 일관되게 흐르는 메시지는 명확하다. AI 시대의 성인학습과 상담은 기술 대응의 차원을 넘어 '인간다움의 회복'을 중심 가치로 삼아야 한다.

기술이 아무리 발전하더라도 인간의 고유성은 대체될 수 없다. 학습현장은 이러한 인간다움을 재발견하고 강화하는 장이어야 하며, 상담은 개인이 기술의 속도에 압도되지 않고 자신의 삶을 주체적으로 살아갈 수 있도록 돕는 실존적 동반자가 되어야 한다.

본서는 다음 세 가지 축을 중심으로 구성되어 있다. 첫째, AI 시대 인간 이해의 철학적·존재론적 재구성, 둘째, 성인학습 상담의 이론과 실제의 융합적 재설계, 셋째, 기술사회가 제기하는 윤리적·사회적 도전에 대한 교육·상담적 대응이다. 이를 통해 독자는 인공지능 시대에 변화하는 인간의 모습을 입체적으로 이해하고, 성인학습과 상담이 어떤 방향으로 변화해야 하는지 실천적 통찰을 얻을 수 있을 것이다.

아울러 본서는 수렵채집 사회에서 현대 정보기술 사회에 이르기까지 학습의 진화 과정을 체계적으로 살펴보며, 성인학습이 어떻게 변화해 왔는지를 역사적·철학적 맥락 속에서 정리하고 있다. 평생학습 사회로의 전환, 디지털·AI 환경에서의 학습 재구조화, 개인의 생애설계와 정체성 형성에 영향을 미치는 기술 요인 등은 성인 학습 연구자와 현장 전문가 모두가 반드시 숙고해야 할 새로운 과제들이다.

본서는 이러한 시대적 요구 속에서, 성인학습과 상담이 기술의 혜택을 비판적으로 수용하면서도 인간다움을 지키는 데 어떤 역할을 수행할 수 있는지 실천적 관점을 제공한다. 성인학습자, 교육 실천가, 상담 전문가, 그리고 관련 연구자들에게 실천의 폭넓은 확장에 기여할 수 있기를 기대한다.

끝으로, 이 책의 출간에 관심과 애정을 주신 양서원의 박철용 회장님과 직원 여러 분에게도 깊은 감사를 드린다. 그리고 이 책의 출간을 위해 격려와 지지로 응원을 해준 한국평생교육HRD학회 회원과 공동 저자의 가족들에게도 깊은 고마움을 드린다.

2025년 12월

저자 일동

차 례

Chapter 4 인공지능 시대 학습 이론과 전통적 학습 이론

Chapter 5 성인학습의 이론

Chapter 6 성인기 발달 이론

Chapter 7 성인학습 실제

Chapter 8 성인학습 상담의 기초

Chapter 9

상담 이론

Chapter 10

성인학습 상담조력 기술

Chapter 11

성인학습 상담의 내용 및 과제

Chapter 12

AI 상담 도구의 등장

Chapter

1

인공지능 시대 인간의 이해: 성인학습과 상담의 새로운 지평

학습 개요

이 장에서는 인공지능과 트랜스 휴머니즘 시대의 도래 속에서 인간 존재에 대한 이해가 근본적으로 변화하고 있음을 성찰하며, 성인학습과 상담의 철학적 · 존재론적 전환 필요성을 고찰하는 데 초점을 둔다. 과학기술의 발전은 인간의 삶과 정체성, 학습의 목적을 재정의하게 만들고 있으며, 이에 따라 성인학습은 단순한 기능 습득을 넘어 인간다움, 자기성찰, 윤리적 판단력 함양을 위한 실존적 탐색의 장으로 전환되어야 한다. 또한 상담은 기술에 의한 불안과 정체성 혼란을 극복하고, 학습자가 자기 이해와 존재의 의미를 재구성할 수 있도록 돕는 윤리적 동반자의 역할을 강화해야 한다. 본 학습에서는 포스트 휴머니즘 담론과 트랜스 휴머니즘의 개념, 그리고 인간 본성의 핵심 윤리 기준인 존엄성, 자율성, 정의의 관점을 통해 성인학습과 상담이 나아가야 할 방향을 철학적 · 실천적으로 조망한다.

학습 목표

1. 포스트 휴머니즘과 트랜스 휴머니즘 개념을 이해하고, 이러한 담론이 성인학습 및 상담에 미치는 존재론적·철학적 함의를 설명할 수 있다.
2. AI 기술 발전이 인간의 존엄성, 자율성, 정의 등 윤리적 가치에 미치는 영향을 비판적으로 분석하고, 이에 대한 교육적·상담적 대응 방안을 제시할 수 있다.
3. 기술 중심 사회에서 성인학습과 상담이 수행해야 할 인간성 회복과 의미 탐색의 역할을 성찰하고, 실천적 과제를 도출할 수 있다.

1. 인공지능 시대: 인간 이해의 재구성과 성인학습 상담의 존재론적 전환

4차 산업혁명은 기술 패러다임의 단순한 변화에 머무르지 않는다. 인공지능, 생명공학, 나노기술, 뇌과학 등 급진적인 과학기술의 융합은 인간 삶의 양식은 물론, 인간 존재의 본질 자체를 근본적으로 재정의할 것을 요구하고 있다. 기술은 이제 생명의 시작과 끝, 신체와 인지, 인간과 기계의 경계에까지 깊숙이 개입하고 있으며, 이는 "우리는 누구인가?", "어떻게 살아야 하는가?"라는 존재론적 질문을 다시금 우리 사회에 환기한다. 특히 AI 기술은 단지 인간을 보조하는 도구가 아니라, 사고와 판단, 창의성과 감성의 영역까지 넘나들며 인간 고유의 능력에 도전장을 던지고 있다.

이러한 변화는 교육 영역 전반에 깊은 충격을 주고 있으며, 특히 성인학습과 상담 분야는 그 영향을 직접적으로 받고 있다. 전통적으로 성인학습은 개인의 직업 능력 향상이나 사회적 참여를 위한 기능 중심 교육으로 이해됐다. 그러나 인공지능 시대에는 이러한 교육의 목적이 더 이상 충분하지 않다. 기술이 인간을 대체할 가능성이 제기되는 상황에서, 성인학습은 인간만이 할 수 있는 '존재적 성찰'과 '삶의 의미 탐색'을 중심에 두어야 한다. 인간의 존엄성, 자유, 책임, 윤리 등은 기술로 환원될 수 없는 가치이며, 성인학습은 이러한 가치를 재발견하고 강화하는 교육적 장이어야 한다.

상담 역시 기술사회에서 더욱 중대한 역할을 갖는다. 급변하는 시대는 불안과 혼란을 낳고, 개인은 자신의 정체성과 삶의 방향에 대해 깊은 혼란을 경험한다. 이때 상담은 단순한 심리적 지원을 넘어, 존재론적 위기 속에서 인간 스스로가 자기 자신을 이해하고 재구성할 수 있도록 돕는 심층적 관계적 실천으로 전환되어야 한다. 특히 트랜스 휴머니즘(trans-humanism), 포스트 휴머니즘(post-humanism)과 같은 담론이 확산하는 현시점에서 상담과 학습은 인간의 경계를 재정의하고, 새로운 윤리와 가치체계를 마련하는 데 이바지해야 한다.

따라서 인공지능 시대의 성인학습과 상담은 단지 기술적 변화에 대응하는 수단이 아니라, 기술의 맥락 속에서 인간을 어떻게 이해하고 교육할 것인가에 대한 철학적·존재론적 질문에 답하는 실천이어야 한다. 인간은 무엇으로 존재하며, 어떤 삶을 살아야 하느냐 하는 근본적 물음은 이제 더 이상 철학자들만의 몫이 아니다. 오늘날 성인학습자 한 사람, 상담자 한 사람에게도 던져야 할 본질적 질문이며, 교육과 상담은 그 질문에 응답할 수 있는 새로운 인간학의 실천의 장이어야 한다.

2. 포스트 인간과 트랜스 휴머니즘의 개념 이해와 성인학습 상담에의 함의

'포스트 인간(post-human)', '트랜스 인간(trans-human)', '포스트 휴머니즘(post-humanism)', '트랜스 휴머니즘(trans-humanism)'은 이제 단순한 철학적 개념을 넘어, 성인학습과 상담 현장에서 실제로 고려되어야 할 시대적 과제로 대두되고 있다. 인간은 오랜 진화의 과정에서 언어와 도구를 통해 자신의 신체적·인지적 한계를 극복해 왔다. 그러나 오늘날의 과학기술, 특히 인공지능, 유전자 편집, 생체공학, 뇌-기계 인터페이스 기술 등은 인간을 단지 극복의 주체가 아니라 '재설계할 수 있는 존재'로 인식하게 만든다(한국포스트휴먼연구소, 2016). 이러한 기술적 진보는 인간 존재의 조건과 경계를 새롭게 규정하면서, 교육과 상담의 철학과 실천에도 근본적인 재구성을 요구한다.

트랜스 인간(trans-human)은 생물학적 진화를 넘어 기술을 통해 능력을 확장한 존재로, 인간이 기술과 융합하면서 점진적으로 변화하는 상태를 의미한다. 반면 포스트 인간(post-human)은 인간의 고유한 생물학적 한계를 넘어서거나 인간을 대체하는 존재를 포함하는 개념으로, 인공지능, 로봇, 사이보그, 복제 인간 등이 여기에 해당한다(신상규, 이상욱 외, 2020). 이와 같은 존재론적 변화는 단지 학문적 논의에 그치지 않고, 성인학습자들에게는 자아정체성의 혼란, 학습의 목적에 대한 재정의, 기술 환경 속에서의 자기이해 등 실질적인 도전으로 작용한다.

성인학습 영역에서는 기술적 진보가 가져오는 새로운 인간상을 반영하여 학습 목표와 내용, 방법을 재구성할 필요가 있다. 특히 자아 탐색과 생애 설계의 핵심 시기인 성인기에, 인간의 경계를 재구성하는 기술의 영향력은 학습 동기 형성과 자기정체감 발달에 결정적인 영향을 미친다. 상담 영역에서도 인간 이해의 전통적 패러다임을 넘어서, 기술과 융합된 인간 존재를 어떻게 이해하고 지원할 것인가에 대한 새로운 접근이 요구된다. 결국, 포스트 휴먼 담론은 성인학습과 상담이 단순히 시대 변화에 적응하는 수준을 넘어서, 인간 존재에 대한 철학적 성찰과 윤리적 판단 능력을 함양하는 교육과 상담으로서의 전환을 촉구하는 이론적·실천적 토대가 된다.

3. 인간 이해의 변화와 성인학습의 철학적 전환

21세기 과학기술의 발전은 인간 존재에 대한 근본적 이해를 흔들고 있다. 미래학자 레이 커즈와일(Ray Kurzweil)은 『특이점이 온다(*The Singularity is Near*)』에서 2045년경 인간과 기계의 경계가 사라지는 특이점(singularity)이 도래하리라 예측하며, 질병과 노화, 죽음을 극복하는 새로운 인간의 출현을 전망하였다(레이 커즈와일, 2007). 이러한 기술적 예측은 단순한 공상과학적 상상이 아니라, 이미 뇌-기계 인터페이스, 유전자 편집, 인공지능 기반 인지 증강 기술 등 현실적 기술로 빠르게 접근하고 있다. 이는 인간의 삶의 조건을 근본적으로 재정의하며, 성인학습자에게 새로운 학습 동기와 생애 설계의 기회를 제공하는 동시에, 이전에는 경험하지 못했던 존재론적 불안과 윤리적 갈등을 증폭시킨다.

'마인드 업로딩(mind uploading)'과 같은 기술은 인간의 기억, 감정, 정체성을 디지털 장치에 저장하거나 전이시킬 수 있다는 가능성을 제시한다. 이에 따라 인간은 더 이상 '생물학적 육체'에 국한되지 않고, 디지털화된 존재로까지 확장될 수 있다는 논의가 제기된다. 이는 성인학습자에게 정체성에 대한 새로운 사유를 요구하며, '나는 누구인가?', '기억은 나의 일부인가?', '삶의 의미는 어디서 오는가?'와 같은 근본적인 물음을 유발한다. 자기 서사(self-narrative)와 기억, 그리고 삶의 유한성에 대한 성찰은 더 이상 철학자의 사유에 국한되지 않고, 오늘날의 학습자와 상담자가 함께 고민해야 할 실천적 과제가 되었다.

이에 따라 성인학습의 목적은 단순한 지식과 기술의 습득을 넘어서, 인간 존재의 조건 변화에 대해 비판적으로 사유하고, 윤리적 판단과 실존적 대응력을 기르는 철학적 학습으로 확장되어야 한다. 성인기 학습은 이제 개인의 생애 설계와 정체성 구성에 있어 점점 더 복잡해지는 기술 환경과 긴밀히 연동되며, '어떻게 살 것인가'라는 철학적 물음에 대한 지속적 탐색의 장이 되어야 한다. 또한 상담은 단지 심리적 치유나 적응의 기능을 넘어, 기술문명 속 인간 존재의 방향성을 함께 성찰하는 철학적 동반자 구실을 해야 한다(신상규, 2014). 기술은 인간의 삶을 편리하게 만들지만, 그로 인해 유발되는 존재적 혼란과 도덕적 딜레마는 교육과 상담의 새로운 중심 의제가 된다.

결국, 인간 이해의 변화는 성인학습과 상담의 철학적 전환을 촉구한다. 우리는 기술에 압도되는 것이 아니라, 기술 속에서 인간다움을 지키고 삶의 의미를 재정의할 수 있는 존재로 성숙해야 하며, 성인학습과 상담은 이러한 성숙을 가능케 하는 중요한 통로가 되어야 한다.

4. 트랜스 휴머니즘 논쟁과 성인학습의 윤리적 과제

트랜스 휴머니즘(trans-humanism)은 과학기술을 활용하여 인간의 신체적·인지적·감성적 능력을 극대화하고 인간 존재의 근본적 한계를 극복하고자 하는 철학적·윤리적 입장을 포괄한다(이원봉, 2018). 이 개념은 생물학적 진화를 넘어 기술을 통한 인위적 진화를 긍정하며, 인간 향상(human enhancement)의 미래를 전망한다. 처음으로 이 용어를 제시한 인물은 생물학자이자 사회철학자인 줄리언 헉슬리(Julian

Huxley)였으며, 이후 철학자 닉 보스트롬(Nick Bostrom)과 데이비드 피어스(David Pearce) 등에 의해 이론적으로 체계화되고 국제 트랜스 휴머니스트 협회와 같은 제도적 기반이 마련되었다(Bostrom, 2005). 이들은 생명 연장, 인지 능력 향상, 감정 제어와 같은 인간 향상의 실현 가능성을 논의하는 동시에, 기술이 초래할 윤리적 위험과 사회적 불평등, 인간 정체성의 위협에 대해 성찰해 왔다.

이러한 트랜스 휴머니즘의 논의는 단지 기술 철학의 영역에 국한되지 않고, 성인학습의 영역에서도 본질적인 변화를 요청한다. 트랜스 휴머니즘은 성인학습자에게 '자기 설계(self-design)'와 '자기 개선(self-enhancement)'이라는 새로운 학습 비전을 제시한다. 학습자는 더 이상 기존 경험의 수동적 축적자가 아니라, 스스로 미래를 설계하고 기술과 통합된 새로운 자아를 창조하는 주체로 간주한다. 인공지능 보조 학습, 유전자 기반 인지 향상, 뇌파 기반 인터페이스 등은 이러한 비전을 기술적으로 뒷받침하고 있으며, 이는 성인학습의 내용과 방식, 목적 자체를 재정의하게 만든다.

그러나 이러한 기술 중심적 인간상은 동시에 심각한 윤리적 문제를 수반한다. 첫째, 인간 본성의 훼손 가능성이다. 기술이 인간의 감정, 판단, 기억까지 개입할 경우, 인간 고유의 자연성과 자율성은 심각하게 위협받을 수 있다. 둘째, 정체성의 혼란이다. 기술과 융합된 자아는 기존의 자기 개념과 불일치할 수 있으며, 이는 성인기의 정체성 확립과 생애 설계 과정에 깊은 영향을 미친다. 셋째, 기술 의존의 심화로 인한 인간 능력의 퇴보 가능성이다. 기술이 인간의 결정을 대신하는 상황에서는 학습 자체의 목적과 자율적 사고의 중요성이 약화될 수 있다. 이와 같은 우려는 상담적 개입의 필요성을 강조하게 만든다. 상담은 이러한 윤리적 딜레마와 존재론적 불안을 탐색하고 조율하는 공간이 되어야 하며, 인간 정체성의 지속성과 내면적 자아의 통합을 도모하는 실천적 철학의 장으로서 구실을 해야 한다(신상규, 2021).

결국 트랜스 휴머니즘 논쟁은 성인학습과 상담이 단지 시대 변화에 대응하는 기술적 기제로 머물 것이 아니라, 기술과 인간성 사이의 균형을 모색하는 윤리적 실천의 장이 되어야 함을 역설한다. 성인학습은 기술을 통한 인간 향상의 가능성을 성찰적으로 수용하되, 인간 존엄과 자율, 의미 있는 삶의 방향을 지향하는 철학적 기초 위에서 전개되어야 한다.

5. 인간 본성의 세 가지 윤리적 기준과 상담적 대응: 존엄성, 자율성, 정의의 관점에서

인공지능(AI)과 생명공학, 나노기술 등 급속히 발전하는 과학기술은 인간의 능력을 극적으로 향상할 수 있는 잠재력을 지니고 있다. 그러나 이러한 기술적 진보는 동시에 인간 존재의 본질에 대한 근본적인 윤리적 질문을 제기한다. 인간이란 무엇인가? 인간다움은 무엇으로부터 보장받아야 하는가? 이에 본 절에서는 인간 본성을 구성하는 세 가지 핵심 윤리 기준인 존엄성(dignity), 자율성(autonomy), 정의(justice)를 중심으로 고찰하고, 이러한 가치가 인공지능 시대의 성인학습과 상담 실천에 어떠한 방향성을 제시할 수 있는지 살펴보고자 한다.

1) 존엄성의 문제와 상담의 존재론적 기능

기술이 인간을 향상하고 대체할 수 있다는 트랜스 휴머니즘의 전망은 인간의 존엄성에 대한 근본적인 도전을 제기한다. 도널(Donal, 2003)은 인간의 고유한 덕성과 내면적 품위가 기술 의존적 사회 속에서 점차 상실될 수 있다고 경고하였다. 특히 포스트 휴먼의 등장은 인간 고유의 정서, 도덕성, 관계성 등 '인간다움'의 본질을 약화할 수 있으며, 이는 성인학습과 상담이 기반하고 있는 철학적 기초를 흔드는 위협요인이 된다고 하였다.

UN 세계인권선언 제1조는 "모든 인간은 태어날 때부터 존엄하며 자유롭고 평등하다"라고 명시하고 있으며(서윤호, 2022), 이는 인간을 단지 생산성과 효율성으로 평가하는 기술주의 담론에 대한 강력한 윤리적 반론으로 기능한다. 유발 하라리(Yuval

Harari, 2017)는 이른바 '데이터이즘(dataism)'의 부상 속에서 인간의 판단과 가치판단 능력이 알고리즘에 의해 대체될 수 있다고 주장하며, 이는 인간의 고유성 즉 존엄성이 기술로 환원될 수 없다는 점을 더욱 부각한다.

상담은 이러한 변화 속에서 학습자가 자기 자신을 도구화되지 않은 존재로 인식하고, 내면의 가치와 존재 의미를 회복할 수 있도록 지원하는 존재론적 실천이 되어야 한다. 기술로 인해 외부의 평가 기준에 휘둘리는 시대, 상담은 '자기이해'를 통해 인간 내면의 존엄을 재발견하고, 자존감을 회복할 수 있는 성찰의 공간을 제공해야 한다.

2) 자율성의 위기와 성인학습의 윤리적 재구성

AI 기술은 개인 맞춤형 학습, 추천 시스템, 자동화된 진로 탐색 도구 등 다양한 방식으로 성인학습자의 학습 경험을 지원하고 있다. 이는 겉보기에는 학습자의 자율성을 확장하는 것으로 보일 수 있다. 그러나 이러한 기술이 특정 알고리즘에 의해 설계되고 제어되는 구조라면, 오히려 학습자의 선택은 외형적 자유 속에 갇힌 제한된 자율에 불과할 수 있다.

존 롤스(John Rawls, 1993)는 『정의론』에서 인간은 기본적 재화에 대한 공정한 접근권을 통해 자율적 존재로 실현된다고 보았다. 이는 교육에서의 접근성, 정보의 비차별적 제공, 선택의 실질적 자유가 보장되어야 함을 의미한다. 그러나 AI는 상업적 플랫폼이나 편향된 알고리즘에 의해 특정 정보와 학습 경로를 우선 순위화할 수 있으며, 이는 하버마스가 경고한 '체계에 의한 생활세계 침투', 즉 자율성의 인위적 침해라는 윤리적 문제로 이어질 수 있다.

이러한 문제는 성인학습이 기술 중심으로 재편되는 과정에서 더욱 심화한다. 학습자는 자율적으로 보이지만 사실상 플랫폼이나 데이터 기반 의사결정 구조에 의해 유도되고 제한되는 것이다. 상담은 이러한 상황에서 학습자가 진정한 자기결정(self-determination)과 비판적 사고 능력을 갖출 수 있도록 돕는 중재자로 기능해야 한다. 특히 기술이 제공하는 편리함 속에서도 학습자가 자신의 욕구, 신념, 가치관에 기반하여 학습을 설계할 수 있도록 철학적 토대를 제공하는 것이 필요하다.

3) 정의의 기준과 디지털 불평등 해소를 위한 상담의 역할

인공지능 시대에 교육 기회의 디지털 격차는 단순한 정보 접근의 문제가 아니라, 인간 능력 향상의 기회 자체를 구조적으로 불균형하게 만드는 요인이 된다. 기술에 접근할 수 있는 자와 그렇지 못한 자, AI 기반 학습 시스템을 활용할 수 있는 환경을 가진 자와 그렇지 못한 자 사이에는 학습 성과의 격차뿐 아니라 정체성과 자존감, 사회적 기회의 격차가 점점 더 발생한다.

이는 성인학습이 단지 교육 기회를 제공하는 차원을 넘어서, 공공 자원의 보편적 접근, 디지털 리터러시 교육 강화, 심리적 불평등 해소를 위한 정서적 지원 등을 통합적으로 고려해야 함을 의미한다. 성인학습은 기술 활용의 형평성과 포용성을 보장함으로써 정의로운 사회를 구현하는 핵심 수단이 되어야 하며, 상담은 학습자 개인이 경험하는 기술 격차의 심리적 정체성 갈등을 완화하고 사회적 통합을 촉진하는 구실을 해야 한다.

AI 기술의 설계 단계에서부터 공정성과 윤리성을 고려하는 것도 중요하지만, 그 기술이 실제 교육 현장에서 적용되는 과정에서도 상담과 교육의 윤리적 조정 기능이 필요하다. 즉, 상담은 성인학습자가 기술 환경 속에서도 자신을 가치 있는 존재로 인식하고, 공정한 기회를 누릴 수 있도록 조력하는 실천적 정의의 공간이어야 한다.

이와 같이, 존엄성, 자율성, 정의는 기술사회 속 인간 존재를 지탱하는 핵심 윤리 기준이며, 성인학습과 상담은 이 세 가지 축 위에서 인간다움을 회복하고 확장하는 실천을 지속해야 한다. 특히 상담은 기술적 효율성 중심의 교육 환경 속에서 학습자의 내면과 삶을 통합적으로 조율하는 윤리적 중재자로서의 책무를 새롭게 자각해야 할 시점이다.

학습 과제

1. 포스트 휴머니즘 및 트랜스 휴머니즘 관련 주요 개념과 이론을 정리하고, 성인학습 및 상담의 관점에서 비판적으로 분석한 에세이를 작성하시오.
2. 인공지능 시대 인간 본성(존엄성, 자율성, 정의)의 변화에 관해 사례를 중심으로 조사하고, 성인학습자 또는 상담자의 관점에서 그 대응 방안을 토의하시오.
3. '기술사회에서의 성인학습과 상담의 철학적 역할'이라는 주제로 소그룹 발표를 준비하고, 발표 후 질의응답을 통해 다양한 윤리적 쟁점을 탐색하시오.

참고문헌

강연호(2021). 디지털 포스트 인간 시대의 휴먼 정체성과 시적 대응. **영주어문, 47,** 311-335.

강우성, 김성호, 박인찬, 유선무, 이동신, 정회원, 황정아(2021). **포스트휴머니즘의 쟁점들.** 갈무리.

김기숙(2017). 미래시대(포스트휴먼) 인성교육의 방향. **기독교교육정보, 54,** 1-36.

김미령(2020). 포스트휴먼시대 교양교육의 방향과 성찰. **문화와 융합, 42,** 829-848.

김은주, 김재희, 유인혁, 이광석, 이양숙, 이중원, 이현재, 홍남희(2021). **디지털 포스트 휴먼의 조건.** 갈무리.

레이 커즈와일(2005). **특이점이 온다: 기술이 인간을 초월하는 순간.** 김명남, 장시형 옮김. 김영사.

로지 브리이도티(2015). **포스트휴먼.** 이경란 옮김. 아카넷.

박유신, 조미라(2017). 미래사회를 위한 포스트휴먼 교육. **미술교육논총, 31,** 179-216.

박일태(2021). 생각을 불러 일으키는 책-신상규, 호모사피엔스의 미래: 포스트휴먼과 트랜스휴머니즘-. **인간연구, 44,** 167~177.

박휴용(2019). 포스트휴먼 시대의 학교교육의 변화와 교사 전문성의 방향. **교육철학연구, 41,** 47-80.

백종현(2021). **인간은 무엇이어야 하는가.** 아카넷.

서윤호(2022). 포스트휴먼 사회에서 인간존엄성의 문제. **통일인문학, 90,** 227-254.

신상규(2014). **호모사피엔스의 미래.** 아카넷.

신상규, 이상욱, 이영의, 김애령, 구본권, 김재희, 하대청, 송은주(2020). **포스트휴먼이 몰려온다.** 아카넷.

신승환(2018). 포스트휴먼 시대의 인문교육. **인간연구, 37,** 85-111.

오연경, 조재룡(2020). 포스트휴먼 시대 교양교육의 위상과 방향. **한국어문교육, 33,** 7-28.

유발 하라리(2017). **호모데우스: 미래의 역사.** 김명주 옮김. 김영사.

윤옥한(2022). 포스트 휴머니즘 담론과 미래 교육의 방향 탐색. **인간연구, 48,** 7-31.

이경수(2020). 포스트휴먼 시대 시 교육의 역할과 방향. **국어국문학, 193,** 197-228.

이도흠(2021). 인간의 본성에 대한 융합적 연구와 새로운 지평. **한국언어문화, 76,** 341- 369.

이원봉(2018). 포스트휴머니즘은 휴머니즘이 될 수 있는가?. **인간연구, 37,** 57~83.

정연재(2019). **포스트휴먼 시대의 윤리.** 아카넷.

피터 싱어(2012). **사회생물학과 윤리.** 김성한 옮김. 연암서가.

한국포스트휴먼연구소 한국포스트휴먼학회 편저(2016). **포스트휴먼 시대의 휴먼.** 아카넷.

Adam Dodd (2017). "The Crisis of Humanity: Or, What if We Have Never Been Human?". *History and Theory, 56,* 138-145.

Bostrom, N. (2003). The Transhumanist FAQ: A General Introduction.

Bostrom, N. (2005). "A History of Transhumanist Thought". *Journal of evolution and technology, 5,* 5-26.

Braidotti, R., Posthuman (2006). "All Too Human: Towards a New Process Ontology". *Theory, Culture & Society, 23,* 197-208.

Busso, D. S., & Pollack, C. (2015). "No Brain Left Behind: Consequences of Neuroscience Discourse for Education". *Learning, Media and Technology, 40,* 168-186.

Donal, O. M. (2003). *Big Ethical Issues With Small Technology.* Continuum Press.

Harris, J. (2007). *Enhancing Evolution: The Ethical Case for Making Better People.* Princston University Press.

Kuby, C. R. & Rowsell, J. (2017). "Early Literacy and the Posthuman: Pedagogies and Methodologies". *Journal of Early Childhood Literacy, 17,* 285-296.

Rawls, J. (1993). *Political Liberalism.* Columbia University Press.

Smith, M. K. (2005). "Saving Humanity?: Counter-Arguing Posthuman Enhancement". *Journal of Evolution and Technology, 14,* 20-44.

Chapter

2

학습사회와 성인학습

학습 개요

이 장은 학습사회의 개념과 발전, 그리고 평생학습 시대 성인학습의 확장을 다룬다. 학습사회는 모든 구성원이 평생에 걸쳐 자발적 · 자기주도적으로 학습할 수 있는 환경을 갖춘 사회로, 1960년대 이후 UNESCO와 EU를 중심으로 확산했다. 인류는 수렵채집사회에서 체험 · 관찰 · 대화 중심의 자율적 학습을 시작으로, 농경봉건국가 시기에는 성년식 · 문자 · 학교제도를 통해 교육을 제도화했고, 산업국민국가 시기에는 의무취학과 국민교육을 통해 국가가 학습을 강력히 관리했다. 20세기 후반 정보기술 시대에 접어들면서 지식의 유효기간이 단축되고 디지털 · AI 학습방식이 확산하며, 학습은 평생에 걸친 필수적 활동으로 자리 잡았다. 이에 따라 성인기에는 직업 재교육과 시민적 참여를 위한 학습, 노년기에는 자립과 삶의 질 향상을 위한 학습이 강조되며, 평생학습은 개인적 성장뿐 아니라 사회적 통합을 이끄는 핵심적 과제가 되고 있다.

학습 목표

1. 학습사회의 정의, 특징, 그리고 1960년대 이후 UNESCO, EU, OECD를 중심으로 확산된 국제적 논의를 파악할 수 있다.
2. 수렵채집사회, 농경봉건국가, 산업국민국가, 정보기술 시대에 따른 학습 방식과 교육제도의 변화를 비교 · 분석할 수 있다.
3. 성인기와 노년기의 학습 요구, 디지털 · AI 시대의 학습 과제, 직업 · 시민 · 자기성장 학습의 중요성을 이해할 수 있다.

1. 학습사회

학습사회는 아동뿐만 아니라 성인을 포함한 사회의 모든 구성원들이 각자 또는 공동이 원하거나 필요한 지식, 정보, 기능, 예술, 체육 등을 학교는 물론이고, 학습활동에 이용할 수 있는 사회 내의 모든 시설과 조직을 활용하여 평생에 걸쳐서 자발적이고 자기주도적으로 학습할 수 있는 사회이다. 이 사회는 학습조장적 환경을 갖추고 있어서 개인과 집단들의 학습활동을 지원하는 다양한 교육 기회를 제공하며, 학습의 결과를 평가 인정하는 제도적 장치와 조직을 갖추고 있다. 그리고 그러한 학습활동을 통하여 개인들은 물론이고 사회도 역량을 키우고 삶의 질을 높임으로써 포용적인 인간다운 삶을 지향하는 학습 기반 사회이다. 그러나 학습사회는 아직 실현된 것은 아니고, 20세기 후반부터 출발하여 건설해 가는 단계에 있다.

학습사회가 서론되기 시작한 것은 1960년대부터이다. 허친스(Hutchins, 1968)는 『*The Learning Society*』에서 과학기술 발달의 결과로 점점 더 많은 사람들이 노동의 짐으로부터 벗어나고 있기 때문에 고대 그리스의 자유시민처럼 학습생활을 즐기는 학습사회가 다가오고 있다고 주장하였다. 한편, 이와는 다른 관점에서 국가를 위시한 교회 등이 구성원의 학습을 지배하고 통제하던 시대로부터 탈근대주의와 탈권위주의 그리고 탈구조주의의 바람이 불고 특히 교육의 권위주의를 거부하는 '6·8 운동'이 유럽과 미국의 대학들을 휩쓸면서 자율적인 학습에 대한 관심이 높아지고 평생학습의 시대적 흐름과 연결됨으로써, 사회를 학습하는 조직으로 인식하는 경향이 형성되고 있음에 주목하는 학자들이 늘어났다. 그리하여 학습도시(learning city), 학습마을(learning village), 학습공동체(learning community), 학습지역(learning region)등의 용어 사용이 확산하고, 기업을 학습조직(learning organization)이라고 규정하기도 함으로써 학습사회에 관한 논의가 확대된다. 이런 상황에서 UNESCO가 1972년에 발간한 보고서 『*Learning to Be*』는 제2부 마지막 장에서 "학습사회의 오늘과 내일"을 개관하고, 이어서 제3부에서는 학습사회를 향한 철학과 정책 방향

그리고 실천방안을 제시함으로써 학습사회에 관한 논의를 확산시킨다. 그리고 훗센(Husen)이 이에 관한 논저들을 종합하여 『*The Learning Society Revisited*』(1986)을 출간하여 논의가 확장된다.

그리고 1990년대에 들어서는 UNESCO와 OECD의 계속된 노력과 함께 UN이 학습사회 건설의 선두 주자로서 회원국들의 학교와 대학의 개혁과 아울러 학습도시와 학습지역 운동을 적극적으로 추진하면서 학습사회의 모습이 드러나기 시작한다. 그 과정에서 학습사회의 올바른 방향이 무엇인가에 대한 논의도 전개되면서(Welton, 2005), 학습사회를 향한 각국의 정책과 노력이 한층 다양해지고 더욱 활발하게 전개되고 있다(김신일, 2020). 특히 UNESCO와 UN은 학습사회의 구체적 구상과 건설에 지속적으로 노력을 기울이고 있다(UNESCO, 2022).

2. 문명 단계별 학습과 교육의 진화

인류는 일찍부터 생존을 위해 학습에 힘을 기울였다. 자신을 둘러싼 환경을 정확하게 파악하고 그에 적절하게 대응하는 방법을 아는 것이 생존을 안전하고 행복하게 이어갈 수 있는 길이었기 때문이다. 환경에 대응하는 방법을 아느냐 모르느냐는 생존이 걸린 근본적 문제였다. 그리하여 인류는 혼자 또는 두세 명이 함께 새로운 지식과 기능을 스스로 학습하여 남보다 강하고 효과적인 능력을 발휘하게 되고, 그것을 보고 주변 사람들이 모방학습을 통해 습득하여 능력을 키우기도 하고, 그 지식과 기능을 다른 사람들이 학습하도록 가르치는 교육활동을 통해 전파함으로써 집단의 능력을 확대하는 방식으로 문명의 발전을 이끌었다. 즉 인류는 학습과 교육을 통하여 언어 능력, 도구 사용, 과학기술, 국가조직 등을 발전시켜 고도의 문명사회를 건설하고 지구 생태계의 최상위를 차지하게 되었다. 인류는 학습과 교육을 통하여 문명을 발전시키고, 새로운 문명 단계에서는 새로운 학습방법과 새로운 교육방식을 이용하여 다음 단계의 문명으로 꾸준히 진화하였다.

1) 수렵채집사회

고고인류학 연구에 따르면, 약 50만 년 전부터 순전히 수렵과 채집으로 생존하던 인류의 먼 조상들은 먹을 것을 찾아 작은 단위로 이동하면서 살았다. 이들은 아직 언어 능력도 부족해서 단순한 방식으로 의사소통하였고, 사냥이나 생활을 위한 도구도 나무, 돌, 뼈와 같은 단순한 것을 사용할 뿐이었다. 농작물을 재배하거나 동물을 기르는 일은 상상할 수도 없었다.

그렇게 살아오던 인류는 지금으로부터 약 5만 년 전 마지막 빙하기의 위기를 거치면서 두뇌가 뚜렷이 발달하고 언어 능력도 향상되어 지적 능력이 크게 높아진다 (Wells, 2006: 171). 학자들이 크로마뇽인이라 부르는 현생 인류가 출현한 이 시기부터 돌과 뼈로 만든 송곳, 바늘, 낚시, 작살, 투창기, 활 등과 이울러 옷, 장신구, 집의 유물과 유적이 나타났고, 예술과 종교적 활동을 나타내는 유석도 발견된다. 본격적인 인류의 역사가 시작된 것이다. 그래도 아직은 수렵채집 시대를 벗어나지 못했는데, 약 1만 1천 년 전에 야생 밀을 재배하는 방법을 터득하고 나서야 새로운 문명 시대로 나아간다.

수렵채집 시대 사람들의 학습생활은 어떠했을까? 문화인류학자인 재레드 다이아몬드는 남태평양 뉴기니 원주민, 아프리카 쿵족, 아마존 야노마미족, 알래스카 이누피아크족 등 20세기의 원시사회 속에 들어가 오랫동안 함께 생활하면서 그들의 생활방식을 세밀하게 관찰, 기록하였는데, 학습활동과 학습에 대한 관리방식을 알려주는 자료도 많이 포함되어 있다. 다이아몬드의 연구로 미루어보면, 수렵채집사회는 대략 30명 정도의 무리를 이루어 다른 동물들의 공격에 대응하고 사냥과 채집을 하면서 살았으며, 성인이 평균 약 18명, 어린이가 약 12명으로 구성되었다. 그들은 생활 속에서 다양한 학습활동을 하였는데, 사람들의 학습을 관리하는 지도, 감독, 통제는 없었고, 각자가 스스로 이것저것을 배운 것으로 판단된다. 말하자면 각자가 자신의 학습을 자율적으로 관리했고, 아동들의 학습에 대하여도 지도나 감독 없이

거의 방치했다(Diamond, 2013).

한편, 그 시대의 성인들은 사냥과 채집이 자신은 물론 가족집단의 생존을 결정했으므로, 누가 가르치지 않아도 기술과 지식의 습득에 노력을 기울였다. 어떤 동물을 어떻게 사냥하고, 어떤 열매와 풀이 먹을 수 있는 것인지 스스로 배우기도 했지만, 다른 사람들이 성공적으로 사냥하는 모습을 보면 그것을 모방하고, 다른 사람이 새로운 열매나 풀을 먹는 것을 보면 역시 그것을 따라 했다. 이 시대에는 직접적인 체험학습과 함께 관찰을 통한 모방학습이 큰 부분을 차지했다.

개인적인 직접체험을 통한 체험학습과 관찰을 통한 모방학습 외에 중요한 또 하나의 학습방식은 이야기 나누기를 통한 학습이었다. 여러 지역의 수렵채집사회를 연구한 학자들이 공통으로 지적하는 것은, 이 사회 사람들은 수다를 떨듯이 매우 사소해 보이는 일이나 현상에 대하여 시시콜콜 낮이나 밤이나 심지어 자다가 일어나서도 끊임없이 이야기를 주고받았다는 것이다(Diamond, 2013: 405-408). 이러한 '수다떨기'는 사회적 관계를 강화하는 기능도 있지만, 더 중요한 기능은 다양하고 세밀한 정보를 교류하고 확인하는 것이다. 이것은 그 시대에는 매우 중요한 학습방법이었다.

이상과 같이 수렵채집 시대에는 수십만 년 동안 학습활동이 생활 속에서 교육적 지도나 통제 없이 이루어졌지만, 그 시대의 마지막 단계에 이르러서는 소수의 '장인'이나 '전문가'의 훈련을 위한 학습관리활동이 시작되었다. 유럽 몇 지역에서 발견된 구석기 시대 끝 무렵의 것으로 추정되는 동굴벽화와 조각들을 근거로, 그리는 방법이나 새기는 방법을 먼저 배운 사람이 다음 사람들에게 가르쳐주는 '의도적 교육'이 이루어졌으리라고 학자들은 추정한다(Boyd, 2008: 29).

한편, 인류 최초의 '전문직'이라 할 수 있는 무당(Shaman)은 후기 구석기 시대에 해당하는 약 3만 년 전에 아시아 동북부에서 나타나 세계 전역으로 전파되었는데, 그들은 장기간의 훈련을 거쳐서 무당으로 입신하였다고 연구자들이 밝히고 있다(Wikipedia, 2019). 그 시기는 수렵채집인들이 먹을 것을 찾아 계속 이동하면서도 한 곳을 거점으로 삼아 일정 영역 내에서 살기 시작한 '거점 중심 이동' 시대로서, 이때부터 인류 사회에 극소수이기는 하지만 '전문직' 훈련이 시작되었다는 주장도 있다. 뿐만 아니라 구석기 시대 말의 유물인 투창기, 활, 장신구 등의 정교성으로 볼 때 이것들의 제작을 배우려는 사람을 도와주는 학습지도 현상이 나타나기 시작했을 것으로 추정된다. 그러나 학습활동이나 지도활동을 집단이 조직적으로 관리한 증거는 찾아볼 수 없다.

요약하면 수렵채집 시대의 어린이들이나 성인들은 생존에 필요한 기능과 지식을 여러 가지 방식으로 학습했다. 그러나 수십만 년 동안 학습은 각자가 필요에 따라 스스로 수행하였고, 구성원들의 학습을 관리하는 사회적 장치는 없었다. 그들은 주로 체험, 관찰, 대화를 통하여 학습하였으며, 그러한 학습활동을 지도하거나 통제하는 등의 교육적 관리행위는 나타나지 않았다. 그러나 수렵채집 시대의 마지막 단계에 도구 제작의 학습을 도와주는 활동이 생겨나고, 주술적 활동을 하는 극소수의 '전문직' 훈련을 위한 교육활동이 시작되었다. 그렇지만 학습활동에 개입하여 관리하는 교육 행위는 극소수에 대한 한정된 현상이었다.

2) 농경봉건국가

인류 문명이 농경목축으로 바뀌고 국가가 형성되면서 학습 관리에도 큰 변화가 일어난다. 수렵채집 시대에는 거의 방임하였던 학습활동을 국가 또는 사회집단이 전반적으로 관리하기 시작한 것이다. 농경과 목축은 조직적인 노동이 필요했고 집단의 규모를 확대했으므로 집단구성원 모두가 익혀야 할 지식, 방법, 규칙이 증가했기 때문이다. 더욱이 소규모 가족집단이 씨족사회로 그리고 부족사회로 확장되면서 전쟁이 빈번해짐에 따라, 청소년들은 물론이고 성인들에게도 조직화와 전투 능력 향상을 위한 훈련과 규율이 강화되어 갔다. 그에 따라 수렵채집 시대에는 생활 속에서 자유롭게 행하던 학습활동을 집단의 권력자가 그리고 새롭게 등장한 부족 국가가 조직적으로 관리하기 시작한다.

농경문명의 출발은 앞에서 언급하였듯이 약 1만 1천 년 전 오늘날의 요르단, 시리아, 이라크 등 이른바 '비옥한 초승달 지역'에 살던 인류의 조상들이 야생 밀을 재배하는 방법을 터득하면서부터이다. 곧이어 동물들을 차례로 가축화하여 목축도 시작한다. 그러나 신석기 문명과 겹쳐서 발전한 농경목축은 한 곳에서 시작되어 지구 전체로 퍼졌다기보다는 세계의 몇 지역에서 각기 다른 시기에 시작되어 주변으로 확산했다는 증거가 쌓이고 있다. 농경문화가 지구의 몇 개 지역에서 각각 시작되어 세계 전체로 퍼지는 데에는 오랜 시간이 걸렸다. 약 1만 1천 년 전 최초의 야생 밀 재배 이후 약 3,500년이 지난 기원전 6,500년경에 인도 남부에서 농경이 이루어졌고, 다시 1,500년이 지난 기원전 5,000년 무렵에 독일과 나일강 유역에서, 그리고 한반도에서는 기원전 3,600년 무렵에 식량 재배가 이루어졌다(Diamond, 1998). 그에 따라 학습활동에 대한 조직적 관리와 규제도 지역별로 다른 시기에 나타났다.

인류 역사에서 학습을 강력히 관리하는 초기의 집단적 교육활동은 '성년식(initiation)' 또는 '통과의례(rite of passage)'로 구체화했는데, 지역별로 농경목축이 발달하고 대규모 씨족사회 또는 부족 국가가 형성된 시기에 시작된 것으로 보인다. 농경목축이 일찍 발달한 비옥한 초승달 지역에서는 기원전 9~7세기에 성년식이 출현했지만, 농경목축을 늦게 시작한 다른 지역들에서는 1천 년 또는 수천 년 뒤에 나타났다(Boyd, 2008: 29). 즉 성년식은 지역 간에 큰 시간 간격을 두고 시작되었다. 그러한 시간과 공간의 차이에도 불구하고 성년식의 형식과 내용에는 기본적으로 큰 차이가 없었다. 당시의 성년식은 대체로 사춘기 청소년을 성인으로 진입시키는 의식이었으며, 금식, 독방에서 지내기, 신체적 고통 견디기, 위험한 행동 감행하기, 전투 능력 훈련 등과 함께 부족의 신화와 규범에 대한 교육으로 이루어졌다. 한반도에서는 마한(B.C. 2세기~A.D. 3세기)에서 성년식의 한 부분으로 등 근육에 줄을 꿰어 나무를 매달아 끄는 절차가 행해졌다는 기록이 있다. 조선시대의 '관례(冠禮)'와 오늘날의 '성년식'은 고대의 성년식에 뿌리를 두고 있다. 청소년들은 성년식 절차를 성공적으로 통과해야 비로소 부족의 성인 구성원으로 인정받기 때문에 철저한 훈련 과정을 거쳤고, 본인뿐만 아니라 부모들도 성년식 통과를 돕기 위해서 많은 노력을 기울였다. 따지고 보면 성년식은 집단 또는 국가가 구성원들이 학습해야 할 내용을 지시하고 관리하는 교육제도가 시작되었다는 데에 의미가 있다. 즉 사회구성원 전체에 대한 교육의 제도화를 향한 싹을 틔워서, 아동·청소년의 학습을 국가가 관리하기 시작한 것이다.

수천 년 동안 서서히 확산하던 신석기 시대 농업이 기원전 4천 년경부터 급속하게 발전함에 따라 국가가 확대되고 사회적 활동이 복잡해진다. 이 변화에 맞추어 등장한 것이 문자이다. 문자는 학습의 관리에 획기적 변화를 일으킨다. 최초의 문자는 기원전 3천3백 년경 메소포타미아에서 사용되기 시작하여 유럽과 주변 지역 문자들의 기초가 되었고, 중국 문자와 콜럼버스 이전의 아메리카 문자는 각기 다른 시기에 독자적으로 발전하였다(Crowley, 2012: 84-86). 사회적으로 문자가 사용되자 학습활동에 엄청난 변화가 일어났다. 상업, 행정, 종교 등 여러 분야에서 문자의 사용이 증가함에 따라 문자의 학습이 필요해졌다. 그런데 기호로서의 문자는 혼자 익힐 수 있는 것이 아니라 문자의 발음과 의미 그리고 용법을 알고 있는 사람의 지도를 받아야 배울 수 있는 것이므로, 글 읽기와 글쓰기를 가르치는 교육이 시작되었다. 글 읽기와 글쓰기에서는 가르침에 의하여 배움이 이루어지는, 즉 교육이 학습을 지배하는 현상이 뚜렷이 나타났다.

농경목축 시대의 학습관리를 요약하면, 농경기법이 빠르게 발달하고 농지, 가축, 비축식량이 증가하면서 씨족사회가 부족사회로 발전하고 전쟁이 빈번해짐에 따라 성년식과 같은 체계적 교육활동 즉, 학습에 대한 사회의 개입과 관리가 시작된다. 이어서 국가를 형성하고 문자를 사용하게 되자 국가를 운영할 관리의 양성과 전쟁에 대비한 군대 훈련을 위한 교육의 필요가 커지고, 따라서 사람들의 학습활동을 국가가 학교제도를 통하여 관리하기 시작한다. 그때부터 교육 목적, 교육 내용, 교육 대상을 국가가 주도하였는데, 지배집단이 누구냐에 따라 변화했다. 세속국가는 국가 통치이념과 교양을, 교회는 종교적 세계관과 교리를, 동양에서는 통치이념인 유학을 학습하도록 국가가 제도를 통하여 통제하였다. 학교를 통한 학습 기회는 농경목축 문명 시대 전체에 걸쳐서 대체로 왕족과 귀족계급의 남자들에게 집중적으로 주어졌으며, 대다수 평민과 노예계급 그리고 여성들에게는 학습활동 자체를 제한 내지 금지하였다.

3) 산업국민국가

로마 교황청이 유럽 전체와 그 주변을 하나의 기독교제국으로 지배하던 시대에는 개별 국가의식은 없거나 매우 약했다. 그러나 16세기에 일어나 17세기까지 진행된 종교개혁의 와중에 벌어진 30년 전쟁을 마무리 지은 베스트팔렌 조약으로 각 왕국들의 주권을 인정하기로 합의함으로써, 그때까지 유럽을 지배하던 교황의 신성 로마제국이 붕괴하고 각국이 주권을 가진 근대국민국가로 출발하게 된다. 그에 따라 각국은 영토 내의 주민들을 충성스러운 국민으로 양성하기 위하여 국어, 역사, 윤리를 중심으로 국민교육을 실시하기 시작한다.

이어서 18세기 중반에 산업혁명이 일어나 각국으로 기계공업 중심의 경제체제가 확산함에 따라 국가마다 산업화를 추구하면서 국가 간 경쟁 시대에 돌입한다. 따라서 국민을 유능한 산업인력으로 양성하여 국제경쟁에서 앞서가는 것이 국가의 우선적인 과제가 된다. 그리하여 19, 20세기의 인류는 국가별로 국민국가 체제와 산업화를 동시에 발전시켜야 하는 과제를 추진하게 된다.

이 산업국민국가 시대에 정착된 것이 청소년기 국민교육의 무상 의무취학제도이다. 이 새로운 교육제도를 실시하는 기관으로서 나라마다 국가가 학교를 설치하여 운영하기 시작했다. 국가가 직접 운영하지 않는 경우에도 국가의 감독하에 운영된다. 왜냐하면 국가의 목적을 위하여 국가의 계획에 따라 운영하는 교육이기 때문이다. 거의 모든 국가에서 초등교육과 중등교육은 취학을 법률로 의무화하고 교육비도 무상인 경우가 많았다.

산업국민국가 시대에는 의무취학제도뿐만 아니라 사회적 지위에 연계된 학력제도를 통하여 모든 국민의 학습활동을 국가가 주도하였다. 나라마다 학교 교육의 목적, 내용, 형식을 제도화하여 국가가 체계적으로 엄격하게 관리한 것이 이 시대의 특징이다. 학교제도를 통한 국민의 학습활동에 대한 이러한 체계적이고 강력한 관리는 이전 시대와 비교할 때 사회적으로 큰 변화를 일으켰다. 첫째는 전례 없는 전 국민의 학습 확대이다. 무상 의무취학제도를 통하여 일정 연령대의 모든 국민에게 교육을 실시함으로써 국민의 지식수준을 인류 역사상 최고 수준으로 끌어올렸다. 둘째는 국민국가의 건설에 필수적인 국어, 국사, 윤리를 포함한 표준교육과정을 통하여 강한 국민 의식과 통일된 윤리규범을 형성하였다. 이 시대 교육의 특성을 흔히 국민교육이라고 하는 이유이다. 셋째는 국민 전체의 직업 능력과 조직활동 능력의 향상이다. 체계적 학교 교육이 산업이 요구하는 인력의 양성과 조직활동을 위한 훈련에 집중한 결과이다.

학교제도의 유연성과 교수자와 학습자의 자율성 수준은 각국의 문화적 특성과 정치경제체제의 성격에 따라 차이가 나기는 한다. 하지만 전체적으로 보면 산업국민국가 시대에는 전 국민의 학습활동을 규격화된 학교제도를 통하여 국가가 관리함으로써 교육의 통일성과 효율성을 높인 반면, 개인과 집단의 특성과 학습의 자유를 제한하는 결과도 낳았다. 그래서 학교 교육을 '공장식 교육'이라는 별명으로 부르기도 한다.

4) 정보기술 시대

시대 변화에 의한 새로운 문명의 등장은 막을 수 없는 것이어서, 인류는 20세기 후반부터 정보혁명이 가져온 정보기술 시대에 진입하였다. 정보혁명은 지식과 기술을 빠르게 변화시켜 사용기간을 단축시킴으로써 새로운 지식과 기술을 습득하기 위해서는 주기적으로 다시 학습하지 않을 수 없게 만드는 한편, 수명의 연장과 연령구조의 변화로 성인기와 노년기에도 계속하여 학습하도록 만들고 있다. 인류가 농경봉건국가 시대로부터 산업국민국가 시대로 이행하면서 사회구조와 의식 그리고 교육이 총체적으로 바뀌었다는 사실을 생각해 보면, 정보기술 시대로 전환하는 이 시점에 또다시 교육에 근본적 변화가 일어나는 것은 자연스러운 문명 현상이다. 분명한 사실은 21세기가 이제까지 경험하지 못한 새로운 정보 시대이고, 따라서 교육이 새 패러다임으로 전환하는 것 또한 피할 수 없는 시대적 변화의 과정이라는 것이다. 교육의 새 판을 짜야 하고, 개혁은 불가피하게 되었다. 그리하여 지난 200여 년간 세계교육을 주도해 온 학교교육제도가 평생학습제도로 전환되고 있다.

그에 따라 산업국민국가 시대의 강고한 학교제도에 균열이 생기기 시작했다. 제도교육의 틀에서 벗어나 교육 내용과 방법에 있어서 자유롭게 가르치려는 '대안학교'들이 여러 나라에서 나타나 교육 당국과 마찰을 일으키는가 하면, 자녀를 입학은 시키되 학교에 보내지 않고 가정에서 부모가 가르치는 '재택학교(Home schooling)'도 퍼졌다. 한편 방송, 통신, 인터넷을 이용하여 각자가 편리한 시간과 장소에서 공부하는 원격교육기관들이 세계적으로 퍼지고, 최근에는 대학의 강의를 인터넷에 올려 일반인들도 자유롭게 수강할 수 있는 '대량공개온라인강좌(MOOC)'들이 확산하고 있다. 그뿐만 아니라, 대학에 입학하지 않고도 다양한 장소에서 다양한 방식으로 학습을 축적한 사람들이 시험이나 다른 적절한 평가절차를 거쳐서 실력이 인정되면 학사, 석사는 물론이고 박사학위까지도 받을 수 있는, 우리나라 '학점은행제'와 같은 '학습인증제도'가 나라마다 여러 방식으로 발전하고 있다. 지난 200년간 유지되어 온 강고한 학교제도가 해체되고 있는 것이다.

그런데 더 큰 변화가 학교제도 밖에서 일어나고 있다. 학교와 대학에서 배운 지식과 기술 대부분이 졸업 후 몇 년 가지 못해 쓸모없게 되어 학교 교육 자체의 가치가 급속하게 떨어지고 있다. 그 원인은 현장과 유리된 학교들의 개념 위주의 암기 중심 교육방식에도 있지만, 더 근본적 원인은 정보혁명의 결과로 지식과 기술이 빠르게 변하는 데에 있다. 정보혁명이 직업 세계에서 기존 지식과 기술을 밀어내면서 끊임없이 새로운 지식과 기술을 들여오고, 나아가 기존 직종을 퇴출하고 새로운 직종을 탄생시키는가 하면, 산업구조 전체를 과격하게 재편하고 있다. 그에 따라 지식과 기술의 유효기간이 급속히 단축되어, 대학에서 배운 전공 지식의 대부분이 4~5년을 넘기기가 어려워지고 있다. 그리하여 4년 또는 6년 배워서 졸업한 뒤에 경험을 쌓아가면서 일생 동안 전문직업인으로 살아가던 20세기 방식으로는 더 이상 버틸 수 없고, 평생을 끊임없이 학습하여 새로운 지식과 기술을 습득하지 않을 수 없게 되었다. 그리하여 재교육, 계속교육, 평생학습이라는 용어들이 일상화된 시대에 들어선 것이다.

한편, 인터넷과 디지털·AI가 새로운 학습매체로 활용됨으로써 학습자 스스로 지식을 검색하고 학습하는 활동이 증가함에 따라 학교의 학습통제력이 약해지고 있다. 개인용 컴퓨터에서 한 걸음 더 나아가 스마트폰을 통하여 누구나 원하는 정보를 검색할 수 있게 되자 학습자들의 자기주도적 학습활동이 빠르게 증가하고 있다. 더욱이 정보혁명 시대에 태어난 새로운 세대는 산업 시대 세대와는 달리 체질적으로 선택의 자유를 요구하고 자기주도적 학습을 추구하는 특성이 강해지고 있다. 그야말로 언제 어디서나 각자가 원하는 것을 원하는 방식으로 학습할 수 있는 시대가 현실화하고 있다.

더욱이 이제까지와는 다른 차원의 엄청난 능력을 발휘하는 인공지능(Artificial Intelligence: AI) 시대의 출발은 이것을 소유하고 활용할 수 있는 개인 또는 집단과 그렇지 못한 개인 또는 집단 간에 사회, 경제, 교육, 정치적 격차를 확대하고 있다. 그리하여 전 세계적으로 디지털·AI에 의한 사회적 양극화가 벌어지고 있다. 한국도 예외가 아니다. 교육부가 2025년 8월에 발표한 '성인디지털문해능력조사'에 따르면, 성인들의 디지털문해 능력이 낮고 디지털기기 조작 능력이 부족하기 때문에, 디지털·AI 평생교육의 강화가 시급하다는 것이다. 그러므로 인공지능기기의 활용법에 관한 학습뿐만 아니라 인공지능 이론에 관한 학습도 함께 역점을 두어야 한다.

3. 평생학습 시대 성인학습의 확장

1) 성인기

평생학습 시대에 나타나는 가장 두드러진 새로운 현상은 성인기 학습 필요성의 증가이다. 앞에서 언급하였듯이 과거에는 공부는 젊어서 하고 성인이 되어서는 현장에서 일하며 경험을 쌓아가는 것으로 충분했는데, 이제는 성인기에도 계속해서 공부를 해야 하는 시대가 되었으니 이만저만 큰 변화가 아니다. 이 변화는 경제계에서 먼저 일어났다. 우선 평생직장이라는 말이 사라지고 '고용유연성'이라는 말이 그 자리를 차지했다. 환경 변화에 기업이 신속히 대응하기 위하여 해고의 용이성, 임금 결정의 신축성, 근로시간 유연성 등을 높이자는 것인데, 이것은 결과적으로 고용안정성을 낮추게 된다. 정규직이 줄고 비정규직의 증가가 일반적 현상이 되었다. 이러한 상황에서 노동자는 실직 또는 비정규직화의 위험성을 피하고자 학습을 통하여 새로운 지식과 기술로 재무장할 수밖에 없다. 왜냐하면 평생직장이 없어지고 고용유연성이 높아지는 근본적 원인이 지식과 기술의 급속한 변화가 기업에 새로운 제품 개발과 생산에서 경쟁을 심화시키고, 이 경쟁이 새로운 기술과 지식을 학습한 산업인력의 신속한 확보를 요청하는 데에 있기 때문이다. 기업들은 1980년대까지만 해도 자체의 교육과 연수를 통하여 새로 필요한 학습을 제공하기 위하여 노력했으나, 그 방식으로는 신기술의 발전을 따라잡기 어려워지자, 인력을 필요에 따라 수시로 교체하는 방식으로 전환하여 고용유연성이라는 새로운 고용 패러다임을 들고 나왔다. 여기에서 과제는 급속히 변하는 신기술의 학습을 누가 어떻게 해결하느냐이다. 선진국들은 우여곡절을 거치면서 기술 변화 적응학습에 대하여 대체로 기업, 정부, 노조 또는 노동자가 함께 해결하는 체제를 정착시키는 단계에 있으나, 한국은 산업인력의 재교육과 실업자의 재취업교육을 증가시키고는 있지만 책임과 관리에 대한 사회적 합의가 이루어지지 않아 주로 노동자들이 고통을 당하고 있다. 더욱이 인생 이모작이 점점 늘고 있는 상황에서 이를 위한 준비학습의 수요가 증가하고 있다. 이모작을 위한 준비학습에 대한 정책도 평생학습 시대의 주요 과제가 아닐 수 없다.

여하튼 직업생활을 지속하기 위해서는 새로운 지식과 기술을 계속 학습하여야 하기 때문에 성인기의 학습활동이 경제부문을 중심으로 빠르게 증가하고 있고, 국가적으로는 성인기 학습을 활성화하고 필요한 지원을 제공하기 위한 제도와 정책을 정비하는 것이 중요한 과제가 되고 있다. 그러나 성인기 학습은 경제활동에 국한되지 않는다. 성인들은 인격적 존재로서의 자기 성장을 위한 학습을 늘려가고 있다. 그뿐만 아니라 권리와 책임의식을 지닌 적극적 민주시민으로서의 참여를 위한 학습도 점점 강조되고 있다. 이러한 학습을 위한 교육은 지역평생학습관, 문화센터, 복지관, 대학평생교육원, 백화점평생교육원, 박물관대학 등에서 이루어진다. 그런데 성인들은 형식을 갖춘 이러한 교육기관에서만 학습을 하는 것이 아니라 일상생활 속에서 텔레비전, 라디오, 신문, 인터넷 등을 통한 무형식적인 학습활동을 더 많이 한다. 사람들과의 대화에서도 여러 가지 지식과 관점을 배운다. 형식적 교육뿐만 아니라 무형식적 상황에서도 많은 것을 학습하는 것이 성인기의 한 특징이기도 하다. 한편 과거에는 경제교육과 인문교육 그리고 시민교육은 마치 상호 무관한 것으로 여기고 학교에서뿐만 아니라 성인교육에서도 분리하여 운영하였다. 그러나 그것들이 분리되지 않고 인간의 삶 속에서 통합적으로 작용한다는 주장이 강해지면서 성인학습에서 통합적 접근이 강조되고 있다. 예컨대 직업적 직무 능력 향상을 위한 학습과 노동자권리에 관한 학습을 하나의 프로그램에서 운영하는 방식 같은 것이다.

최근에 디지털과 인공지능기기의 급속한 확산은 성인기의 학습내용을 빠르게 확장시키고 학습방법도 더욱 다양하게 만들고 있다. 그에 따라 점점 능력이 고도화하고 다양해지는 인공지능이 작동하는 기기의 활용 능력에 대한 학습은 그 필요가 급속히 확대되고 있다. 디지털·AI 활용 능력에 대한 학습이 뒤떨어지는 개인이나 집단은 이 시대의 사회생활을 정상적으로 유지하기가 어렵다. 그러므로 성인기 학습도 계속하여 새로워지고 풍부해지고 있다. 디지털·AI는 학습활동에 이용하는 학습방법이자 도구이지만 동시에 이해하고 탐구해야 할 학습내용이기도 하다.

2) 노년기

수명이 오늘날처럼 길지 않아서 노인인구가 소수일 뿐만 아니라 노인이 자녀들의 가정에 속해 있던 핵가족화 이전의 시대에는 노인들이 별도의 경제생활과 사회생활을 할 필요가 적었다. 시대의 변화 속도도 오늘날처럼 빠르지 않았기 때문에 직업생활과 사회생활을 위한 새로운 학습의 필요도 거의 없었다. 그러나 한국도 수명이 연장되어 노인인구가 2000년에 7%이던 것이 2025년에 20%로 늘어 인구수가 약 1,000만 명에 이르렀고, 가족구조의 변화로 인해 이들 대다수가 자력으로 경제생활과 사회생활을 유지해야 하는 상황에 부닥쳐 있다. 더욱이 디지털·AI 등에 의한 빠른 시대 변화로 인해 새로운 학습의 필요에서 벗어날 수 없는 상황이 가속화하고 있다.

이처럼 인간 수명의 연장과 노인 역할의 변화로 새로운 지식과 기능의 학습이 불가피해지고 있으며, 더욱이 노년기에도 학습 능력이 유지된다는 사실이 여러 연구를 통해 밝혀짐으로써 노년기 학습이 활성화되고 있다. 노년기 학습자들도 건강 유지뿐만 아니라 두뇌활동, 새로운 지식 습득, 사람 만나기 등과 관련된 학습활동에도 참여한다. 그러나 인구연령구조의 변화로 부양자가 급속히 감소하고 연금만으로는 살아가기 어려워지기 때문에, 노인 스스로 생활을 유지할 수 있는 능력을 갖추는 학습이 중요해지고 있다. 그러므로 평생학습이 나라마다 노년기의 중심 과제로 떠오르고 있다.

물론 노년기 학습이 경제적 목적에서만 필요한 것은 아니다. 노년기에는 건강하고 즐거운 생활을 유지하는 데 필요한 학습활동도 중요하다. 생애의 이 시기야말로 건강하고 즐거운 하루하루의 생활이 기본이기 때문이다. 한편 노년기는 일생을 정리하는 시기이기도 하고 개인들에게는 이것이 매우 중요하다. 노인대학에서 자서전 쓰기 또는 본격적 자서전은 아닐지라도 남기고 싶은 경험과 생각을 기록하기가 인기 높은 프로그램이고, 그와 관련된 발표, 대화 등도 자주 볼 수 있는 노인들의 학습 활동이다. 이것은 자신의 일생을 되돌아보며 삶의 의미를 정리하는 뜻깊은 기회이기도 하다.

학습 과제

1. 허친스, UNESCO, EU 등의 논의를 검토하고, 학습사회가 등장하게 된 시대적 배경과 특징을 정리하시오.
2. 수렵채집사회, 농경봉건국가, 산업국민국가, 정보기술 시대의 학습방식과 교육제도의 차이점을 사례 중심으로 비교 · 설명하시오.
3. 성인기와 노년기의 학습 필요성을 분석하고, 디지털 · AI 시대에 요구되는 성인학습의 방향과 정책적 과제를 제시하시오.

참고문헌

김신일(2020). **학습사회.** 학이시습.

김신일, 박부권(2005). **학습사회의 교육학.** 학지사.

데이비드 크라울리, 폴 헤이어(2012). **인간 커뮤니케이션의 역사.** 김지운 옮김. 커뮤니케이션북스.

스펜서 웰스(2007). **인류의 조상을 찾아서.** 채은진 옮김. 말글빛냄.

윌리암 보이드(2008). **서양교육사.** 이홍우 옮김. 교육과학사.

재레드 다이아몬드(2013). **어제까지의 세계.** 강주현 옮김. 김영사.

Faure, E. et al. (1972). *Learning To Be.* Paris: UNESCO.

Husen, T. (1986). *The Learning Society Revisited.* Oxford: Pergamon.

Hutchins, R. (1968). *The Learning Society.* New York: A Mentor Book.

UNESCO (2022). *Making Lifelong Learning a Reality: A Handbook.* UNESCO Institute for Lifelong Learning.

Welton, M. (2005). *Designing the Just Learning Society.* NIACE.

Wikipedia (2019. 11. 15). Shamanism.

Chapter

3

성인학습자 특성 이해

학습 개요

이 장에서는 성인학습자의 신체적 · 인지적 · 심리적 특성을 살펴보고, 성인학습의 특성을 구체적으로 탐구하며 학습에 참여하는 학습참여 동기를 고찰하는 데 초점을 둔다. 평생교육의 대상자는 모든 연령대가 해당되지만 성인들이 다른 연령대보다 평생학습에 많이 참여하고 있다. 그중에서도 중년을 넘어 제2, 제3의 인생을 새롭게 설계하고 자신을 위한 삶을 살아가기 위한 학습자들이 대부분이다. 특히, 성인의 신체적 · 사회심리적 발달의 양상은 각기 다르며, 평생교육에 참여하는 학습자는 여느 성인들과 다름없이 다양한 생애 사건과 위기를 두루 경험한 사람들이라고 미루어 짐작할 수 있다. 그러므로 성인학습자가 성인기 동안에 경험하게 되는 신체적 · 정신적 · 사회적 · 심리적 특성을 이해하고 올바르게 인식하는 것은 평생교육에서 중요한 요소이므로 성인이 갖는 구체적인 특성에 대해 살펴본다.

학습 목표

1. 성인학습자의 신체적 특성, 인지적 특성, 사회심리적 특성을 설명할 수 있다.
2. 노울즈가 제시한 성인학습의 특성 및 국내 학자들이 제시한 성인학습 특성의 함의를 도출하여 설명할 수 있다.
3. 성인학습자의 학습참여 동기와 학습참여 장애 요소를 파악할 수 있다.

1. 성인학습자의 특성

1) 성인의 의미

UNESCO에서 규정한 성인의 개념은 '개인의 발달뿐만 아니라 사회, 경제. 문화 발전에 주체적으로 참여하고, 자신이 속한 사회에서 능력을 개발하고, 지식을 확장하며, 기술적·전문적 자질을 향상시켜 행동과 태도를 새롭게 변화시킬 수 있는 대상'을 의미한다. 평생교육은 성인을 대상으로 하며 대부분은 성인을 연령과 관련된 용어로 생각하지만, 성인의 범위와 기준은 사회마다 다르며, 사회가 부여하고 있는 법적 기준에 따라 다양할 수 있다. 즉, 생물학적·사회심리적·법적 관점으로 정의하므로 어떤 사회에서도 특정 나이에 의해서만 성인을 규정하지는 않는다.

로저스(Rogers, 1998)는 성인을 정의하는 데 필요한 세 가지 요소를 제시하였다.

첫째, 충분한 성장이다. 신체적 성장이 충분히 이루어졌으며, 특히 정신적으로 지속적인 성장을 추구하는 것을 의미한다.

둘째, 주관적인 시각 또는 관점이다. 자신의 모습을 인지할 수 있고, 타인에게 자신이 어떻게 인지되는지, 실제 자신의 모습이 어떠한지를 바르게 인지할 수 있는 관점으로, 성인에게 반드시 필요한 것이다.

셋째, 자율성이다. 신체·정신적인 성숙은 물론, 뚜렷한 주관을 갖고 자율성과 책임감을 형평에 맞게 유지하기 위해 계속해서 노력해야 한다.

성인을 정의하는 방법은 다양하지만, 사회적으로 요구되는 일을 수행할 뿐 아니라 자신의 삶에 대해 기본적인 책임을 지닌 자를 성인으로 규정하는 것이 우리 사회에서 보는 일반적인 견해이다. 법적 규정에 의해서 또는 태어난 연도부터 시작하여 성인을 규정하기도 하며, 사회적 역할이나 심리적 자아개념의 독립성 등을 중심으로 정의하기도 한다. 또한 샌트록(Santrock, 2017)은 성인은 신체적 성장이 끝난 이후, 경제적·사회적 독립, 책임감 있는 의사결정, 사회적 역할 수행을 할 수 있는 단계의 사람이라고 제시하였다.

각자 사회적·심리적 발달 단계가 다른 성인들은 다양한 교육 욕구를 가지고 본인들에게 적절하고 부족한 부분을 채우기 위해 삶의 여러 경험을 가지고 교육에 참여한다. 다시 말해서, 성인이라는 개념은 연령뿐 아니라 나이가 들어감에 따라 일어나는 상황이나 역할과도 관련되므로, 자신의 선택에 따른 여러 역할을 수행하게 되는 것이다. 그러므로 성인이 된다는 것은 자기 자신의 판단에 의해서라기보다는 우리 사회가 요구하고, 타인이 바라보는 방법에 따라 달라질 수 있음을 의미한다.

평생교육에서 성인학습자는 어떤 것을 배워야 하며, 무엇을 배우고자 하는지, 어떤 기회들이 주어지는지, 그들이 영향을 받는 다양한 환경들에 의하여 달라질 수 있다. 성인으로서 다양한 역할과 책임을 지는 것은 결코 쉬운 일이 아니므로 이에 대한 준비와 학습이 필요하다. 대부분의 사람은 성인기를 거치면서 원하지 않아도 삶의 위기를 만나게 되므로, 성인으로서 위기를 극복하기 위한 대처능력을 미리 갖출 필요가 있다. 성인기가 되면 25세 이상부터 자연스럽게 성장이 멈추고 노화를 겪게 되는 신체의 변화를 받아들여야 하지만, 변화의 정도는 개인에 따라 차이가 있다.

성인의 신체적·사회심리적 발달의 양상은 각기 다르며, 평생교육에 참여하는 학습자는 여느 성인들과 다름없이 다양한 생애 사건과 위기를 두루 경험한 사람들이라고 미루어 짐작할 수 있다. 그러므로 성인학습자가 성인기 동안 경험하게 되는 신체적·정신적·사회적·심리적 특성을 이해하고 올바르게 인식하는 것은 평생교육에서 중요한 요소이다.

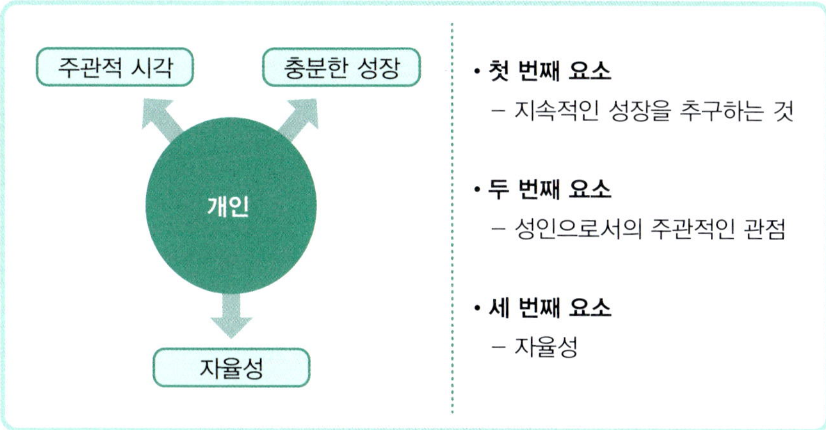

[그림 3-1] 성인의 정의에 필요한 세 가지 요소

출처: Rogers(1998). p.35; 권영선, 배철우 외(2021). p.80.

2) 성인학습자의 일반적 특성

성인학습자가 성인기 동안에 경험하는 신체적·정신적 특성을 이해하는 것은 평생교육을 실행함에 있어 중요하다. 성인학습자는 뚜렷한 자신의 목표와 경험을 바탕으로 학습에 임하며, 실제로 쓰임새가 있는 학습이 되기를 원하기 때문이다. 그러므로 아동기·청소년기와는 다른 특성을 지닌 성인의 다양한 특성을 알아야 할 필요가 있다.

〈표 3-1〉 성인학습자의 특성

노울즈	레빈
자발적이고 자치적	자신의 학습에 독립적 · 자발적
삶에 관련한 상당한 경험과 지식을 축적	가치 있는 경험을 상당히 지님
목적지향적	자신의 나이에 해당하는 삶과 관련된 주제에 관심
관계지향적	현재 상황의 문제 해결을 위해 관련 정보나 지식, 아이디어에 관심을 가짐
현실적	바로 적용하여 활용 가능한 정보에 관심
존중되기를 원함	청소년에 비해 학습 동기를 자발적으로 만듦

그동안 다양한 학자들이 성인학습자의 특성에 대하여 제시하였으나 노울즈와 레빈은 다음과 같이 제시하고 있다.

① 성인은 자기주도적이다: 성인은 자신의 목표와 경험을 바탕으로 하여 확고한 가치, 견해를 지니고 행동하는 자기주도적인 존재이므로 직접적인 학습 목표를 가지고 학습에 참여한다.

② 성인은 행동지향적이다: 성인의 학습 동기는 대개 문제 해결이나 또는 실용적인 목표가 있을 때 일어나므로 광범위한 개념을 폭넓게 다루는 학습을 좋아하며 효과가 향상된다.

③ 성인은 수동적인 활동에 흥미를 느낀다: 성인은 자신이 수행할 수 있는 적당한 활동의 학습에 관심을 보이며, 활동량이 많은 것보다는 신체에 부담을 느끼지 않을 정도의 학습이 적당하다.

④ 성인은 두려움이 많다: 성인학습자는 기존에 경험에 보지 않은 새로운 학습 상황에 대해 낯설어하며 적극적으로 임하지 못한다. 학령기에 경험한 학습 실패에 대한 두려움이 있거나 특히 교육 수준이 낮은 성인의 경우에는 학습에 대한 두려움이 있을 수 있다.

⑤ 성인은 실리적 이익을 원한다: 성인학습자는 학습에 투자하는 비용과 시간, 학습을 함으로써 얻게 되는 실제 이익을 고려하며 학습에 임한다. 그러므로 성인학습자들에게 경험에 기반을 둔 학습 동기와 학습 내용이 될 수 있도록 고려하고, 학습으로 얻게 될 실제적 이득이 무엇인지를 제시하여야 한다.

⑥ 성인학습자는 배운 것을 바로 활용하기를 원한다: 성인은 현재 혹은 가까운 미래에 필요한 활용을 위해 학습을 하는 성향이 강하므로 배운 것을 직업, 일상생활에 적용할 수 있도록 프로그램을 제공한다.

⑦ 가치와 기대를 갖는다: 성인은 누구나 자신만의 가치 체계를 가지며, 또 과거의 경험에서 비롯된 편견이나 태도 역시 적지 않게 지니고 있다. 노울즈(Knowles, 1984)는 성인이 경험에 대하여 갖는 의미에 대하여, 성인에게 있어서 경험은 자

신이 누구인가를 결정하고 자아정체성을 창조하는 데 핵심적이라고 하였다. 대부분의 성인학습자는 학습에 대해 나름대로 기대를 가지고 학습에 참여한다. 성인 중에는 과거에 학교에서 학습했던 경험을 가지고 있는 사람도 있지만 그렇지 못한 비문해자도 있을 수 있다. 그럼에도 불구하고 학습을 시작하게 되면서 어떤 학습자는 학교생활 경험 중에서 성공적이고 행복했던 경험을 떠올리고 기대를 하거나, 그렇지 못했던 경험을 바탕으로 새로운 기대를 가지고 생교육에 참여한다. 또한 학교생활을 전혀 해 보지 못한 비문해학습자 혹은 저학력 학습자는 경험하지 못한 학습에 대한 높은 기대를 가지고 학습에 참여하게 됨을 알아야 한다.

로저스(Rogers, 1998)는 성인학습자의 특성에 대해 다음과 같이 제시했다. "평생교육에 참여하고 있는 모든 학습자는 지속적으로 성장하고 있는 성인이다. 이들은 모두 포괄적인 경험과 가치를 지니며, 학습하려는 의지를 갖고 있다. 또한 성인학습자는 자신의 과거 학습 경험에 기초한 흥미와 관심 그리고 고유의 학습 스타일을 지닌다."

3) 성인학습자의 신체적 · 인지적 특성

성인은 나이가 들어감에 따라 신체적·인지적 변화를 갖게 된다. 특히 청년, 중·장년, 노년 등 성인기가 인생에 있어 가장 긴 단계를 거쳐 가므로, 평생교육관계자들은 성인학습자의 특성을 이해하고 접근할 필요가 있다. 따라서 성인기의 신체적 특성과 인지적 특성을 살펴보고 이에 적절한 평생교육방법을 찾아야 한다.

(1) 성인학습자의 신체적 특성

① 신체의 변화

대체로 25세 후반부터 절정에 달하며, 개인의 운동량과 특성에 따라 퇴화 정도에 상당한 차이가 있다. 신체의 변화는 모든 연령대 학습자의 학습 능력에 영향을 미치며, 특히 노년기에 더 영향을 받는다. 전 연령대에 신체적 변화가 나타나기 시작하며 체력은 점차 감소한다.

② 시력 감퇴

시력은 색상, 크기, 거리, 각도 등을 인식하고 판단하는 능력으로, 보통 성인들은 40~50대에 이르면 대체로 시력 감퇴를 경험하게 된다. 성인학습자의 시력 감퇴를 고려하여 교재와 교수자료를 개발하는 것이 필요하며, 학습환경 역시 학습자를 충분히 고려하여야 한다.

③ 청력 감퇴

청력은 시각과 달리 20세 이후 성인기 동안 점진적으로 진행되며, 청력이 감퇴되면 듣기에 어려움을 겪게 되며 의사소통이 순조롭지 않게 된다. 성인학습자들을 대상으로 하는 프로그램은 학습자가 학습을 하는 데 방해를 받지 않도록 음향, 방음 시설 등을 고려해야 한다. 또한 교수자의 말하기 속도는 학습자를 고려해야 하며, 명료한 발음으로 강의를 할 필요가 있다.

④ 색상 변별력의 쇠퇴

성인학습자는 연령이 높아짐에 따라 색상의 변별력이 쇠퇴하게 된다. 특히 청색, 초록색, 보라색의 변별력은 상대적으로 빠르게 퇴화되며, 수정체가 노란색으로 변하는 황화현상으로 적색이나 오렌지색의 변별력은 유지된다. 이러한 학습자의 색상 변별력의 변화는 학습에 커다란 영향을 미치므로 교수자료 개발 시 유의하여야 한다.

⑤ 생리적 반응 속도

성인학습자의 생리적 반응 속도는 성인기에 점차 둔화되기 시작하며 이는 학습능력의 쇠퇴와 연결된다. 이러한 반응 속도는 학습과제의 본질이나 과제의 친숙도에 따라 달라질 수 있으므로, 평생교육의 교수자는 과제를 선정함에 있어서 주의를 기울이며 학습자를 고려하여야 한다.

⑥ 중추신경계의 변화

성인학습자의 학습 능력은 물론 사고력, 창의력 등에 영향을 미치므로 교수자는 주의를 기울여야 한다. 특히 노인학습자는 학습의 내용을 이해하고 기억하는 부분까지 감소하므로 학습자의 연령에 따라 학습내용의 양을 적당히 조절할 필요가 있다.

(2) 성인학습자의 인지적 특성

① 지능의 변화

일반적으로 인간이 지닌 지능은 결정적 지능(crystallized intelligence)과 유동적 지능(fluid intelligence)으로 나누어 볼 수 있다. 카텔과 혼(Cattell & Horn, 1982)은 결정적 지능은 후천적 경험이나 문화, 학습을 통해 습득되는 것으로 언어 능력과 문제 해결 능력 등이 해당되며 성인기를 거치면서 계속 상승한다고 하였다. 이에 반해 유동적 지능은 개인의 경험, 문화, 학습과는 관계없이 선천적인 유전에 의해 결정된 지능으로 청년기에 절정을 이루다가 성인기에 점차 감소한다고 하였다.

결정적 지능과 유동적 지능은 일반적으로 연령이 높아짐에 따라 인간의 지능이 조금씩 저하되는 것으로 인식해 온 전통적 인식을 바꾼 연구이다. 또한 평생교육의 실천에 시사하는 바가 크며, 성인학습자뿐만 아니라 노인학습자도 학습을 할 수 있다는 기대감을 갖게 한다.

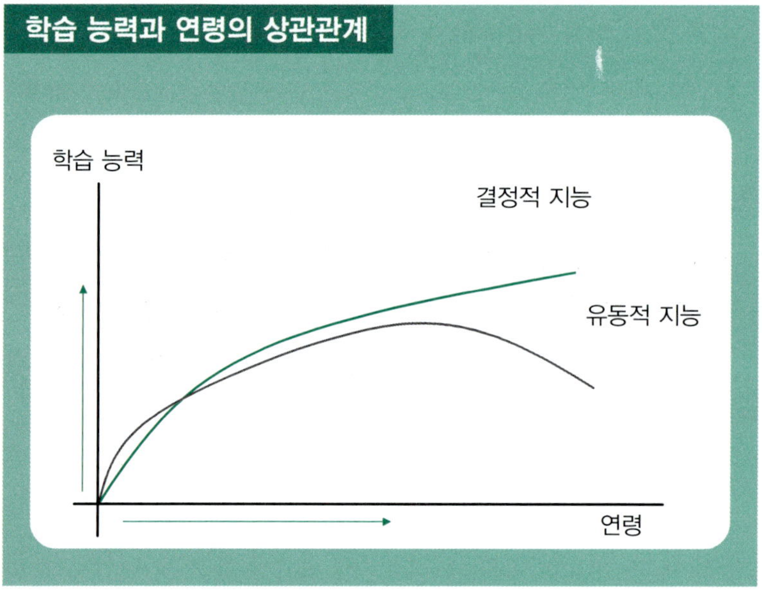

[그림 3-2] 결정적 지능과 유동적 지능

② 사고방식의 변화

성인의 사고방식은 비판적 사고, 실용주의적 사고, 다면적 및 상대적 사고로 설명할 수 있다(조성연, 박미진 외, 2010). 성인기에는 수렴적 사고가 보다 확장되어 일반적 기준에 맞지 않는 것을 걸러내는 필터 기능이 활발해지며, 비판적 사고의 특성을 갖게 된다. 성인기의 인지발달은 청년기에 가지는 이상주의적 사고로부터 현실에서 실제적인 문제를 해결하는 실용적 사고로 전환되는 특성을 갖는다. 같은 맥락으로 이분법적 사고양식에서 다면적·상대적 사고양식으로 전환이 이루어진다. 옳음과 그름, 우리 편과 상대편, 좋음과 나쁨 등으로 현상을 양극화하는 사고가 타인들의 관점과 견해의 다양성을 수용할 수 있는 다면적 사고(multiple thinking)로 변화한다. 다면적 사고는 어떤 사태와 관련되는 여러 요인과 입장을 형평성 있게 고려할 수 있는 것을 의미한다.

③ 정보처리 능력의 변화

사람이 나이가 들면 정보를 조직하고 부호화하는 능력이 부족해지므로 장기기억에는 큰 변화가 없으나 단기기억이 감소한다고 한다. 성인학습자는 기존 정보를 수정하고 새로운 정보를 습득하는 능력이 부족하므로, 정보를 효과적으로 전달하여 내용 습득에 충분한 시간적 여유를 갖게 하는 등의 배려가 필요하다.

(3) 성인학습자의 사회심리적 특성

일반적으로 사람은 나이가 들수록 고집이 강해지거나, 자신에게 친숙한 물건들에 애착을 보인다. 성인들의 이러한 심리적 특성은 학습을 하는 과정 동안 방해가 되기도 하고 도움이 되기도 한다. 성인학습자들은 자기중심성과 경직성이 증가함과 동시에 내향성과 조심성이 늘어난다. 자기중심성, 경직성 증가의 원인은 삶에서 겪은 수많은 긍정적·부정적 경험들이 쌓이면서 자기중심적 사고의 심리적 상태가 형성되기 때문이다. 이로 인해 친근한 사물을 놓지 않으려는 경직성을 보이게 된다. 또한 성인은 자신들이 살아온 경험과 신체적 기능의 감퇴, 어른이 가지는 자존심 등으로 인해 새로운 것을 받아들이는 것에 대한 거부감과 더불어 학습에 대한 기대치도 있다. 그러므로 성인들이 학습을 할 때에는 충분한 학습시간을 확보하고, 심리적 자신감을 고양시키는 학습상황을 만들어 교수자의 촉진적 태도와 함께 성인학습자의 경험을 충분히 인정하고 나눌 수 있는 친근한 주제를 중심으로 하는 학습이 더욱 효과적이다(임형택, 권재환 외, 2013).

또한 성인들에게 요구되는 사회적 기대 및 요구 사항들을 해결하거나 충족시키기 위해 학습을 하는 특성이 있다. 이는 인생의 각 단계에서 그때마다 해결해야 하는 발달과업 이론에서 찾을 수 있다. 이 요구 사항들을 성공적으로 수행하면 만족감을 느끼지만, 잘못 수행하면 실패감을 느끼게 된다.

2. 성인학습의 특성

성인학습자가 속해 있는 사회계층적 영향과 사회문화적 요인, 우리 사회가 요구하는 사회규범, 다양한 생활사건 등에 따라 성인들이 필요로 하는 학습의 요구가 달라진다.

노울즈(Knowles, 1989)는 성인학습의 특성을 실생활지향성과 학습경험의 활용을 중시하는 안드라고지적 관점에 기초하여 서술하였다. 그는 성인학습이 생활지향성에 기초하고 있다는 점에서 성인학습을 조직하는 데 삶의 현장 자체를 중요시하였고, 성인학습을 위한 중요한 자원으로 성인학습자의 경험을 중시하였다. 또한 여기에서 교사의 역할은 지식의 전달과 평가를 위한 것이 아니라 성인학습자들과 함께 문제를 탐구해 나가는 동반자 역할을 수행하는 것으로 보았다. 또한 성인학습자들 간에는 적지 않은 개인차가 존재하는 것으로 보고 성인학습자들의 연령, 학습 스타일, 시간, 장소, 학습속도와 관련된 개인차를 충분히 고려하여야 한다고 하였다. 학습자는 코스의 목적을 이해하고 동의하여야 하고, 학습하고자 하는 욕구가 있어야 하며, 학습과정에 참여하고 이에 대해서 인식하여야 하고, 자신의 학습속도대로 학습, 자신의 학습 진척도에 대하여 알고 성취감을 가질 수 있어야 한다고 하였다. 또한 학습상황은 자연스럽고 화기애애한 분위기가 유지될 수 있도록 해야 하며, 신체적으로 안락함을 느낄 수 있도록 배려하고, 학습경험 및 수업방법을 다양화해야 한다고 강조하였다.

카파엘라(Caffaella, 1994)는 성인학습자들에게 특별한 관계를 통한, 그리고 관계를 형성하기 위한 학습을 강조하였는데, 학습경험을 계획·구성하는 기본적인 방법으로 협동적 상호작용, 교수자와 학습자가 학습과정에서 상호 지원적일 때 협력적 의사소통을 사용하는 것을 효과적으로 보았고, 감정을 학습과정에 있어서 관계를 향상시킬 수 있는 중요한 요소로 인식하였다.

권두승(2001)은 성인학습의 기본 특성으로부터 성인학습의 방법을, 그리고 성인학습자들의 특성이라든가 성인학습자들이 처해 있는 조건으로부터 성인학습을 효과적으로 지도할 수 있는 원리들을 도출하였다. 성인학습의 방법으로는 크게 자발적 학습원리, 자기주도적 학습원리, 상호 학습의 원리, 생활적응의 원리를 제시하였다. 자발적 학습원리란 학습자가 타인으로부터 강제된 것이 아닌 스스로의 의지에 기초하여 행하는 학습을 말하고, 자기주도적 학습원리란 학습자가 주체적으로 학습의 목적 및 방법을 결정하고 자신의 향상을 도모하기 위하여 학습하는 것을 말하며, 상호 학습의 원리란 교수자와 학습자 사이에 서로 가르치고 배우는 활동이 일어나는 것을, 생활적응의 원리란 성인이 생활 가운데 당면하게 되는 과제 및 요구에 기초하여 학습을 전개하고, 그 과제 혹은 요구가 충족된 후 생활에 직접 활용 또는 적용하는 것을 말한다.

성인학습의 지도 원리로는 근접성의 원리, 적합성의 원리, 동기부여의 원리, 우선성의 원리, 쌍방향 커뮤니케이션의 원리, 피드백의 원리, 참여학습의 원리, 다중감각 활용의 원리 및 반복학습의 원리 등 아홉 가지 원리를 제시하였다. 근접성의 원리란 선행학습과 후행학습이 시간적·공간적·표상적으로 근접 또는 유사성을 띨 때 보다 쉽게 학습되는 것을 말하는데, 이를 위해서 학습상황에서 교수자가 자주 요점을 정리해 주고 중요한 내용은 수업종료 시점에서 다시 한 번 강조해야 한다고 하였다. 적합성의 원리는 교육용 보조자료, 사례연구, 학습내용, 학습방법 등이 학습자의 요구에 잘 부합되어야 한다는 것을 의미한다. 따라서 교수자나 운영자는 성인학습에 참여하는 학습자의 요구를 분명히 파악하고 있어야 하며, 학습자들이 익숙하게 느끼는 사례를 적절하게 활용할 수 있어야 한다. 동기부여의 원리는 성인학습자들이 배우고자 하는 동기부여가 되어 있고, 목적의식이 강한 경우 학습효과가 높다는 것을 전제로 한다. 우선성의 원리는 처음에 배운 내용이 가장 잘 학습된다는 것을 전제로 수업 도입부에 중요한 사항을 포함시킬 것을 강조하였고, 쌍방향 커뮤니케이션의 원리란 교수·학습 과정은 학습자들과 함께 의사소통을 하면서 진행되어야 하고, 피드백의 원리에서는 교수·학습 상황에서 교수자는 학습자들이 의도하는 방향으로 학습이 잘 진행되고 있는지, 진행속도는 적절한지 파악하고 있어야 하며, 피드백과 함께 학습자들의 학습참여 활동을 촉진하기 위한 적절한 강화를 사용할 때 학습에 대한 바람직한 결과를 가져온다고 보았다. 참여학습의 원리는 학습자들이 학습에 능동적으로 참여할 때 학습의 효과가 높다는 것이고, 다중감각을 활용한 원리는 학습의 도움이 되는 범위에서 학습자들의 다양한 감각을 학습에 활용하는 방법을 도입하는 것이며, 반복학습의 원리는 반복학습한 내용이 가장 잘 기억되며 배운 지식에 대한 활용도는 높아진다고 본 것이다.

성인학습자를 휴먼웨어 개발대상자라고 칭한다. 한 기관에 근무하더라도 각자의 직장생활 경험세계가 다르고 사람이나 일을 대하는 태도가 다르며, 사물이나 사건에 대해 보는 관점도 상이한 경우가 많다. 그렇기 때문에 성인학습자들이 교수자가 강의하는 것을 받아들이는 방식도 각각 다르다. 성인이 학습에 임할 때의 심리 상태는 교수자가 마음대로 그림을 그리고 글씨를 쓸 수 있는 백지 상태가 아니다. 성인학습자들의 머리는 진공 상태가 아니기 때문에 교수자가 제공하는 지식이나 아이디어를 그대로 받아들이려고 하지 않는다. 그들의 머리는 강의장에 들어오기 전에 이미 온갖 지식과 경험들로 꽉 차 있다. 그러므로 교수자의 주요한 임무는 성인학습자들의 머릿속에 들어 있는 지식, 경험, 관점 등을 교육 목적에 맞도록 그들의 생각을 스스로 재조직하도록 도와주는 것이다.

김종표, 이복희, 최세이(2019)는 성인학습의 특성을 다음과 같이 제시하였다.

① 성인은 학습 필요성에 유념한다: 성인은 학습할 때, 배움으로써 얻는 이로운 점과 그렇지 않을 때의 불리한 점을 파악하는 데 상당한 관심이 있다. 따라서 성인학습에서는 학습자가 알고자 하는 욕구를 해소시키도록 도와주는 것이 중요한데, 특히 그들의 삶과 관련된 가치를 강조하는 것이 바람직하다.

② 성인은 자율적 학습 욕구를 가지고 있다: 발달심리학적으로 볼 때 사람은 유소년기에는 전적으로 의존적이다가, 나이가 들면서 점차 자율적으로 된다. 따라서 성인학습에서는 성인들의 내면에 있는 이러한 자율성 추구라는 자연적 욕

구가 충족될 때 보다 효과적인 학습이 가능하다.

③ 이질적인 준비도와 동기 형성: 성인들은 준비도가 다르고 학습의 동기도 제각기 다르다. 학교에 같은 학년이면 대부분 학습준비도가 비슷하지만 성인들은 학습 준비도, 학습 능력에 차이가 많이 난다. 또한 학습에 임하는 동기도 대부분 다르다. 어떤 사람들은 경제적 동기 즉, 학습한 결과로 경제적 이익에 도움을 받기 위해서 학습하는 것이다. 어떤 사람들은 사회적 동기 즉, 학습하면서 인간관계를 형성하고 학습자들과의 네트워크를 조성하는 동기에 의해서 학습에 참여한다. 이러한 사람들은 학습시간보다는 학습 외의 시간에 더 활동적이고 더 적극적으로 참여한다. 또 어떤 사람들은 앎에 대한 동기에서 학습에 참여한다. 본인이 사회생활과 직장생활을 하면서 궁금했던 사항들을 알기 위하여 학습에 참여하기도 한나. 이렇게 성인들은 준비도도 다르고 동기도 다르기 때문에 맞추어서 학습을 진행하여야 한다.

④ 경험의 인지구조: 성인들은 경험에 기초하여 이해하고 배운다. 그렇기 때문에 성인교육 방법에서는 강의와 같은 전통적 방법보다는 학습자의 경험을 반영하는 토론이나 모의실험 등과 같은 교수 전략을 활용할 필요가 있다.

⑤ 실생활에 익숙한 소재로 이루어진 교육에 관심이 많다: 성인교육에서는 학습자의 요구와 발달 단계에 따르는 과제가 정확히 파악되어야 하며 이와 아울러 파악된 과제가 학습 활동에 적극 반영되어야 한다. 예컨대 직업인, 배우자, 부모 등의 역할과 관련되는 주제나 소재들이 성인학습 활동에는 효율적으로 작용한다.

⑥ 현장지향적 학습 선호: 이는 아동 중심의 학교 교육에서 강조되는 교과 중심 교육에 대치되는 것으로 성인교육과정은 실제 생활에 즉시 적용될 수 있는 내용을 학습할 때 훨씬 더 효과적이다.

⑦ 내재적 동기 영향: 성인은 압력, 승진, 봉급 등과 같은 외재적 동기뿐만 아니라 내재적 동기에 의해서도 크게 영향을 받는다. 물론 성인들도 외재적 동기에 의해서 동기화되지만 더 근본적인 동기의 원천은 자아 존중 욕구, 책임 의식, 권

한, 성취욕 등이다. 성인학습에는 학교 교육과는 달리 이러한 내재적 동기화에 더욱 주의할 필요가 있다.

3. 성인학습자의 학습참여 동기

1) 성인학습자의 학습참여 동기

성인학습자가 평생학습 프로그램에 참여하는 동기는 평생학습기관 및 교수자, 평생교육사가 알아야 하는 요소이다. 학습은 학령기에만 할 수 있다는 잘못된 고정관념에서 벗어나 성인도 얼마든지 학습이 가능하다는 것을 알게 되는 부분이다. 성인학습자가 학습에 참여하는 동기를 파악 및 분석하고 그들의 욕구를 인식하여 프로그램에 반영하게 되면, 다양한 연령대의 성인학습자들이 프로그램에 참여하게 될 것이다. 그러므로 평생학습의 참여 확대 및 평생교육의 활성화를 도모하기 위해서 성인학습자의 학습참여 동기는 중요한 부분이다.

성인학습자의 학습참여 동기는 학습자의 성향에 따라 다양하다. 실제적으로 평생교육에 참여하는 학습 동기는 학습자가 가지고 있는 관심사와 학습내용에 적절하게 관계가 있을 때 나타난다. 그러므로 평생교육기관이나 교수자는 성인학습자가 갖고 있는 다양한 학습욕구를 알고 어떠한 배경에서 생겨난 동기인지 좀 더 근본적으로 파악할 필요가 절실하다.

호울(Houle, 1961)은 평생교육에 참여하는 성인학습자들은 무엇인가 보상받고자 하는 학습목적을 지니고 있으며 각자의 참여 동기 유형이 다를 것이라고 전제하고 있다.

〈표 3-2〉 호울의 성인학습자 학습참여 동기 유형

목적지향	참여 동기가 외부에 분명히 드러나는 유형으로, 현실적인 필요나 이득, 이해관계를 충족시키려는 욕구에 의한 것이다. 학습자들의 유형은 생활 속에서 일어나는 실제적 문제 해결의 도구로서 활용하기를 원하며 적극적으로 학습에 참여하는 특성을 갖고 있다.
활동지향	학습하는 활동 그 자체를 즐기며 교수자, 학습자와 사회적인 상호작용을 하는 것을 주목적으로 참여한다. 학습자들은 반복되는 일상의 단조로움을 피하고 지루함, 고독함 등의 소외의식으로부터 변화를 갖기 위하여 참여한다. 또는 가정, 직장생활에서 마주하게 되는 여러 어려운 상황들로부터 회피하기 위하여 학습에 참여한다.
학습지향	교육에 대한 참여를 통해 지식을 습득하고자 하는 욕구를 지니고 학습 자체에 의미를 두고 있다. 학습자들은 모든 학습활동들이 자체의 목적과 의미를 갖고 각각의 학습활동이 지니고 있는 의미의 총체에 참여 동기를 두고 있다.

출처: 권두승, 조아미(2010).

한편, 우로도우스키(Wlodowski, 1999)가 제시한 성인학습자의 참여 동기는 다음과 같다.

① 성공(Success): 학습에 있어 성공적인 학습자가 되기를 원함

② 의욕(Volition): 학습에 있어 선택된 감정과 학습을 하려는 의지가 많음

③ 가치(Value): 학습을 함에 있어 가치가 있다고 생각하는 것을 하기 원함

④ 즐거움(Enjoyment): 학습하는 것이 즐겁다는 것을 경험하고 싶어 함

성인학습자들이 평생학습에 참여하는 동기는 학자들마다 다양하게 유형화하고 있어 일반화된 유형을 제시하기는 쉽지 않다. 한 개인이 갖는 욕구가 다양하고 많은 것처럼 학습자들은 하나의 참여 동기만으로 접근하는 것이 아니라 참여 동기와 학습목적을 다양하게 갖기 때문이다. 그러므로 교수자는 학습자들의 요구조사를 바탕으로 프로그램을 개발하고, 그에 적절한 교수방법과 학습내용을 선정·적용하는 것이 필요하다.

다수의 연구에 따르면, 비교적 연령이 높은 성인학습자들은 학습 자체에서 즐거

움을 찾고 오랜 학습욕구를 해소하는 데 의미를 두는 학습지향형 학습참여 동기가 있는 반면, 낮은 연령층은 직업 능력 개발이나 전문성 강화를 통해 제2의 학위 취득이라는 실용적 목표를 우선시하는 목표지향적 특성을 보였다. 이는 성인학습자의 연령과 삶의 주기적 맥락에 따라 학습참여 동기와 목적이 달라질 수 있음을 시사한다(이재은, 서재원 외, 2024).

2) 성인학습자의 학습참여 장애 요소

성인학습자는 한 가지 일을 하는 것이 아니라 다양한 조직에 속한 사람들이다. 예를 들어, 직장에 다니는 학습자, 가정주부, 은퇴자, 대학생 등 다양한 학습자들은 그들의 책임과 의무를 감당하며 평생교육 현장에 참여하는 사람들이다. 그러므로 성인교육 참여에 영향을 주는 요인은 다양하다 할 수 있다. 평생교육에 참여하는 학습자들의 참여 동기는 개인적 요인과 사회환경적 요인의 총체적 영향력에 따라 참여 정도가 나타난다. 학습자들은 사회구조적 요인으로서 사회적 배경, 학력 등을 반영하는 가족 상황, 학습을 투자로 여기고 성인교육의 프로그램에 참여하는 등 자신들에게 얼마나 영향을 미치는가에 따라 참여 동기가 다르다.

성인이 학습에 참여하지 못하는 장애 요소는 시간 부족, 경제적 문제로 나누어 볼 수 있다. 특히 성인은 자신뿐만 아니라 가족을 부양하거나 다양한 관계를 맺고 있으므로 시간적·경제적으로 여유롭지 못하다. 성인이 학습에 참여하고 싶으나 저해되는 일반적 요인은 다음과 같다.

첫째, 상황적 요인이다. 개인의 생활환경이 교육에 참여하는 것을 어렵게 만드는 경우이다. 예를 들어, 가장 흔한 것은 시간의 부족으로, 직장일이나 가사일로 인하여 학습에 참여하지 못하는 경우이다. 또한 가족을 돌봐야 하는 부양 책임으로 인하여 경제적 여유가 없어 평생교육에 참여하지 못하는 경우 등이다.

둘째, 교육기관이나 제도의 문제이다. 프로그램에 관련된 규칙이나 절차 등이 학습자의 참여를 제약할 수 있다. 교육시간이나 학습자가 원하는 프로그램을 가까운 기관에서 찾지 못하는 경우가 해당된다. 또한 평생교육기관의 행정처리나 거주지 제한 등도 저해요인이 된다.

셋째, 개인의 속성 요인이다. 학습자가 교육에 관련된 부정적 경험을 한 적이 있거나 소극적인 성향을 가진 사람들이 교육에 참여하는 것을 꺼리는 경우이다. 또는 자신이 학습에 참여할 경우 적응하지 못할 수 있다는 불안감이나 다른 학습자들보다 뒤떨어질까 염려해서 학습에 참여하지 못하는 경우이다.

넷째, 정보의 요인이다. 학습자 개인들이 교육 기회에 대한 정보를 제대로 파악하지 못하거나 충분한 정보가 없어 참여하지 못하는 경우가 있다. 그러므로 평생교육에 참여하지 않는 학습자들이 자신의 삶에 만족하거나, 더 이상 학습할 것이 없어서 참여하지 않는 것이라고 섣불리 판단해서는 안 된다.

학습 과제

1. 성인학습자의 인지적 특성 중 결정적 지능과 유동적 지능에 대한 사례를 들어 보시오.
2. 성인학습의 특성을 실생활지향성과 학습경험의 활용을 중시하는 안드라고지적 관점에 기초하여 사례를 들고 학습방안을 제시하시오.
3. 성인이 학습에 참여하고 싶으나 학습참여에 장애가 되는 일반적 요인을 분석하고 요인별로 대안을 제시하시오.

참고문헌

권두승, 조아미(2016). **성인학습 및 상담.** 동문사.

권영선, 배철우, 윤영남, 이종훈, 조용(2021). **평생교육방법론.** 동문사.

김종표, 이복희, 최세이(2019). **실전 명강의 교수법.** 양서원.

이재은, 서재원, 김자현(2024). LiFE사업 단과대학 성인학습자의 평생학습 참여동기 잠재유형 분석. **평생교육학연구, 30**(4), 1-25.

임형택, 권재환, 권충훈, 김경열, 김두열, 김인숙, 박찬원, 박희석, 신준영, 오상봉, 오선아, 오정란, 유승우, 윤은종, 전희정, 정경희(2013). **평생교육방법론.** 공동체.

조성연, 박미진, 문미란(2010). **성인학습과 상담.** 학지사.

한정란(2025). **100세 시대 노인교육론.** 공동체.

Caffarrella, R. S. (1994). *Planning programs for adult learners.* San Francisco: Jossey-Bass Publishers.

Houle, C. D. (1961). *The design of education* (2nd ed.). San Francisco, CA: Jossey-Bass.

Knowles, M. (1989). *The making of an adult educator.* San Francisco: Jossey-Bass Publishers.

Rogers, C. (1998). *Teaching adults* (2nd ed.). Buckingham: Open University Press.

Santrock, J. W. (2017). *Life-Span Development.* McGraw-Hill Education.

UNESCO(2022). Making Lifelong Learning a Reality: A Handbook.

UNESCO Institute for Lifelong Learning.

Chapter

4

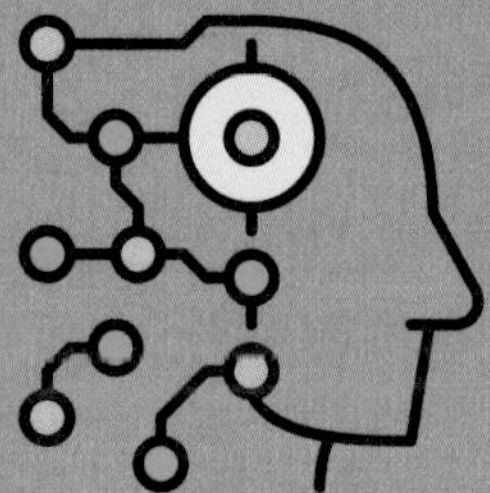

인공지능 시대 학습 이론과 전통적 학습 이론

학습 개요

이 장에서는 인공지능, 사물인터넷, 가상현실 등 과학기술의 급속한 발전 속에서 전통적 학습 이론(행동주의, 인지주의, 구성주의)과 인공지능 시대의 새로운 학습 이론인 행위자 관계망 이론(ANT)을 비교하며 학습에 대한 이해를 확장한다. ANT는 인간뿐 아니라 비인간(기계, 도구, 자연 등)도 학습의 주체가 될 수 있음을 강조하며, 이들 간의 네트워크 형성과 번역 과정을 통해 지식이 생성되고 학습이 이루어진다고 본다. 이를 통해 학습자는 인간 중심적 사고를 넘어 관계 중심의 포스트 휴머니즘적 학습관을 이해하고, 교육 현장에서의 새로운 교수 · 학습 접근을 모색하게 된다.

학습 목표

1. 인공지능 시대 학습 이론과 전통적 학습 이론의 차이를 이해하고 비교할 수 있다.
2. 행위자 관계망 이론(ANT)의 핵심 개념을 설명하고, 교육적 적용 가능성을 분석할 수 있다.
3. 과학기술 기반 사회에서 교육의 역할과 방향성을 성찰하고 대안적 교수 · 학습 모형을 구상할 수 있다.

1. 교수 · 학습 이론

교수 이론과 학습 이론은 상호 연관되어 있지만 그 성격과 목적에서 뚜렷한 차이를 보인다. 학습 이론은 인간의 학습 과정을 이해하고 설명하기 위한 서술적·간접적 접근으로, 주로 실험실에서 통제된 조건으로 이루어지며, 학습자의 행동 변화나 인지구조의 변화를 설명하는 데 초점을 둔다. 반면 교수 이론은 실제 수업 상황에서 효과적인 교수·학습 활동을 설계하고 실행하기 위한 처방적·규범적 성격의 이론으로, 교수 조건(교과 내용, 학습자 특성 등), 교수 방법(강의, 협동학습 등), 학습 결과(지식 습득, 태도 변화 등) 사이의 관계를 분석하고, 바람직한 교수 전략을 제안하는 데 목적이 있다. 이러한 점에서 학습 이론이 교육 현상의 이해를 위한 '설명과학'에 가깝다면, 교수 이론은 그 이론을 실제 수업에 적용하여 교수 효과를 극대화하려는 '응용과학'의 성격을 지닌다. 요컨대 학습 이론이 교수의 '왜'를 설명한다면, 교수 이론은 교수의 '어떻게'를 실천적으로 안내하는 역할을 한다.

이러한 구분은 교육 실천에서 이론의 적용 방식에도 중요한 함의를 둔다. 학습 이론은 학습자의 내적 변화 과정을 설명하는데, 집중하기에 따라서 교육자가 학습자의 이해, 동기, 기억, 문제 해결 과정 등을 해석하고 지원하는 데 도움을 준다. 반면 교수 이론은 교사가 수업을 어떻게 설계하고 실행할 것인가에 대한 구체적인 방향을 제시함으로써, 실제 교육 현장에서 교수 목표를 효과적으로 달성할 수 있도록 돕는다. 예컨대, 인지주의 학습 이론은 정보처리 과정에 대한 이해를 제공하지만, 이를 바탕으로 학습자 수준에 맞는 도입, 설명, 정리 활동을 어떻게 조직할지는 교수 이론의 영역이다. 따라서 교수 이론은 학습 이론에 기반을 두되, 그것을 교육 현장이라는 복잡하고 실제적인 맥락에서 적용하고 변용하는 실행지향적 이론이라고 할 수 있다. 교수 이론과 학습 이론의 차이는 〈표 4-1〉과 같다. 이 절은 윤옥한(2017)을 재구성한 것이다.

〈표 4-1〉 교수 이론과 학습 이론의 차이

구분	교수 이론	학습 이론
성격	• 처방적, 규범적 • 학생들이 학습 과제를 어떻게 하면 잘 해결할 것인가에 초점 • 응용 과학(공학, 의학) • 응용	• 기술적, 간접적 • 유기체가 학습하는 과정을 서술 • 자연과학(물리학, 수학, 생물학) • 이론
관심의 초점	교육 실제 문제의 해결에 관심	유기체의 학습에 대한 포괄적 이해
상황	교실 상황(일반적 상황)	실험실 상황(엄격한 통제)
학자	Gagné, Bruner, Reigeluth 등	Pavlov, Thorndike, Skinner 등

생각해 보기

창조론이 과학적 이론인가, 진화론이 과학적 이론인가? 창조론과 진화론 모두 비과학적 이론에 불과하며 신념에 관한 합리적 논거이다. 둘 다 과학이 아니라 신념이다. 창조 이론이며 진화 이론이다. 이론이란 '~일 것'이라고 표현된다. 자연과학적 관점에서 말하는 것이다. 과학이 되기 위해서는 법칙이 성립되어야 한다. 법칙이란 '~이다'로 표현한다. 이러한 측면에서 보면 창조론은 '하나님이 이 세상을 창조했을 것이다.'의 이론이며 진화론은 '인간은 원숭이가 진화해서 만들어졌을 것이다.'의 이론이다. 법칙이 되기 위해서는 증명이 되어야 한다. 증명이란 눈으로 반복적 관찰이 가능해야 한다. 예를 들면 만유인력의 법칙, 관성의 법칙, 부력의 법칙 등이 바로 좋은 예이다. 만유인력의 법칙의 경우 '대부분 물체는 위에서 아래로 떨어질 것이다'가 아닌 '떨어진다.'이다. 이것은 물건을 떨어뜨려 보면 바로 눈으로 몇 번이고 관찰할 수 있다. 이것을 의심하는 사람은 10층 옥상에서 떨어져 보면 바로 증명이 가능하다.

창조 이론과 진화 이론은 증명할 수 없다. 하나님이 세상을 다시 한 번 창조해야 증명이 가능하며 진화론은 다시 한 번 진화되어 현재 상태를 만들어야 증명이 가능하다. 둘 다 증명하는 것이 아니라 증거를 가지고 이론적으로 설명할 뿐이다. 창조 이론의 경우 성경과 성경에 나오는 인물, 지명 등으로 많은 증거를 제시한다. 진화 이론도 마찬가지로 화석과 같은 많은 증거를 제시하고 있을 뿐이다. 따라서 두 이론은 과학적인 것이 아니라 비과학적이다.

이런 비과학적인 그것을 어떤 사람은 창조론을 주장하는 사람들이 내세우고 있는 증거들을 보고 창조론을 믿고 어떤 사람은 진화론이 내세우는 증거를 보고 진화론을 믿는다. 과학적인 것이 아니라 믿음인 것이다.

이러한 증거들을 누가 많이 제시하느냐에 따라 믿음의 정도가 달라질 수 있다. 이러한 측면에서 지식이란 신념에 관한 합리적 논거로 볼 수 있다. 따라서 지식은 위장될 수도 있으며, 사회적·역사적·정치적 맥락에 따라서 달라질 수 있다. 특히 정치적 맥락에 따라 지식이 달라질 수 있다. 왜냐하면 자신들의 정치적 이념에 따라 올바른 증거들을 조작할 수 있기 때문이다. 따라서 지식은 절대적인 것이 아니라 상대적이며, 합리성조차 관행이나 인습에 불과하다는 결론이 나온다.

이러한 측면에서 다시 생각해 볼 문제가 있다. 영향력 있는 사람이 말하는 지식이 진리가 아닐 수 있다는 것이다. 책에 나온 내용이 틀릴 수도 있다. 매스컴에서 말하는 내용이나 교수나 선생님이 가르치는 내용이나 지식이 진리가 아닐 수 있다.

2. 인공지능 시대 학습 이론: 행위자 관계망 이론

지금의 시대는 인공지능, 사물인터넷, 빅데이터, 가상현실, 증강현실 등 새로운 과학기술이 등장함에 따라 새로운 과학기술에 관한 이해뿐만 아니라 인문학, 사회과학과 관련하여 새롭게 등장한 이론들도 함께 이해하여야 한다(윤옥한, 2024). 또한 과학기술의 접목으로 만들어진 포스트 휴먼의 등장으로 인하여 지구상의 모든 물질, 비물질 등과 어떤 공존 관계를 형성해야 하는가를 탐색할 필요가 있다. 과학기술 시대에서는 과학기술의 발전을 빼놓고 인간만의 인간다움을 논의하는 것은 시대착오적이다. 과학기술 기반 사회에서 교육은 어떤 노력을 해야 할 것인지 고민할 필요가 있다(박은주, 2020: 3). 단편적 지식을 습득하고, 기계적인 암기 위주의 과거의 교육 방식은 포스트 휴먼 시대 환경에서는 더 이상 유효하지 않다. 과학기술 시대는 삶의 맥락에서 복잡한 문제를 해결하는 역량이 중요한 시대이다. 이 절은 윤옥한(2024)을 재구성한 것이다.

과학기술 시대의 교육은 인공지능, 가상현실, 증강현실 등의 디지털 전환에 대응할 수 있는 새로운 교수·학습의 기반을 마련하는 것이 필요하다. 과학기술들을 교육과 접목하는 노력은 필수 요소가 되고 있다. 2000년대 다양한 학문 분야에서 포스트 휴머니즘 시대 이분법적 인식론의 한계를 극복하기 위하여 '물질적 전환(material turn)' 또는 '존재론적 전환(ontological turn)'으로 언급되는 '신유물론' 패러다임이 가시화되었다(하윤희, 임성은 외, 2022: 342). 이러한 측면에서 최근 과학기술의 발전과 함께 인문학, 사회과학 분야에서 가장 주목받고 있는 이론이 행위자 관계망 이론(Actor Network Theory: ANT)이다(Latour, 2010: 17). 그러나 아직 우리에게는 낯설다.

'Actor Network Theory'는 국내에서는 '행위자 네트워크 이론', '행위자 연결망 이론' 또는 '행위자 관계망 이론' 등으로 사용된다. 이 책에서는 독자들의 혼란을 막기 위해서 행위자 관계망 이론, 이하 ANT 이론으로 통일해 축약해서 사용한다. 이 이론의 핵심은, 인간은 만물의 중심이 아니라 복잡한 관계 속에서 한 부분을 담당하는 존재이며 지금의 나는 나와 연결된 인간과 비인간의 관계망 효과에 의해 결정된다는 것이다. 인간은 식물, 동물, 자연, 기계와의 상호 관계망으로 연결된 존재이다. 인간 중심주의 사상에 대한 비판의 배경에는 포스트 휴머니즘, 신물질주의, 사회물질주의와 같은 이론적 관점이 있다.

ANT는 인간 중심적인 학문을 넘어 비인간(인간 외 모든 것) 행위자의 역할에 주목하여 테크노 사이언스(techno science)와 사회를 분석하기 위해 등장한 이론이다. 테크노 사이언스란 인간과 비인간 네트워크의 형태로 이해된 과학기술을 의미한다. 과학기술은 비인간을 길들여 세상에 내놓은 인간의 활동이며, 과학자들은 비인간과 인간 사이에 연결망을 만드는 역할을 한다(홍성욱, 2016: 8-12).

1) 행위자 관계망 이론

서구 사회를 지난 300년 동안 이끌어 왔던 모더니즘 사상은 19세기 근대 철학의 기초가 되는 르네 데카르트(René Descartes, 1596-1650)의 이론이다. "나는 생각한다. 고로 존재한다."라는 명제는 인간 중심주의적 사고로 인간과 비인간, 정신과 물질의 이원론을 바탕으로 두었다. 그러나 인간 중심적인 사고로 인하여 여러 가지 문제가 발생하였다. 그중 대표적인 것이 환경오염, 기후 변화와 같은 것이다. 이러한 문제들로 인하여 인간 중심주의에 바탕을 둔 이분법적 사고는 더 이상 현대사회를 설명할 수 있는 유용한 이론이 될 수 없게 되었다. 그리하여 이를 극복하려는 다양한 이론들이 등장하고 있다. 퀑탱 메이야수(Quentin Meillassoux)의 사변적 실재론(Speculative Realism), 그레이엄 하먼(Graham Harman)의 객체지향 존재론(Object-Oriented Ontology), 마르쿠스 가브리엘(Markus Gabriel), 캐런 배러드(Karen Barad)의 행위적 실재론(Agential Realism) 등이 대표적인 이론이다. 이러한 이론들의 시작이자 중심인 ANT는 '비인간(non human)'을 '행위자(actor)'로 보고 인간과 함께 사회를 구성한다는 브루노 라투르(Bruno Latour)의 ANT가 자리 잡고 있다(이준석, 김연철, 2019: 12).

ANT는 1980년대 초반 과학기술학(Science and Technology Studies: STS)을 연구하던 프랑스 과학 기술자 브루노 라투르(Bruno Latour)가 중심이 되어 미셸 칼롱(Michel Callon)과 영국의 과학 기술자 존 로(John Law)가 협력하여 정립한 이론이다(Latour, 2010: 8). 국내에 ANT 이론을 소개한 작업으로는 홍성욱 편(2010)이 있다(김상배, 2011: 9). 이는 브루노 라투르의 생태적·관계적 사상을 완성한 이론이다.

ANT의 특징은 인간과 동등하게 비인간도 사회를 구성하는 '행위자(actor)'로 규정하는 것이다. ANT는 또한 사회적 '행위자' 또는 관계만 분석하는 것이 아니라 '네트워크(network)'의 안정화나 불안정화에 이바지한 모든 요소와 관계에도 관심을 가진다. 어떠한 존재도 고립 상태에서는 무의미하며 다른 존재들과 수많은 그리고 가변적인 관계들 속에서만 의미를 획득할 수 있다. 예를 들면, 기차는 철도가 있어야 달릴 수 있지 철도 없는 벌판을 달릴 수는 없다. 인간이 총을 잡으면 달라지고, 총은 인간에게 잡히면서 달라질 수 있다.

ANT는 기술 결정론(미디어 결정론)과 사회 결정론(사회구성론) 모두 거부한다. 기술 결정론은 기술이 자율적이며 사회에 결정적인 영향을 미친다고 본다. 기술이 자체의 생명력을 가지고 인간의 의지와 무관하게 사회를 발전시킨다는 것이다. 사회변동의 중심적인 원인이 기술적 진보라고 보는 견해이다. 사회 결정론(사회구성론)은 각기 다른 사람들이 모여서 서로 토론하고 합의하여 어떤 지식을 만들어 내는 것이다. 인간이 모든 것을 형성한다는 것이다. 반면 ANT는 행위자 간의 관계를 중요하게 생각한다. 인간과 비인간의 합체, 잡종의 관계가 중요하다.

2) 행위자, 행위로

'행위자(actor)'는 어떤 행위를 하는 실체들이다. 행위자는 인간과 비인간을 모두 포함한다(Latour, 2005: 72). 전통적 의미의 행위자는 어떤 의도를 가진 인간 개인 행위자를 말한다. 이때에도 행위자는 단순한 행동을 하는 사람과 대비된다. 즉, 어떤 의도를 가지고 하는 행동의 주체자를 의미한다. 전통적 의미의 행위자와 ANT에서의 행위자의 차이를 설명하기 위해, 라투르는 기호학에서 사용하는 '행위소(actant)'라는 개념을 사용하였다. 기호학자 알기르다스 그레마스(Algirdas Julien Greimas)는 기호학에서 행위자나 행위소는 이야기 속에서 역할을 담당하는 모든 존재를 의미한다고 하였다(Block & Jensen, 2017: 44). 행위자와 행위소는 같은 의미라고 해도 무방하다(이하 모두 행위자).

행위자는 내가 다른 사람의 행위를 바꾸는 것처럼 비인간도 우리 인간의 행위를 바꿀 수 있다는 의미의 행위 능력(agency)을 가지고 있다(Latour, 2010: 22). 예를 들면, 지금 저자가 논문을 작성하는데 키보드, 마우스, 본체, 화면, 프린트 등이 모두 행위자이다. 단순히 키보드의 존재 자체만으로 행위자는 아니다. 실재는 존재 자체로 결정되는 것이 아니라 다른 행위자와의 관계 속에서 발현된다(지항수, 2021: 4). 행위자가 되기 위해서는 행위자의 새로운 수행, 즉 시행(trial)이 있어야 한다. 행위자는 출현하는 상태에서 새로운 수행을 낳는 시행으로 정의된다. 예를 들면, 키보드 자체가 행위자가 되기 위해서는 저자가 키보드를 수행하는 과정이 있어야 한다. 키보드는 논문을 작성하는 행위 능력을 갖추고 있다. 논문을 작성하는 것뿐만 아니라 키보드 자체가 다른 행위자를 만나서 받침대로 쓰여도 행위 능력을 갖춘 행위자가 된다. 키보드를 가지고 못을 박는 데 쓰여도 행위자가 된다. 이처럼 인간뿐만 아니라 비인간도 모든 행위자에게 다양한 영향력을 행사할 수 있는 행위 능력을 가지고 있다. 키보드가 의도나 의지를 갖는 것이 아니다. 나의 친구나 가족이 나의 행동을 바꿀 수 있듯이 키보드가 나의 글 쓰는 행동에 영향을 준다는 의미이다. 자동차가 있으면 걸어가는 길을 자동차를 타고 가는 행동으로 바꾸게 되는 것이다. 이러한 비인간 행위자를 인간을 위해서 의미 있는 것으로 바꾸거나 길들이는 인간의 실천이 과학기술이다.

3) 블랙박스

라투르는 인간 행위자와 비인간 행위자의 행위 능력을 모두 인정한다. 그러나 모든 존재가 같은 수준은 아니다. 더 강한 행위자가 인간이 될 수도 있고 비인간이 될 수도 있다. 더 다양한 이질적 행위자들과 결합하는 행위자가 더 강한 행위자가 된다. 이때, 행위자들이 안정된 관계를 구축하여 마치 하나의 대상처럼 보이는 것을 '블랙박스(black box)'라고 한다. 즉, 관계망이 더 이상 확장하거나 소멸하지 않고 사용 자체에만 관심을 가질 때 이를 블랙박스라고 한다. 블랙박스화된 대표적인 예를 들면 자동차, 인터넷, 휴대전화 등이 있다. 다른 예는 지식 또는 사실이다. 지식이란 이종적인 요소들이 중첩되면서 일종의 네트워크로 발전한 결과로 본다. ANT에서는 지식, 사실, 권력관계, 사회 현상도 인간과 비인간이 상호작용을 한 결과물로 보며, 이것이 안정화되었을 때 블랙박스로 본다(박은주, 2020: 7; Law, 1992).

블랙박스란 하나의 시스템이다. 시스템이란 필요한 기능을 실현하기 위하여 관련 요소를 어떤 법칙에 따라 조합한 집합체이다. 블랙박스는 잘 정비된 시스템이기 때문에 다시 생각할 필요가 없고 내용물이 무관심의 대상이 되어버린 사물들을 의미한다(Latour, 2005: 72). 블랙박스는 더 자동적이고 더 확고한 것일수록 더욱더 사람을 동반해야만 한다(Latour, 2017: 277). 예를 들면, 저자가 논문을 작성하는 데 필요한 행위자는 저자, 키보드, 본체, 스크린, 프린트 등이다. 그런데 키보드에 글자를 입력하면 이 글자가 본체를 통하여 화면에 한 글자 한 글자가 나타나고 이것을 저장하여 인쇄하면 출력되어 나온다. 이에 대하여 일일이 구체적인 관계망을 생각하는 사람은 거의 없다. 그냥 안정된 관계망이기 때문에 무관심의 대상이 되어 있지만 나와 컴퓨터는 강한 관계망이 형성된 것이다. 이것이 블랙박스이다. 하지만 블랙박스도 사람이 동반되지 않으면 블랙박스로 남아 있지, 살아 움직이지는 않는다. 블랙박스 혼자서는 관성을 갖지 않는 것이다.

4) 네트워크

네트워크는 행위자들 사이의 고정되지 않은 관계들의 집합이다(Latour, 1990: 47-64). 네트워크 외에는 아무것도 없고 네트워크 사이에도 아무것도 없다. 네트워크는 실재하는 공간이 아닌 관계를 의미한다(김정경, 2021: 229).

라투르가 제시한 네트워크의 의미는 다음과 같다. 첫째, 확산과 혼성, 약한 연결들이 신중하게 엮여 있을 때 강해지게 된다. 네트워크는 지위, 계층, 영역, 범주, 구조, 체계라는 관념으로는 이해할 수 없다. 세상의 다양한 현상을 이해하기 위해서는 모든 세계의 현실이 실이나 끈과 같은 형태이며 모세관의 성격을 갖는다고 인식해야 한다(Latour, 1990: 47-64). 둘째, 네트워크는 본래의 상태로 다시 돌아갈 수도 없고 비교할 수 없다. 그러나 네트워크는 국지적인 행위자들로 이루어져 있지만 전 지구적으로 확장될 수 있다. 셋째, 네트워크는 행위자 사이 연결의 강도가 중요하다. 연결의 강도는 근접성이 아니라 행위자 사이의 관련성이다. 예를 들면, 컴퓨터 본체와 프린트의 관련성은 강도가 매우 크다. 그러나 네트워크는 어떤 행위자들 간에도 위계관계가 형성되지 않는다.

5) 일반화된 대칭성

라투르가 강조한 부분은 인간과 비인간의 행위를 대칭적으로 묘사하고 분석하는 것이다. 인간과 비인간을 구분하거나 차별하지 않는다. 과학과 기술을 구분하지 않는다. 주체와 객체를 나누지 않는다. 거시와 미시를 구분하지 않는다. 경계가 없고 경계를 넘나드는 것이다. 따라서 인간의 역량은 인간 행위자들이 구축한 관계망에 의해 달라진다. 그러나 인간과 비인간의 행위 능력은 같은 것이 아니다. 존재론(Ontology)의 관점에서는 인간 행위자와 및 비인간 행위자를 포함한 행위자들은 동등하다. 그러나 인간 행위자와 비인간 행위자들이 관계망을 형성해 나가는 양상을 의미하는 양태론(Modology)의 관점에서는 동등하지 않다(Lukka et al, 2022: 140; Latour, 1990: 47-64). 이는 인간과 비인간뿐만 아니라 인간들 사이나 비인간들 사이도 마찬가지이다. 각각의 행위자들 사이에는 차이가 있다. 그러나 네트워크 안에서 모두 동등하게 능동적인 존재로 인정받고 행위자로 참여할 수 있음을 주장하는 것이 일반화된 대칭성(generalized symmetry)이다.

6) 번역

ANT에서의 '번역(translation)'은 관계망을 형성해 가는 과정을 의미한다. 인간 행위자와 비인간 행위자들을 동원하고 배치하여 하나의 관계망을 형성해 나가는 과정이다. 따라서 ANT에서 관계망을 형성해 나가는 번역의 과정에서 더 다양한 행위자들의 연결망을 형성한다는 의미는 더 많은 권력을 행사한다는 것이 된다(Law, 1992: 379-393). 관계망을 형성해 나가는 '번역'의 과정은 권력의 과정인 동시에 질서를 만드는 과정이다. 이러한 '번역'의 과정을 통해서 기존의 관계망을 새롭게 형성하고 다른 관계망으로 대치하기도 한다(Latour, 2010: 25).

'번역'의 과정에서 어떤 행위자는 성공적으로 관계망을 새롭게 형성하고 어떤 행위자는 관계망을 형성하지 못하는 이유는 무엇일까? 올바른 관계망 형성을 위하여 자주 인용되는 분석 틀은 프랑스의 과학기술학자 미셸 칼롱(Michel Callon)이 제시한 번역의 4단계이다. 첫째, 문제 제기(problematization), 둘째, 관심 끌기(interessenment), 셋째, 등록하기(enrollment), 넷째, 동원하기(mobilization)가 그것이다(유금복, 이종혁 외, 2022: 181; 은진석, 이정태, 2021: 25; Latour, 2010: 67-94; Callon, 1986: 19-34). 번역의 과정은 <표 4-2>와 같다.

<표 4-2> 번역의 4단계

단계		구체적 내용
1단계	문제 제기	행위자를 전체 관계망에서 확인한 후 관계망을 교란하는 단계
2단계	관심 끌기	새로운 행위자를 등장시켜 기존의 관계망에서 관심을 가질 수 있게 끼어드는 단계
3단계	등록하기	새롭게 등장시킨 행위자에게 새로운 역할을 부여하는 단계
4단계	동원하기	새롭게 역할을 맡은 행위자가 새로운 관계망을 형성하여 번역을 완성하는 단계

첫째, 문제 제기 단계이다. 이 단계는 행위자가 관계망에 있는 행위자들을 확인하고 그 행위자들이 어떤 일을 하는지 파악하여 전체 관계망의 상황을 파악하는 것이다(Latour, 2010: 67-94). 이 단계에서는 새로운 네트워크 구성의 필요성을 제기하며 행위자들이 각자의 목적을 이루기 위한 의무 통과점(obligatory passage point: OPP)을 설정하여 네트워크에서 필수 불가결인 행위자들의 정체성을 확립시킨다(유금복, 이종혁 외, 2022: 181). 이때 행위자들이 관계망 속에서 어떤 일을 하는지 파악한다는 의미는 관계망 속에서 행위자와 다른 행위자들 사이에서 이해관계자가 누구인지, 어떤 권력관계가 있는지 등을 파악하는 단계를 의미한다. 이미 형성된 관계망을 교란하고 다른 행위자들을 자신의 관계망으로 끌어들이기 위해서는 이러한 문제 제

기 과정을 통해서 가능하다. 기존 블랙박스에 문제를 제기하고 파문을 일으키는 단계라고 보면 된다. 예를 들면, 논문을 작성하는데 저자, 키보드, 마우스, 스크린, 본체, 프린트를 하나의 블랙박스라고 본다면, 번역의 과정은 논문을 작성하는 데 형성된 블랙박스를 분해하고 해체하기도 한다. 번역은 관계망을 형성해 가는 과정이기 때문이다. 번역의 과정에서 성공적인 관계망을 형성하기 위해서 제시된 문제 제기 단계란 키보드에 타이핑하지 않고 말로 하면 스크린에 글자가 나오게 하는 인공지능 스피커인 새로운 행위자를 끌어들이는 단계를 의미한다. 이렇게 되면 키보드 행위자는 없어지게 되고 인공지능 스피커 행위자를 번역의 과정에 끌어들이게 된다. 이렇게 되면 파문이 일어난다는 것이다.

둘째, 관심 끌기 단계이다. 이 단계는 다른 행위자들을 기존의 관계망에서 분리하고 새로운 행위자가 등장하여 관심을 끌면서 새로운 관계망을 형성하는 것을 의미한다(Latour, 2010: 67-94). 관심을 끈다는 의미는 문제 제기 단계에서 파문을 일으킨 행위자가 새로운 관계망에 끼어든다는 의미이다. 새로운 행위자가 관계망에 끼어들 때 얼마나 관심을 끄느냐의 문제이다. 앞의 예시에서 새롭게 등장한 인공지능 스피크 행위자가 논문을 작성하는 데 얼마 만큼 관심을 끄느냐가 번역의 과정에서 성공의 열쇠를 좌우한다.

셋째, 등록하기 단계이다. 이 단계는 새롭게 등장한 행위자가 새로운 관계를 맺으면서 새로운 역할을 부여하는 것을 의미한다(김상배, 2011: 11-15). 새롭게 등장한 행위자가 기존의 관계를 끊고 새로운 관계를 맺는 관심을 끌어도 새로운 역할을 하지 못하면 번역은 성공하지 못한다. 등록하기는 관심 끌기의 과정과 밀접한 관련이 있지만 각각의 행위자들에게 부여될 역할들이 암시되면서 진행된다. 앞의 예에서 새롭게 등장한 인공지능 스피커가 관심을 끌어도 인공지능 스피커 행위자가 그 역할을 충실히 수행하지 못하면 번역은 이루어지지 않는다.

넷째, 동원하기 단계이다. 이 단계는 등록된 행위자 즉, 새롭게 역할을 맡은 행위자를 새로운 관계망으로 끌어들이는 것이다(Latour, 2010: 67-94). 이렇게 되면 번역이 성공한다. 논문을 작성하는 데 있어 이제는 키보드가 아닌 인공지능 스피커로 작성할 수 있게 되고, 새로운 관계망을 형성하게 된다. 하지만 새로운 관계망이 형성되어도 고정적이거나 최종적인 것이 아니다. 또 새로운 번역 과정을 통해서 다시 새로운 관계망이 형성될 수 있다. 번역은 반역에 직면할 수 있다. 번역에서 반역까지는 한 발 차이다(Callon, 1986).

7) 인공지능 시대 행위자 관계망 이론의 교육적 함의 탐색

과학기술의 발전은 교육과 밀접한 관련이 있다. 교육이 과학기술 발전에 획기적인 영향을 미칠 수 있으며 과학기술이 교육에 전환을 가져오기도 한다. 1957년 소련의 스푸트니크 발사는 미국의 과학기술에 관한 관심을 끌어내는 데 중요한 계기가 되었다. 최근에는 인공지능, 사물인터넷, 빅데이터, 가상현실, 증강현실 등 새롭게 등장한 과학기술에 관심이 쏠리고 있다. 그러나 교육에서는 "19세기 학교에서 20세기 교사가 21세기 학생을 가르친다."라는 표현을 통해 변하지 않는 교육의 문제를 지적한다. 과학기술의 발달은 교육 현장을 편리하게 만들지만 단지 지식의 전달 매체의 변화로만 이어질 뿐 근본적인 학습의 방식에 영향을 주고 있지는 않다. 예를 들면, 예전에는 종이로 출력된 자료 대신 데이터베이스를 통해 강의 자료를 PDF로 제공하는 방식 등이다.

과학기술의 변화와 함께 인문학과 사회과학에서 새로운 이론들이 등장하였다. 인문학과 사회과학 이론에서 등장한 새로운 이론들은 우리에게 새로운 교육 방식과 가치관에 영향을 미친다. 그 새로운 이론 중 하나인 ANT 이론의 교육적 함의를 살펴보면 다음과 같다.

첫째, 인간과 비인간 행위자를 차별하지 않으므로 인간 중심주의 사상에서 벗어나게 하여 모든 것들을 중요하게 생각하게 하였다. 인간 행위자와 비인간 행위자를 연결 지어 사고할 수 있는 사고의 전환이 요청된다(박은주, 2020: 5). 우수한 인간, 능력 있는 인간만이 중요한 것은 아니다. 천재 아닌 사람은 없다. 모든 사람은 천재로 태어났고 그 사람만이 할 수 있는 일이 있다. 그런데 그 천재성을 세상에서 이런저런 이유로 덮어 버린다. 고 이어령 교수의 말이다. 360명이 각자의 길로 달리면 모두 1등 할 수 있다. 최고의 한 사람(best one)이 아니라 독특한 한 사람(only one)이 되는 것이 중요하다. 사람만이 그런 것이 아니다. 이 세상에 쓸모없는 것은 하나도 없다. 티끌 하나, 먼지 하나도 다 쓸모가 있다. 이것이 ANT의 철학이다. 비인간 행위자도 마찬가지이다. 먼지 하나, 모퉁이 돌 하나, 버려진 낡은 책 한 권, 길가에 핀 꽃 한 송이, 버려진 종이 한 장, 나비 한 마리 등 모두가 소중한 행위자들이다.

인간이 자연과 기술을 수단으로 생각하였기 때문에 환경오염, 기후 문제, 지구 온난화, 전염병 등 생태적 위기를 초래한 것이다. 라투르는 이러한 시도를 멈추어야 한다고 주장한다(Latour, 2002: 248). 이러한 ANT 사상을 깨닫게 하는 것이 교육의 첫 시작이다. 이러한 사상을 가르칠 때 지구 환경, 기후 환경 문제, 인종 차별 문제와 같은 다양한 문제들을 해결할 수 있을 것이다.

둘째, 기존의 교수·학습 이론인 행동주의, 인지주의, 구성주의 이론의 한계를 벗어나 과학기술 시대에 필요한 새로운 교수·학습 이론을 펼치게 하였다. 행동주의는 주로 동물을 중심으로, 인지주의와 구성주의는 인간을 중심으로 연구한 이론이다. 그러나 사이보그와 기계 인간의 등장으로 이러한 이론에는 한계가 있다. ANT는 동물, 인간, 기계 등 모두를 포함한 이론이다. 지금까지의 교수·학습 이론을 주도해 왔던 행동주의, 인지주의, 구성주의와 ANT의 차이는 〈표 4-3〉과 같다.

〈표 4-3〉 행동주의, 인지주의, 구성주의, ANT

구분	행동주의	인지주의	구성주의	ANT
학자	Pavlov Thorndike Skinner	Bruner Ausubel	Piaget Vygotsky	Bruno Latour Michel Callon John Law
배경	행동과학	인지과학	구성적 인지과학	테크노 사이언스

구분	행동주의	인지주의	구성주의	ANT
학습	외현적 행동의 변화	인지구조의 변화	개인적 의미 창출	다양한 네트워크 연결
학습의 발생	자극과 반응, 양자 간 연결 및 강화	정보의 입수, 조직, 저장, 인출 활동 강조	환경 또는 동료들과의 사회적 상호 작용	다양한 비인간을 길들여서 이들과 네트워크를 형성하게 만드는 것
전략	외현적 교수 전략	학습자의 내적 사고전략	상황적 맥락과 진실성 있는 과제 제공	번역과 역번역, 재번역을 통한 블랙박스 만들기

행동주의, 인지주의, 구성주의 이론은 모두 심리학적 관점에서 학습 이론을 발전시켰다. 행동주의 학습관은 개인 차원의 행동 변화를, 인지주의 학습관은 인지구조의 변화를, 구성주의 학습관은 사회적인 서로 작용하는 과정에서 새롭게 구성되는 사고방식의 변화를 학습으로 보았다(임상훈, 김정이 외, 2022: 246). 이러한 교수·학습 이론은 인간이 가지고 있는 잠재적인 능력을 최대한 발휘할 수 있도록 하는 것이다. 인간의 잠재 능력을 향상하기 위하여 기존의 교수·학습 상황은 비인간 행위자를 제한하여 인간 행위자에게 어떤 도움이 되는지에 따라 가치를 판단하였다. 예를 들면, 디지털 교과서가 학생들의 자아효능감, 학습성취도 등에 어떤 영향을 미치는가 등이다. 그러나 ANT는 인간만이 주인공이 아니기 때문에 비인간 행위자도 교육 장면에서 핵심적인 행위자로 보고 교육 현장을 살펴야 한다(Esmonde, 2019: 689-701). ANT는 한 개인의 독립적인 노력으로 지식을 습득하는 학습관을 극복하고 관계론적 관점에서 학습활동에 관여되는 역동적인 관계망을 통해 창조적인 지식을 창출하는 근본적인 관점의 변화를 불러왔다(임상훈, 김정이 외, 2022: 247).

ANT에서 학습이란 완성된 지식을 습득하는 것이 아니라 주어진 환경에서 수시로 생성되고 변화하는 역동적인 과정에서 인간 행위자와 비인간 행위자들 사이에서 관계망을 형성하는 것이다. 즉, 잠재 능력을 최대한 발휘하는 것이 아니라 다양한 비인간을 길들여서 이들과 네트워크를 형성하게 만드는 것이다. ANT는 기존의 학습관을 극복하여 인간 행위자와 비인간 행위자의 관계망을 기반으로 지식의 창조와 공유, 활용과 적용 과정을 통하여 새로운 블랙박스를 만드는 것이다.

셋째, 나 중심주의에서 벗어나 공동체 중심을 강조한다. 근대 철학자 중 데카르트는 "나는 생각한다. 고로 존재한다."라고 하여 나 자신에 주목했다. 내가 무엇을 알고 무엇이 참인지 등 개인주의 휴머니즘과 연결된 나는 어떤 의미에서 이 세상과 고립된 것이다. 네가 없어도 친구가 없어도 동물이 없어도 자연이 없어도 살 수 있다. 그러나 하이데거는 여기에 문제를 제기하였다. 정말 그런 내가 존재하는가? 그렇지 않다. 우리는 태어날 때부터 연결되어 있다. 우리는 세상과 연결된 우리이다. 이러한 측면에서 데카르트의 고민 자체를 의심하게 된다. 그런 휴머니즘의 개인주의를 비판한 것이 앤티 휴머니즘이다. 이런 앤티 휴머니즘에서도 하이데거는 인간과 동물을 전혀 다른 존재라고 보았다. 인간만이 사유하고 철학 할 수 있다. 그리고 인간과 기계도 완전히 다르다고 보았다. 기술에 대해 비판적이고 비관적인 주장을 하였다. 그러나 ANT는 휴머니즘, 앤티 휴머니즘을 초월한 포스트 휴머니즘적 철학을 가지고 있다. 나 중심, 인간 중심에서 벗어나 포용성과 창의성을 갖춘 주도적인 사람, 소중한 공동체의 삶을 강조한다.

넷째, 권력의 형성과 네트워크 구축에 관한 ANT의 관점은 전통적인 교수·학습 이론들과는 다른 시사점을 제시한다. 행동주의는 학습을 외부 자극에 대한 반응으로 보고, 인지주의는 학습자의 정보처리 능력에 주목하며, 구성주의는 학습자가 사회적·문화적 맥락에서 의미를 구성한다고 본다. 이에 반해 ANT는 학습 주체를 인간에게만 한정하지 않고, 인간과 비인간 행위자(기계, 기술, 문서 등)가 함께 네트워크를 구성하는 존재로 본다. 이러한 관점에서 권력이란 어느 한 주체의 타자 위에 군림하는 고정된 상태가 아니라, 얼마나 효과적으로 관계망을 조직하고 번역(translation)을 수행하느냐에 따라 형성되는 것이다. 예컨대 대통령이나 장관과 같은 사회적 권위자는 물론, 스마트폰이나 인터넷과 같은 비인간 행위자도 강력한 권력을 행사할 수 있다.

이는 행동주의처럼 외부의 보상에 따라 수동적으로 반응하는 방식이 아니라, 오히려 누가 관계를 잘 조직하고 동맹을 맺는지에 따라 학습의 주도권이 달라지는 것이다.

이러한 맥락에서 ANT는 구성주의 이론과 유사한 점도 지닌다. 구성주의는 학습자가 환경과 상호작용하며 의미를 구성해 나가는 과정을 중시하는데, ANT는 여기서 더 나아가 비인간과의 상호작용까지도 학습의 구성요소로 본다. 즉, 학습자는 단지 정보를 받아들이는 존재가 아니라, 다양한 행위자(사람, 도구, 제도)들과의 관계 속에서 자신의 정체성과 권력을 재구성하는 존재가 된다. 따라서 교수·학습의 목적은 지식을 주입하거나 기억하게 하는 것이 아니라, 학습자가 자신의 관계망을 형성하고, 스스로 번역 능력을 발휘하도록 지원하는 것이 된다.

다섯째, 창의적 문제 해결 능력의 관점에서도 ANT는 중요한 통찰을 제공한다. 전통적인 행동주의는 학습을 정해진 정답에 대한 반응으로 보고, 인지주의는 정보처리와 문제 해결의 전략을 강조하며, 구성주의는 실제 맥락에서의 문제 해결 경험을 중시한다. ANT는 여기서 한 걸음 더 나아가, 문제가 발생할 때 '블랙박스'가 드러나고, 그 안의 관계망을 재조직할 기회로 본다. 블랙박스란 원래 복잡한 과정이 감추어진 채 '작동만 되는 것처럼 보이는 상태'를 의미한다. 예컨대 논문을 쓰는 과정에서 컴퓨터에 오류가 생기면, 우리는 평소에 의식하지 않았던 키보드, 본체, 프로그램 등의 관계망을 다시 살펴보게 된다. 이러한 경험은 단순한 기능 오류에 대한 대처가 아니라, 학습자가 숨겨진 구조를 인식하고 해체해 보며 관계를 재구성하는 경험이다. 이는 구성주의에서 강조하는 문제 중심 학습이나 탐구 기반 학습과 상통하는 부분이며, 특히 ANT는 이 과정을 번역, 역번역, 재번역의 연속 과정으로 본다.

번역은 관계를 구성하는 일련의 과정이며, 문제 제기, 관심 끌기, 등록하기, 동원하기 등 일련의 단계를 포함한다. 이 과정에서 학습자는 단순히 정보나 기술을 익히는 것이 아니라, 관계를 조정하고 의미를 재구성하는 능력, 즉 번역 능력을 길러야 한다. 또한 역번역은 기존의 관계망을 비판적으로 되돌아보며 새로운 시각에서 해석하는 과정이며, 재번역은 이를 바탕으로 기존 체계를 다시 재조직하는 창조적 행위이다.

따라서 ANT는 교수·학습 이론에서 학습자의 자기조직화 능력, 관계망 구축 능력, 의미 재구성 능력을 중심에 놓는다. 이는 구성주의의 학습자 중심 접근과 연결되지만, 동시에 비인간 행위자와의 상호작용이라는 차별적 요소를 강조한다. 교수·학습에서 ANT적 접근은 교사가 단순한 지식 전달자가 아닌, 학습자가 행위자-네트워크 내에서 번역 능력을 발휘할 수 있도록 돕는 안내자가 되어야 함을 시사한다.

결론적으로, ANT는 교수·학습 이론의 패러다임을 인간 중심에서 관계망 중심으로 전환할 것을 요구하며, 교육의 목적을 '지식 전달'에서 '관계 번역자 양성'으로 확장한다. 이는 디지털 시대, 복합적 문제 해결이 필요한 사회에서 매우 유의미한 교수·학습의 방향성을 제시한다.

여섯째, 생태 전환 교육의 중요성을 담고 있다. 생태 전환 교육이란 기후 변화와 환경 재난 등에 대응하고 환경과 인간의 공존을 추구하며, 지속할 수 있는 삶을 위한 모든 분야와 수준에서의 생태적 전환을 위한 교육을 의미한다(교육부, 2021). 다양한 자연, 도구나 기계, 프로그램, 또는 공동체와의 관계망 형성을 통해 인간의 인지 능력이 향상될 수 있다. 자연, 기술, 과학, 사회는 모두 복잡한 관계망으로 되어 있다. 그러므로 행동주의, 인지주의, 구성주의와는 다른 방식으로 인지를 정의해야 한다. 이러한 관점이 확장된 인지 또는 마음(extended mind thesis)이다. 교육의 영역에서는 1990년대 후반부터 인공지능이 가진 네트워크에 착안해 자연, 인간과 사물, 타인 등의 네트워크를 통해 학습을 정의하려는 연결주의(Connectivism)가 등장한 바 있다. 개인 중심의 평가가 아니라 다양한 사람들이나 자연, 기계, 인공지능을 활용해 얼마나 효과적인 성과를 거둘 수 있는가는 실제 그 사람 또는 그 사람이 포함된 네트워크가 그 사람의 능력이 된다. 학생들이 기술, 과학, 사회, 인간이 얽혀 있는 관계망에서 복잡한 차원의 관계망을 이해할 수 있도록 해야 한다(France, Birdsall, Simonneaux, 2017: 323-340). 따라서 공동체 의식을 바탕으로 지속할 수 있는 삶을 영위하기 위해서는 자연환경, 기계, 인간의 공존을 추구하는 교육을 해야 한다.

일곱째, 인식의 상대성을 인정하는 교육이 필요하다. 전통적인 교수·학습 이론들은 각각의 방식으로 학습자의 인식과 반응을 설명하지만, ANT는 인식의 다원성과 존재의 대칭성에 주목하며, 타자와의 관계 형성 자체를 교육의 중심 과제로 제안한다.

행동주의에서는 학습을 외부 자극에 대한 반응으로 간주하고, 그 반응을 강화하여 동일한 행동을 반복하도록 훈련하는 데 초점을 둔다. 이 관점에서는 학습자의 내면적 인식보다는 외부에서 관찰할 수 있는 행동 변화에 주목한다. 따라서 개인의 독자적인 인식이나 '다름'은 고려되지 않거나 비효율적인 변수로 간주하기 쉽다.

반면, 인지주의는 학습자가 정보를 어떻게 받아들이고, 처리하고, 저장하며, 문제를 해결하는지에 초점을 둔다. 이 접근은 인간의 내부 인지구조를 중요시하긴 하지만, 여전히 '인간'이라는 존재가 보편적인 인지적 구조를 가진 하나의 기준적 행위자로 전제된다. 따라서 기계, 동물, 기술 등과 같은 비인간 주체의 인식 가능성이나 학습 참여 가능성은 배제된다.

구성주의는 이러한 제한을 넘어, 학습이 학습자 개개인의 경험, 배경, 사회문화적 맥락 속에서 의미를 '구성'하는 과정이라고 본다. 구성주의는 상대적인 관점을 수용하며, 개인의 인식 구조와 세계 이해가 다양하다는 점을 인정한다. 하지만, 이 역시 인간 행위자 중심이며, 비인간과의 관계나 존재론적 대칭성은 고려하지 않는다.

이에 비해, ANT는 인식의 절대성이나 인간 중심주의를 해체하고, 모든 존재를 동등한 행위자로 간주하는 존재론적 대칭성(ontological symmetry)을 전제로 한다. ANT는 인간과 비인간 모두를 동일하게 네트워크 안에서 의미를 생산하고 관계를 형성할 수 있는 주체로 본다(Latour, 2005). 따라서 인간과 기계, 인간과 동물, 인간과 기술이 같은 지위에서 서로 관계를 번역하고, 협상하고, 새로운 블랙박스를 만들어 나가는 과정이 교육의 핵심적 과제가 된다.

이러한 관점은 야콥 폰 윅스킬(Jakob von Uexküll)이 제시한 '환 세계(Umwelt)' 이론과도 연결된다. 그는 모든 생명체가 자신만의 감각과 해석 체계를 통해 세계를 인식한다고 보았다. 예컨대 진드기는 시각도 청각도 없지만, 뷰티르산이라는 포유류의 땀 냄새에 반응하여 생존 행동을 결정한다. 즉, 진드기는 인간이 느끼는 '객관적 세계'가 아닌 자신만의 환 세계 속에서 살아간다. 이는 각 존재가 고유한 방식으로 환경을 인식하며, 그 인식이 곧 행동을 규정한다는 점에서 인식의 상대성과 존재의 다양성을 보여준다.

ANT는 이러한 인식의 상대성을 교육적으로 수용할 것을 요청한다. 다양한 환 세계를 존중하는 교육, 즉 나와 다른 행위자(다른 신념, 종교, 기술, 생물 등)들과의 관계 형성과 협력적 번역이 교육의 핵심 역량이 된다. 이러한 점에서 트랜스 휴먼, 포스트 휴먼, 혹은 인공지능과 같은 비인간 행위자도 학습 과정의 주체가 되며, 그들과 어떻게 공진화(co-evolution)하는가가 중요한 과제가 된다.

또한, ANT는 학습자가 단지 지식을 습득하거나 정보를 전달받는 수동적 존재가 아니라, 자신과 타자의 관계를 번역하고 조율해 나가는 적극적 행위자가 되어야 한다고 강조한다. 이 번역의 과정은 와인스타인(Weinstein, 2008)이 강조한 바와 같이, 단순한 해석이 아니라 나와 다른 존재를 수용하고, 그 존재가 속한 맥락과 연결하여 블랙박스를 재구성하는 창발적 과정이다. 전통적 교수·학습 이론과 ANT 이론의 인식 차이는 〈표 4-4〉와 같다.

〈표 4-4〉 전통적 교수 · 학습 이론과 ANT 이론의 인식 차이

이론	인식 및 학습 주체의 이해	다름의 수용	ANT와의 차이
행동주의	외부 자극에 대한 반응	다름은 고려 대상 아님	비인간 행위자 부재 인식 상대성 무시
인지주의	인간 내부 정보처리 중심	인간의 인식 구조 중심	인간 중심주의, 비인간 미포함
구성주의	사회문화적 맥락에서 의미 구성	인간의 경험 다양성 인정	비인간의 환 세계는 고려 안 됨
ANT	인간/비인간 모두 인식 주체, 관계망의 일부	모든 행위자(기계, 기술, 동물 등)의 고유성 인정	존재론적 대칭성, 번역과 관계 형성 강조

따라서 교수·학습에서 ANT는 다양한 인식의 방식을 존중하고, 인간 중심적 사고에서 벗어나, 모든 행위자가 의미 생산에 이바지한다는 전제 아래 새로운 교육적 실천을 요청한다. 오늘날과 같이 트랜스 휴먼이 논의되는 시대, 교육은 이제 인간을 넘는 존재들과 어떻게 관계를 맺고 공동의 환 세계를 번역해 나갈 것인가를 가르치는 방향으로 확장되어야 한다(윤옥한, 2024 재구성).

3. 전통적 학습 이론: 행동주의 · 인지주의 · 구성주의 이론

1) 행동주의 이론

행동주의 이론을 대표하는 것은 자극 반응 연합론(Pavlov, Thorndike, Skinner)이다. 강화와 동기유발을 강조한 행동주의 이론은 교수·학습 이론 발달에 많은 공헌을 하였다. 행동주의 이론에서 중요한 것은 행동이다. 겉으로 드러난 행동의 변화를 강조한다. 그중 강의와 관련하여 행동주의 이론은 학습 목표를 학습자 중심의 행동적 목표로 진술하고, 이를 위해 환경을 조절하고 통제하며, 특히 교수 매체로서 강화물 또는 동기유발 요소를 활용하여 그 효과를 높일 수 있음을 강조하고 있다. 그러나 행동주의 이론은 관찰할 수 있는 행동과 학습 결과에 대한 강조로 인하여 학습자와 학습 과정을 간과하였다는 비판도 있다. 이러한 행동주의 이론은 주로 동물들을 훈련하는 데 많이 원용되고 있다.

이러한 행동주의 이론도 자극과 반응 중 어떤 측면을 강조하느냐는 학자마다 차이가 있다. 파블로프(Pavlov)의 경우, 개 실험에서 자극과 반응 사이에서 조건 자극을 강조하였다. 조건 자극을 어떻게 주느냐에 따라 조건 반응으로 연결되어 학습될 수도 있고 그렇지 않을 수도 있다. 왓슨(Watson)의 경우, 조건 자극과 조건 반응 사이에서 정서적 조건 자극을 강조하였다. 정서적 조건 자극이 어떻게 주어지느냐에 따라서 반응이 달라진다. 예를 들면, 개학 첫날 선생님이 학생들에게 정서적 조건 자극을 기분 좋게 하거나 첫 수업에서 정서적 조건 자극이 상대방에게 좋게 주어지면 반응이 달라진다. 구서리(Guthrie)는 조건 자극이 주어질 때 마지막 조건 자극이 무엇이냐에 따라 반응이 달라진다고 하였다. 예를 들면, 술을 끊기 위하여 마지막 술의 자극이 나에게 악영향을 미치면 술을 끊을 수 있다고 본다. 헐(Hull)의 경우, 자극과 반응 사이의 유기체가 반응에 큰 영향을 미친다고 하였다. 이 유기체는 감정, 정서, 충동, 성격, 동기 등 유기체의 특성이 개인에 따라 차이가 있다. 유기체의 특성을 잘 파악해야 반응을 끌어낼 수 있다. 톨만(Tolman)의 경우, 자극과 반응 사이에 유기체의 동기나 목적에 따라 반응이 결정된다고 보았다. 배가 매우 고플 경우, 시험에 꼭 합격해야 하는 경우 등 목적이 어떤 것이냐에 따라 반응이 결정된다. 손다이크(Thorndike)의 경우, 자극과 반응 중 자발적 반응의 형태에 따라 다음 행동이 결정된다고 보았다. 예를 들면, 효과가 크면 다음 행동이 이어질 수 있다. 스키너(Skinner)의 경우, 자극과 반응 중 반응한 후 강화가 어떻냐에 따라 다음 행동이 결정된다고 보았다.

그중 스키너의 이론을 현실과 접목하여 설명하면 다음과 같다. 지금은 동물보호 차원에서 없어졌지만, 예전에 과천 서울랜드 물개 쇼를 잘 살펴보면 재미있는 사실을 알 수 있다. 조련사가 물개 앞에 서서 지시할 때 기본적으로 허리춤에 꽁치를 차고 나온다. 그런 다음 물개 앞에서 손으로 쇼를 하게 한다. 손으로 쇼를 하게 한 후 다시 물개가 원위치해서 오면 조련사는 물개의 코와 입을 살살 만져주면서 허리춤에 있는 고기를 하나 꺼내어 준다. 이것은 간단한 일인 것 같지만 사실은 행동주의 이론에 바탕을 둔 훈련 방식이다. 즉, 허리춤에 차고 있는 꽁치가 바로 강화물이 되는 것이다. 이 강화물을 어떻게 잘 계획하느냐에 따라 물개가 쇼를 잘할 수 있게 하는 동인이 되는 것이다.

또 다른 예를 하나 더 들면, 원숭이를 경례하게 만드는 방법이 있다. 우선 원숭이 앞에 조련사가 서서 "경례!"라는 구령과 함께 막대기로 원숭이의 머리를 힘껏 내리친다. 그러면 원숭이는 머리가 아프니 손이 바로 올라가게 된다. 이렇게 몇 번 하고 나면 나중에는 조련사가 원숭이 앞에 서서 막대기로 머리를 내리치지 않고 말로 "경례!"라고만 하더라도 손이 올라가게 된다. 이것도 바로 S-R 이론의 대표적인 예라고 볼 수 있다. 즉, 막대기로 원숭이의 머리를 내리치는 것은 무조건 자극(unconditional stimulus)이고, 머리가 아파서 손이 올라가는 것은 무조건 반응(unconditional response)이다. 이 무조건 자극에서 무조건 반응이 조건 자극(conditional stimulus)과 조건 반응(unconditional response)으로 바뀌게 된다. 즉, 막대기로 내리치지 않고 그냥 원숭이 앞에서 "경례!"라고 하더라도 손이 올라가는 부분이 바로 조건 자극과 조건 반응이다. 여기서 막대기는 부정적 강화에 해당한다. 앞의 물개 쇼의 예에서 꽁치가 긍정적 강화라면, 막대기로 내리치는 것은 부정적 강화이다. 강화의 경우 개개인의 특성에 맞는 강화물을 찾아내는 것이 중요하며, 또한 강화를 언제 어떻게 주느냐 하는 것도 상당히 중요하다. 긍정적 강화와 부정적 강화를 적절하게 잘 활용하는 것도 중요하다. 행동주의 이론에서는 강화(reinforcement)가 대단히 중요한 개념이라고 볼 수 있다. 이러한 내용을 정리하면 〈표 4-5〉와 같다.

〈표 4-5〉 행동주의 이론의 차이

학자	강조점
Pavlov	• 고전적 조건형성 이론(개 실험) • S condition stimulus – R CS 강조
Watson	• 정서적 행동주의: S emotion – R • CS의 정서적 자극을 강조, 정서적 자극에 따라 반응이 달라짐 • 예: 개학 첫날, 첫 과목 수업, 첫 이미지, Ice Breaking
Guthrie	• 마지막 자극 행동주의: S finish – R • CS의 마지막 자극의 중요성을 강조 • 예: 술을 끊기 위해서는 술을 매일 마시고 마지막으로 술 마시고 난 다음 큰 실수
Hull	• 매개 자극 행동주의: S – O organic – R • 매개 자극의 중요성을 강조 • 예: 매개 자극은 유기체로 감정, 정서, 충동, 성격, 동기 등 수천 가지, 빅터 프랭클(Victor Frankle)의 의미 요법

학자	강조점
Tolman	• 목적적 행동주의: S – O objective – R • 예: 목적의 중요성을 강조
Thorndike	• 연합적 행동주의(고양이): S – R spontaneity • 예: 자발적 반응을 강조(효과의 법칙, 연습의 법칙)
Skinner	• 조작적 조건형성 이론(쥐): S – R reinforcement • 예: 돌고래 쇼, 행동 조형(비둘기 탁구하기), 에릭 번(Eric Berne)의 교류 분석 (Stroke, 최고의 강화)

교육에 대한 정의는 다양하다. 사전적 의미로는 가르치고 육성하는 것이 교육이다. 칸트는 인간을 인간답게 하는 것이 교육이라고 하였다. 잠재 능력을 키워주는 것, 성숙한 사람이 미성숙한 사람을 성숙하게 하는 것, 모르는 것을 알게 하는 것 등을 교육으로 보는 사람도 있다. 교육에 대한 조작적 정의이면서 행동주의 입장에서 내린 정의를 보면 "교육은 인간 행동을 계획적으로 바람직하게 변화하는 것"으로 표현한다.

인간의 행동은 겉으로 드러나는 행동도 있고, 겉으로 드러나지 않는 행동도 있다. 겉으로 드러나는 행동은 인사를 한다든지, 말로 표현한다든지, 눈빛을 교환한다든지, 어떤 행동을 실천한다든지 하는 것이며, 겉으로 드러나지 않는 행동은 그 사람 내면의 세계에서 사고하거나 느끼는 부분들이다. 계획을 세운다는 의미는 어떤 대상을, 어떤 시기에, 어떤 내용으로, 어떻게 변화시킬 것인지 사전에 설계도를 만든다는 의미이다.

그렇다면 변화는 무엇인가? 무엇이 변화한다는 것인가? 변화시키는 내용은 지식(Knowledge), 기능(Skill), 태도(Attitude)이다. 이 세 가지를 고루 갖추는 것이 바로 전인(全人)적인 인간이다. 이것이 교육인데 학교 현장에서는 어떤가? 지식과 기능에 치우쳐 있지 않은가? 올바른 태도 형성이 되지 않은 상태에서는 지식과 기능을 주었을 때 위협이 된다. 칼로는 다양한 것을 할 수 있다. 요리를 할 수도, 물건을 자를 수도 있다. 범죄자에게 칼을 주면 사람을 죽일 수 있지만, 의사에게는 사람을 살리는 도구가 된다. 칼의 용도를 아는 것이 지식이라면, 칼을 직접 사용하는 방법을 아는 것은 기능이다. 그리고 그 칼을 어떻게 사용하는가는 태도에 달려 있다. 태도가 중요한 이유가 여기에 있다.

생각해 보기

의미 요법

삶이 고통스러울 때, 삶의 의욕이나 동기를 잃었을 때, 나는 어떻게 행동하는가? 지금 하고 있는 일이 지겨운가? 무기력한가? 우울한가? 흥미가 없는가? 의미치료라는 기법을 통해 삶의 의미를 찾아보기 바란다. 빅터 프랭클(Viktor Frankl, 1905–1997)은 오스트리아에서 태어난 유대인 심리학자이며 정신과 의사이다.

1945년 기준 약 600만 명(유럽 전체 유대인의 80%)이 독일 나치에 의해 살해당한 것으로 추정된다. 2차 세계대전 당시 그의 부모, 형제, 부인은 독일 나치의 아우슈비츠에서 죽었다. 프랭클도 3년간 수용소 생활을 하였으나 아우슈비츠에서 살아남은 49명 중 한 명이 되었다. 아우슈비츠는 나치 독일이 유대인을 학살하기 위하여 만들었던 강제 수용소이다. 수감자들은 매우 좁아 일어서 있을 수 없는 크기의 방에서 생활했다. 이러한 절박한 상황에서 생을 유지해 줄 정도로 강력했던 의미는 무엇이었을까? 프랭클은 3년 동안 상상조차 할 수 없는 온갖 잔인함과 모욕, 비인간적인 대우를 겪었지만 희망을 버리지 않았다. 육체적 자유는 내 것이 아니지만 나의 마음, 나의 의지는 내 것으로 생각하였다. 삶과 죽음은 그가 통제할 수 없지만 희망의 끈을 놓는 순간 삶의 의미가 사라진다고 생각했다. 고통 속에서 죽음을 택하는 것을 가장 나태한 방법으로 생각하고, 이 지옥 같은 상황을 꼭 남기겠다고 다짐하였다.

프랭클은 수용소에서 생활하고 죽음을 맞는 수많은 유대인을 보면서 의미치료(Logotherapy)를 창안하였다. 의미치료는 고통의 불가피성과 고통의 의미를 깨달음으로써 고통을 극복한다. 즉, 의미치료란 삶에서 의미를 찾아내도록 돕는 것이다. 그는 수용소 생활하면서 의미와 목적을 잃어버리고 절망한 사람들이 더 빨리 죽고 의미와 목적을 가진 사람들이 생존한다는 사실을 발견하였다. 극한의 상황에서 '의미'가 중요하다는 사실에 대해서 프랭클은 '생존 가(survival value)'라는 용어로 설명한다. '생존 가'란 다른 조건들이 같다면 미래에 충족될 의미를 지향하는 사람들이 가장 먼저 살아남는 것을 의미한다.

극한의 상황에서 살아남은 사람들은 대부분 생존 가를 갖고 있었다. 그가 수용소에서 겪은 사례에서, 한 작곡가가 1945년 3월 30일이 되면 전쟁이 끝날 것이라고 이야기했지만 3월 30일에 전쟁이 끝나지 않았다. 그 이야기를 들은 대부분의 사람이 그 다음날부터 감기에 걸리거나 죽기 시작한 것을 목격하였다. 또한, 병에 걸려 누워 있어도 일을 하지 않으면 먹을 것을 주지 않는다. 그런데 자기도 먹을 것이 충분하지 않은데도 불구하고 일하지 못해 먹을 것이 없는 사람에게 매일 자기 몫을 주는 사람도 발견하였다.

의미치료의 기본 원리는 다음과 같다. 첫째, 자유 의지(free will)이다. 이는 결정론과 반대된다. 프랭클은 사람은 최악의 상황에서도 스스로 결정을 내리며 살 수 있다고 본다. 최악의 상황에서도 다른 사람의 목숨을 위해 희생하고 헌신하는 사람이 있다. 죽음을 선택하는 사람도 있다. 의지를 행사한다는 것은 생물학적 차원이나 심리적 차원을 넘어서는 영적인 차원이다. 암에 걸린 사람의 경우, 자신의 생을 의미 있게 마감하기 위해 봉사활동을 하기도 한다. 건강을 회복하기 위해 노력하는 사람도 있다. 희망을 잃고 스스로 포기하는 사람도 있다. 자유 의지라는 것이다. 둘째, 의미를 찾으려는 의지(will to meaning)이다. 정신분석학의 대가인 프로이트는 마음의 핵심으로 성욕(libido)의 추구를, 아들러는 권력을 중요하게 생각하였다. 프랭클에게 마음의 핵심은 의미의 추구에 있다. 그래서 그는 실존적인 공허감이 문제의 핵심이라고 본다. 행복과 쾌락을 찾지 말고 의미를 찾으라고 권한다. 성공을 목표로 하지 말고 행복해지려면 오히려 행복을 찾지 말아야 한다. 스퐁빌은 이를 행복의 역설이라고 부른다. 인간은 의미를 찾으면 행복한 삶이 찾아온다. 셋째, 삶의 의미(meaning of life)이다. 삶의 의미란 ① 고통 속에서도 삶의 의미를 찾으며, ② 죄 속에서도 삶의 의미를 찾으며, ③ 죽음에서도 삶의 의미를 발견하는 것을 말한다.

2) 인지주의 이론

인지발달 이론과 정보처리 이론을 주장한 학자들은 학습이란 '이해를 통한 학습자의 인지구조 변화'라고 본다. 행동주의 이론에서 주장한 행동적 목표란 행동의 결과이지 행동 자체는 아니기 때문에, 따라서 학습자가 보여줄 사고의 과정이 교육목표가 되어야 한다는 것이다. 인지주의에서 주장하는 학습이란 학습자의 기억 속에 학습 사태에서 일어나는 여러 가지 사상에 관한 정보를 보존하고 조직하는 인지구조를 형성함으로써 일어난다는 것이다. 이러한 인지주의 학습 이론의 배경이 되는 기본적인 가정은 인간의 감각을 통해서 받아들이는 외부 자극 요소들이 내포하고 있는 의미를 끄집어내는 인지 혹은 사고 과정을 통하여 사고 내용이 형성되고, 이들 사고 내용이 행동하게 하는 원인이 된다는 것이다. 인지주의 학습 이론의 핵심 개념은 개념 형성, 사고 과정, 지식의 획득 등이며, 인간의 지각, 인식, 의미, 이해 등이 학습을 결정하는 중심 개념이라고 간주한다.

인지주의 이론 중 브루너(Bruner)는 어떠한 교육 내용도 그 발달 단계에 맞게 구성하면 어린이에게도 미적분을 가르칠 수 있다고 주장하였다. 그는 발견학습에서 주장하는 지식의 표상 양식(행동적·영상적·상징적)에 따른 교과 내용을 조직하고 강화하는 나선형 교육과정을 제시했다. 지식의 표상 양식에서 행동적이란 어린이가 유치원에서 자기 집까지 가는 길을 친구 아이에게 말로 설명할 수는 없지만 직접 친구를 데리고 갈 수는 있다는 것이다. 이것이 정보처리체계 중 가장 기초적인 형태이다. 영상적이란 초등학교 입학 전후 정보를 재현하는 과정으로, 학교에서 자기 집까지 가는 길을 친구에게 그림으로 그려서 가르쳐 줄 수 있다는 것이다. 상징적이란 초등학교 상급반 10세에서 14세 전후 어린이가 갖는 정보체계로, 어린이가 학교에서 집까지 가는 길을 말로 설명할 수 있을 뿐만 아니라 기호로 된 수학 문제들을 조합하여 풀어나갈 수 있다는 것이다. 인지주의 이론에서 적절한 교수 이론은 지식의 특성, 학습자의 특성, 지식 획득 과정의 특성을 고려한 교수 설계의 필요성을 강조하고 있다.

오수벨(Asubel)의 포섭 이론에서는 학습자의 기존 인지구조에 있어 유의미한 새로운 자료가 학습과 파지에 영향을 미치기 때문에 유의미한 학습을 촉진할 수 있는 선행 조직자의 중요성을 강조하고 있다. 인지주의에서 중요한 것은 인지 전략(cognitive strategic)이다. 인지 전략은 지적 기능, 특히 문제 해결 능력이 한 특수한 영역으로, 개인이 사고하고, 학습하고, 기억하는 행동을 지배하는 내적인 행동 방식이다. 인지 전략은 사고 전략, 학습 전략, 기억 전략이라고 볼 수 있다. 개개인의 사고 전략, 학습 전략, 기억 전략이 다 다르듯이 학습자가 문제 해결 방법을 모색하는 과정인 인지 전략은 각자에게 독특하게 나타난다. 이러한 인지 전략의 학습은 학교

학습에서 창의적인 문제 해결 능력의 개발과 관련하여 대단히 중요한 의미를 갖는데, 이러한 인지 전략은 오랜 기간 경험이나 지식 학습 사고 과정을 거치면서 형성되고 개선되며 수정된다.

인지주의자들은 교육을 '인지구조의 변화'로 보고 있다. 인지주의자들은 인간의 행동이 아니라 인간의 복잡한 정신 과정에 집중한다. 즉, 사람이 인지하는 것(보고, 듣고, 만지고, 느끼고, 기억하고, 생각하는 등)을 잘할 수 있도록 변화시키는 것을 교육으로 본다. 어떻게 보아야 하며, 어떻게 들어야 하고, 어떻게 느끼고, 어떻게 기억하며, 어떻게 생각할 때 인간이 더 효과적이고 효율적인가를 연구한다. 여기에도 인간의 마음이 중요하고, 태도가 중요하다. 왜냐하면 복잡한 정신 과정에서 인간의 무엇인가를 하려고 하는 동기유발 여하에 따라 결과가 달라지기 때문이다.

생각해 보기

인지부조화 이론

인지부조화(認知不調和, cognitive dissonance)란 미국의 사회심리학자 리언 페스팅어(Leon Festinger)가 1950년대에 발표한 책 『인지적 부조화 이론』을 통해 소개된 용어이다. 두 가지 모순된 요소 즉, 태도와 태도, 태도와 행동의 모순을 인지했을 때 그 모순이 심리적 긴장 상태를 만들기 때문에 이 긴장을 해소하기 위해 이 두 가지 중 더 지지하는 행동을 하는 것을 말한다. 인지부조화 이론에서 강조하는 것은 태도보다 행동이 먼저라는 것이다. 태도에 일치하도록 행동을 바꾸는 것이 아니라 행동하면 태도가 변한다. 행동하게 하면 그 행동이 지지하는 것이 된다. 자발적인 행동이든 비자발적인 행동이든 내가 다른 사람의 눈에 드러나게끔 행동하면 그 행동이 나의 태도를 바꾸게 된다.

담배를 피우는 사람은 담배가 몸에 해롭다고 생각하지면서도 끊지 못하고 계속 피운다. 왜일까? 담배를 피우는 행동을 했기 때문에 따라서 이 행동을 더 지지하게 되는 것이다. 생각과 행동이 일치하지 않는 인지부조화가 있지만 나의 행동에 맞추어 태도를 바꾸기 때문이다. 담배를 피워도 오래 사는 사람은 오래 산다. 이에 태도를 바꾸어 담배 피우는 행동을 계속하게 된다. 인지부조화가 발생하면 자기합리화나 감정전이 행동이 발동한다. 예를 들면 12월

4일 종말이 온다고 난리법석을 떨었는데 그날 종말이 오지 않으면 인지부조화가 발생하고, 그에 대해 우리가 기도를 열심히 해서 멸망을 피해 갔다고 자위하는 것이 자기합리화다.

명백히 잘못을 저지른 정치인, 종교인, 연예인에 대한 무분별한 지지는 인지부조화 이론의 좋은 사례다. 오히려 어떤 경우에는 인지부조화 상태를 조장하여 사실을 왜곡하기도 한다. 예를 들면 특정 정치인, 종교인, 연예인에 대하여 내가 강력한 지지 행동했을 경우 지지한 사람이 내가 생각했던 태도와 행동하지 않으면 인지부조화가 발생한다. 이때 인지부조화를 이루고 있는 상태에서 지지 행동을 할 만한 아주 작은 근거라도 만들어주면, 그것이 거짓일지라도 지지하는 행동이 강화된다.

인지부조화가 인간에게 해를 끼칠 수 있는 영역은 상당히 많다. 특히 종교적으로 가면 더 그렇다. 인지부조화로 인해 사이비 종교를 맹목적으로 믿는 경우, 돈을 못 딸 것을 예상하면서도 계속해서 도박에 매달리는 상황, 맹목적으로 지지하는 정치인, 종교인이 나오는 경우도 여기에 해당한다. 내가 한 행동들 때문에 나의 태도를 바꾸어 탈출하지 못하고 지속적으로 나쁜 행동들을 반복하게 된다. 따라서 내가 한 행동이 나의 태도를 바꾸게 된다. 행동이 태도를 만든다는 것이다. 아무리 부정부패가 심한 종교인, 정치인이라도 내가 지지한 행동을 했을 경우 나의 태도는 지지하는 태도가 되는 이유가 여기에 있다.

반대의 경우도 있다. 인지부조화를 통하여 좋은 태도로 변화시킬 수도 있다. 예를 들면 내가 싫어하는 사람 또는 존경하지 않는 사람인데도 불구하고 남들 시선을 따라 겉으로 그 사람에게 인사하거나 좋게 표현하는 행동을 할 경우 인지부조화가 발생한다. 내가 그 사람을 싫어하고 존경하지도 않는데 겉으로 인사를 하고 좋아한다는 표현을 했기 때문에 내적인 갈등이 발생한다. 이러한 행동을 지속하게 되면 인지부조화 때문에 싫어하는 사람에 대해서도 좋아하는 태도로 바뀌게 된다는 이론이다. 즉 겉으로 드러나는 행동이 그 사람의 태도를 바꾸게 한다는 것이다.

즐거워서 웃는 것이 아니라 웃다 보면 즐거워진다. 슬퍼서 우는 것이 아니라 울다 보면 슬퍼진다. 행복해서 행복한 것이 아니라 행복한 행동을 하다 보면 행복해진다. 감사하는 행동을 하면 감사하는 마음이 생긴다. 어떤 행동을 일관되게 반복하면 그 사람의 태도가 바뀐다고 보는 이론인 것이다. 기독교에 대하여 나쁜 이미지나 태도를 보이고 있는 학자에게 기독교에 대한 좋은 이미지나 좋은 측면의 글을 써 달라고 하여 그 글을 쓰게 하면 그 사람은 기독교에 대하여 좋은 태도로 바뀔 수 있다. 태도를 바꾸기 위해 행동을 유도하는 것이다.

사람들은 어떤 결정을 할 때 마음속으로 생각만 하거나 분명한 행동을 하지 않는 경우 또는 내가 직접 참여하지 않으면 태도 변화가 잘 일어나지 않는다. 하지만 자발적이든 비자발적이든 자신이 일단 행동하면 자신이 주체가 되어 벌인 행동을 물릴 수 없다는 것을 알기에, 인지부조화된 상태의 불쾌감을 해소하기 위해 상대적으로 바꾸기 쉬운 마음이나 태도를 바꾸게 된다. 특히 자신감 있게 생각하고 있던 태도가 확고할수록 인지부조화로 경험되는 심리적 불편감이 커서 태도 변화가 일어날 확률도 커진다.

부정적인 태도를 변화시키기 위한 좋은 방법은 부정적인 생각을 한 부분에 직접 참여시켜 긍정적인 행동을 하도록 하는 것이다. 그러나 부정적인 태도를 가지고 있기 때문에 긍정적인 행동으로 참여시키기는 매우 어렵다. 그래서 강제로 참여시키거나 상대방에게 부탁하거나 도움을 요청하는 것도 하나의 방법이다.

3) 구성주의 이론

객관주의의 주요한 가정은 세계는 객관적으로 존재하고 그것은 구조화되어 있다는 것이다. 북한산이 나 자신이 죽더라도 또는 내 눈앞에 보이지 않더라도 북한산은 북한산대로 존재한다. 주관주의의 경우, 북한산은 내가 없으면 북한산도 없다는 가정이다. 구성주의는 주관주의에 바탕을 두고, 학습이란 객관적 실재의 구조를 파악하는 것이다. 구성주의의 주요한 가정은 세계는 주관적이며 실재란 학습자의 마음속에 존재한다. 각 개인의 경험이 다르듯이 구성된 실제의 모습이나 의미도 다르다. 교수 목적은 학습자가 사실이나 개념, 원리 등 어떤 지식의 요소를 알도록 하는 것이 아니라 오히려 학습자에게 세상에 대한 그들 자신의 이해를 어떻게 하는가를 보여주는 데 있다. 구성주의에서 교수 설계는 교수를 구조화하는 것이 아니라 학습이 될 수 있는 환경을 설계하는 것이다. 컴퓨터, 상호작용 비디오 및 정보통신 기술의 발달은 구성주의 관점에서 강조하고 있는 능동적인 학습자를 위한 풍부한 학습 환경 제공에 중점을 두고 있다.

구성주의는 인지주의 이론에 기초하여 학습자의 지식을 내부로부터 표상하는 과정을 강조하고 있다. 학습자가 지식을 내부로부터 먼저 표상하고 자신의 경험적 해석을 통하여 지식에 대한 이해를 구성해 가는 과정에 초점을 둔다. 지식은 경험으로부터 구성되며 학습자의 경험을 통하여 재구성되고 실제 생활과 관련된 맥락

(context)이 중요하다. w그리고 한 개인이 세상을 통해서 얻는 지식은 개인이 알고 있는 이전의 지식에 의존하고 외부에서 계산적 과정을 통해 하나하나 추가해 가는 것이 아니라 내부에 있는 구조적 과정을 통해 새롭게 창조해 나간다. 구성주의는 개인 내 인지적 과정에 초점을 둔 인지적 구성주의와 사회 환경과의 교류에 초점을 둔 사회적 구성주의로 구분해 볼 수 있다.

인지적 구성주의의 대표적인 학자는 피아제(Piaget)이다. 피아제의 인지발달 이론에서 동화(assimilation)는 새로운 정보나 새로운 경험을 접했을 때 이미 자신에게 구성된 인지구조에 의하여 해석되며, 조절(accommodation)은 주어진 상황에 맞게 기존의 인지구조를 변화시키는 것이다. 볼펜 하면 볼펜으로 이해하는 것은 동화라고 볼 수 있다. 한편, 볼펜이 아니라 폭탄이 될 수도 있다. 즉, 볼펜을 보았을 경우 자신이 가지고 있는 인지구조상 볼펜에서 볼펜이 폭탄으로 변화하여 인식하게 되는 것을 조절이라고 보면 된다. 이러한 학습자의 인지발달 단계에는 감각운동기, 전조작기, 구체적 조작기, 형식적 조작기가 있다. 적절한 교수 처방은 이 발달 단계에 맞게 구성해야 한다는 것이다.

사회적 구성주의의 대표적인 학자는 비고츠키(Vygotsky)이다. 그는 사회 및 문화적 환경이 발달에 결정적인 영향을 미친다고 보았다. 사회적 상호작용을 통한 내면화는 인지발달에 큰 영향을 준다. 그는 사회적 상호작용을 하는 과정에서 언어의 중요성을 강조하였다. 비고츠키는 근접발달 영역(Zone of Proximal Development: ZPD)과 비계 설정(Scaffolding)을 강조하였다. 근접발달 영역은 독자적으로 실행할 수 있는 수행 수준인 실제 발달 수준과 성인의 도움을 통해 실행할 수 있는 수행 수준인 잠재 발달 수준과의 차이를 말한다. 두 가지 수행 수준 간의 차이를 근접발달 영역이라고 본다. 학습은 이 근접발달 영역에서 가장 잘 이루어진다는 것이다. 비계 설정의 경우, 교사의 역할은 어린이들에게 근접발달 영역에 있는 경험을 제공하는 것이다. 그러므로 어린이들의 근접 영역 안에 있거나 약간 높은 수준의 과제를 제공하고 도움을 주는 것이 바로 비계 설정이다. 그러므로 비계 설정은 학습 초기 단계에서는 많은 지지와 조언을 하지만 단계적으로 지지를 감소시켜 점차 스스로 학습을 하게 하는 것이다. 사회적 구성주의에서는 교수를 설계할 때 사회문화적 맥락에서 인지발달에 대한 이해와 교수 설계의 중요성을 강조하고 있다.

구성주의자들은 교육을 '개인적 의미 창출'로 보고 있다. 개인적 의미 창출이란 자기 자신에게 무엇인가 도움이 되어야 교육이 되었다는 것이다. 아무리 좋은 지식도 나에게 도움이 되지 않으면 교육이 아니라고 본다. 개인적으로 의미를 창출하기 위해서는 내가 직접 참여해 보는 것이 중요하다. 말을 물가로 데리고 갈 수는 있어도 물을 먹고 안 먹고는 자신에게 달려 있다. 여기서도 중요하게 생각하는 것이 각 개인의 태도와 마음이다. 물을 먹느냐 마느냐 하는 것은 개인의 의지에 달려 있다. 이상과 같이 교육에서 중요한 것은 지식과 기능보다 태도이다.

인지적 구성주의 하자인 피이제와 사회적 구성주의 학자인 비고츠키의 이론을 정리하면 〈표 4-6〉괴 같다(윤옥한, 2017 재구성).

〈표 4-6〉 피아제의 인지적 구성주의와 비고츠키의 사회적 구성주의

구분	피아제	비고츠키
발달의 원동력	• 발달의 원동력은 내부에 존재하듯 학습자가 발달의 주체	• 사회 및 문화 환경이 발달에 결정적인 영향을 미침 • 사회적 상호작용이 중요함
인지 발달에 영향을 주는 요인	• 물리적 환경, 사회적 환경, 성숙, 학습자의 자기조절(도식, 동화, 조절, 평형화), 인지구조	• 사회구조 • 도구(언어, 문자, 제스처) • 기술
발달 단계	• 감각운동기, 전조작기, 구체적 조작기, 형식적 조작기	• 발달 단계를 제시하지 않음
중요 개념	• 도식, 동화, 조절, 평형화, 인지구조	• 근접발달 영역(ZPD) • 비계 설정(Scaffolding)

구분	피아제	비고츠키
인지 발달	• 인지 갈등을 해소하려는 평형화를 통하여 인지발달이 이루어짐	• 사회적 상호작용을 통한 내면화가 인지발달에 큰 영향을 미침
	• 인지발달은 언어와 관계가 없으며, 언어는 사고의 도구 역할을 할 뿐	• 언어가 사고 발달에 핵심적인 역할 • 원시적 언어 단계, 심리적 언어 단계, 자기중심적 언어 단계, 내적 성장 언어 단계
사적 언어	• 사적 언어는 인지적 미성숙(자아 중심성)의 징표로 간주	• 사적 언어는 인지발달에 긍정적인 영향을 미치며, 사회적 상호작용과 더불어 발달
학습과 발달	• 발달이 학습에 선행함	• 학습이 발달에 선행함
상호 작용	• 성인과의 상호작용보다는 또래 간의 상호작용이 인지발달에 더 큰 영향을 미침. 또래 간의 상호작용에서는 인지 갈등이 유발되기 쉽기 때문	• 지적으로 더 유능한(또래이건 나이가 많은 아동이건, 아니면 성인이건) 사람과의 상호작용이 학습과 발달에 큰 영향을 미침
교사 역할	• 교사의 역할 최소화, 지시자가 아님	• 교사의 도움이 필요함, 촉진자 역할
수업 전략	• 불균형 상태를 경험하게 하는 전략	• 근접발달 영역 내에서 지적 발판과 의미 있는 상호작용을 제공하는 전략

학습 과제

1. 전통적 학습 이론과 행위자 관계망 이론(ANT)을 비교하여 표로 정리하고, 각각의 이론이 교육 현장에서 갖는 의미를 서술하시오.
2. 일상생활 또는 교육 현장에서 인간과 비인간 행위자가 구성하는 네트워크 사례를 탐색하고, ANT의 '번역(translation)' 과정을 적용하여 설명하시오.

참고 문헌

곽은주, 김동미(2022). 인간과 기계 번역의 공존을 위한 담론: 행위자네트워크 이론을 중심으로. **통번역교육연구 20**(3), 5-32.

김상배(2011). 한국의 네트워크 외교 전략: 행위자-네트워크 이론의 원용. **국가전략, 17**(3), 5-40.

김수용, 권병웅(2022). 행위자-네트워크 이론(ANT)을 통한 소셜 미디어의 AI 추천 시스템 역할 분석-페이스북을 중심으로. **문화와 융합, 44**(9), 117-129.

김수진(2020). 행위자-네트워크 이론(ANT)으로 살펴보는 박물관: 뮤지엄을 둘러싼 인간/비인간행위자의 끊임없는 번역. **박물관학보, 39**, 263-296.

김정경(2021). 구술생애담을 통해 본 행위자 네트워크의 생성과 변화 양상 연구-인천시 연수구 옥련동 주민 인터뷰를 중심으로. **구비문학연구, 63**, 227-262.

박은주(2020). 기계도 행위할 수 있는가?: 브루노 라투르의 행위자 네트워크이론을 중심으로. **교육철학연구, 42**(4), 1-26.

브루노 라투르(2010). **인간·사물·동맹: 행위자네트워크 이론과 테크노사이언스**. 홍성욱 엮음. 이음.

브뤼노 라투르(2017). **젊은 과학의 전선, 테크노사이언스와 행위자-연결망구축.** 황희숙 옮김. 아카넷.

아네르스 블록, 토르벤 엘고르 옌센(2017). **처음 읽는 브뤼노 라투르: 하이브리드 세계의 하이브리드 사상.** 황장진 옮김. 사월의 책.

유금복, 이종혁, 이선경(2022). 행위자 네트워크 이론으로 본 과학적 실행의 현상 생성 사례. **교과교육학연구, 26**(2), 179-190.

윤옥한(2017). **평생교육방법론.** 양서원.

윤옥한(2024). 행위자 관계망 이론의 교육적 함의 탐색. **교양교육연구, 18**(1), 67-78.

은진석, 이정태(2021). 행위자-네트워크 이론의 국제정치학적 재구성: 번역 개념을 중심으로. **국제정치논총, 61**(2), 125-161.

이준석(2022). 신유물론의 새로운 개념들: 행위자-네트워크 이론과 객체지향존재론으로 보는 과학기술적 인공물의 구성방식 분류. **사회와 이론, 42,** 133-202.

이준석, 김연철(2019). 사회이론의 물질적 전회: 신유물론, 그리고 행위자 네트워크 이론과 객체지향존재론. **사회와 이론, 35,** 7-53.

임상훈, 김정이, 설동준, 유영만(2022). 행위자 네트워크 이론에 기반한 지식생태학의 개념적 확장. **교육정보미디어연구, 28**(2), 245-271.

조문영(2021). 행위자-네트워크 이론과 비판인류학의 대화: '사회'에 관한 논의를 중심으로. **비교문화연구, 27**(1), 393-445.

지항수(2021). 비대면 수업 분석을 위한 행위자-네트워크 이론(Actor-Network Theory) 탐구. **한국교육사회학회 학술대회자료집, 1,** 1-19.

천미림, 김흥규(2022). NFT 아트의 미래와 전망: 행위자 네트워크 이론을 중심으로. **문화기술의 융합, 8**(4), 397-405.

최고은, 김지현, 정혜영(2021). 유아교육현장의 교사배움공동체 이해: 행위자-네트워크 이론을 중심으로. **학습자중심교과교육연구, 21**(3), 511-532.

하윤희, 임성은, 김찬종(2022), 행위자-네트워크 이론의 교육 분야 적용 연구 분석을 통한 과학교육 연구 기여 가능성 탐색. **한국과학교육학회지, 42**(3), 341-356.

홍성욱(2016). **홍성욱의 STS, 과학을 경청하다.** 동아시아.

Bruno. L. (1990). On Actor-Network Theory: A few clarifications, plus more than a few complications. *Philosophia, 25*(3), 47-64.

Bruno. L. (2002). Morality and Technology: The end of the means, *Theory. Culture & Society, 19*(6), 247-260.

Bruno. L. (2005). *Reassembling the Social: An introduction to actor-network-theory.* Oxford: Oxford University Press, p.72

Esmonde, K. (2019). Tracing the Feedback Loop: A Foucauldian and actor-network-theory examination of heart rate monitors in a physical education classroom. *Sport, Education and Society, 24*(7), 689-701.

France, B., Birdsall, S., & Simonneaux, L. (2017). Analysing the Multiplicity of Voices in the Agora: using actor-network theory to unravel a complex issue. *International Journal of Science Education, Part B, 7*(4), 323-340.

Gautier, A., Bonneveux, E. (2021). The Diffusion of Corporate Social

Responsibility Within an Organizational Field: an Analysis through the Complementary Lenses of Neo-Institutional Theory and Actor-Network Theory. *Management, 24*(2), 48-65.

John. L. (1992). Notes on the Theory of the Actor Network: Ordering, strategy and heterogeneity. *Systems practice, 5*(4), 379-393.

Lukka, K., Modell, S., & Vinnari, E. (2022). Exploring the Theory is King Thesis in Accounting Research: The case of actor-network theory. *Accounting, Auditing & Accountability Journal, 35*(9), 136-167.

Mariano, G. & Emilia. M. (2021). How Does an Entity Acquire Identity? Reassembling Relativistic Physics with Actor-Network Theory. *Foundations of Science, 27*(3), 1055-1071.

Michel. C. (1986). Some Elements of a Sociology of Translation: Domestication of the scallops and the fishermen of St. Brieuc Bay'. In J. Law (ed.). *Power, Action and Belief: A new sociology of knowledge?*(196-233). London: Routledge.

Weinstein, M. (2008). Finding Science in the School Body: Reflections on transgressing the boundaries of science education and the social studies of science. *Science Education, 92*(3), 389-403.

Chapter
5

성인학습의 이론

학습 개요

성인학습은 아동 · 청소년기의 학습과 구별되는 고유한 특성과 원리를 지니며, 이를 설명하기 위해 다양한 이론들이 발전해 왔다. 이 장에서는 안드라고지, 자기주도학습, 경험학습, 전환학습, 그리고 디지털 네트워크 시대에 등장한 커넥티비즘을 중심으로 살펴본다. 각 이론은 성인학습자가 학습의 주체로서 갖는 자율성, 경험의 가치, 성찰과 전환의 가능성, 네트워크 속 학습 역량을 강조하며, 성인학습의 본질과 과정을 이해하는 핵심 틀을 제공한다.

특히 각 이론의 개념과 형성 배경, 적용 가능성, 한계와 비판, 확장과 시사점을 균형 있게 다룬다. 이를 통해 성인학습 이론이 단순한 이론적 모형을 넘어, 실제 성인학습과 상담 현장에서 어떻게 활용될 수 있는지 살펴본다.

학습 목표

1. 성인학습 이론의 주요 개념을 설명할 수 있다.
2. 안드라고지, 자기주도학습, 경험학습, 전환학습, 커넥티비즘의 특징과 차이를 비교 · 분석할 수 있다.
3. 성인학습 이론을 토대로 성인학습 및 상담 현장에서 학습자 지원 방안을 설명할 수 있다.

1. 안드라고지

1) 안드라고지의 개념과 형성 배경

안드라고지(Andragogy)는 그리스어의 성인(aner[1])과 이끌다(agogos[2])의 합성어로, '성인의 학습을 돕는 예술과 과학'을 의미한다. 성인교육학자인 노울즈(Knowles, 1970)는 안드라고지를 '성인의 학습을 돕는 예술과 과학(the art and science of helping adults learn)'으로 정의하였다.

안드라고지는 1833년 독일의 교육자 카프(Kapp)가 플라톤의 교육론을 해설하는 과정에서 처음 사용한 것으로 알려져 있다. 이후 프랑스와 네덜란드 등에서 성인교육학적 접근을 설명하는 학술 용어로 자리 잡았다(Reischmann, 2004). 그러나 당시에는 체계적인 이론이라기보다 성인교육 현장에서의 방법론적 의미가 더 강하였다.

광의의 안드라고지는 성인교육의 정책·제도·실천 전반을 연구하는 학문을 의미하며, 협의의 안드라고지는 성인학습 현장에서의 교수·학습 방법과 원리를 뜻한다(Merriam & Bierema, 2014).

20세기 중반 안드라고지가 미국에 소개된 이후, 노울즈는 이를 성인학습만의 독자적인 영역으로 정립하며 아동·청소년 교육을 뜻하는 페다고지와 구분하였다. 페다고지와 안드라고지의 주요 특징을 비교하면 〈표 5-1〉과 같다.

〈표 5-1〉 페다고지와 안드라고지의 주요 특징 비교

구분	페다고지(Pedagogy)	안드라고지(Andragogy)
학습자	의존적 존재(교사 주도)	자기주도적 존재(학습자 주도)
학습 동기	외적 동기(보상, 처벌)	내적 동기(자아실현, 성장)

1) aner는 고대 그리스어 '성인 남자'를 뜻하는 주격 형태이며, 합성어에서는 어간 andr-로 변형되어 사용된다.

2) agogos는 고대 그리스어 '이끄는 자', '지도자'를 뜻하며, 합성어에서는 '지도하다'라는 의미로 사용된다. 영어권에서는 접미어 -agogy로 변형되어 '…을 가르치는 학문 또는 방법'을 뜻하게 되었다.

구분	페다고지(Pedagogy)	안드라고지(Andragogy)
학습자의 경험	제한적, 교사의 경험 의존	풍부한 자원으로 활용
학습 준비성	연령 · 발달단계 중심	사회적 역할 · 발달과업 중심
학습지향성	교과 중심, 지식 축적	문제 중심, 실제 적용
교수자의 역할	지식 전달자, 권위자	촉진자, 조력자, 안내자

출처: Knowles(1970, 1980); Merriam & Bierema(2014) 재구성.

이처럼 안드라고지는 페다고지와 대비되는 개념으로 사용되고 있다. 페다고지와 안드라고지를 서로 구분할 필요가 있느냐는 논쟁에 관한 이야기는 이후 비판과 한계에서 다루기로 한다.

2) 기본 가정

노울즈는 성인학습의 본질을 설명하기 위해 여섯 가지 기본 가정을 제시하였다. 이 가정들은 성인교육 프로그램의 설계, 운영, 평가 전 과정에서 핵심적인 준거의 틀로 작용한다(Knowles, Holton, & Swanson, 2015).

(1) 자기개념

성인은 발달과정을 거치면서 아동기의 의존적인 학습 태도에서 자기주도적 존재로서 변화해 간다. 이러한 변화는 학습자가 학습 목표나 학습 방법을 선택하고 평가 방식 결정 과정에 적극적으로 참여할 때 더욱 분명하게 드러난다. 반대로, 주입식 강의는 성인의 자율성을 저해하고 학습 저항을 일으킬 수 있다. 따라서 교수자는 성인의 자기주도성을 존중하는 학습 환경을 조성해야 한다(Merriam & Bierema, 2014).

(2) 경험의 역할

성인은 살면서 축적한 자신의 경험을 새로운 학습의 기준이나 문제 해결의 자원으로도 활용할 수 있으므로 경험의 역할은 무엇보다 중요하다. 경험이 풍부한 개인은 새로운 지식을 기존의 이해와 통합하여 삶 속에 적용하는 능력이 강화된다. 성인학습자의 다양한 경험을 학습에 활용할 수 있는 토론이나 액션러닝, 사례연구와 같은 방법은 성인교육에서 효과적인 전략으로 평가된다. 그러나 성인학습자들은 자신의 경험이 무시당하거나 인정받지 못하면 자신의 경험이 거부되고 인간다운 대접을 받지 못한다고 받아들일 수 있다(Knowles, Holton, & Swanson, 2015).

(3) 학습 준비도

성인의 학습 준비도는 다양한 사회적 역할 수행들이 요구하는 발달과업과 밀접한 관계가 있다. 성인은 발달과업의 변화나 사회적 전환기(예: 직업 변경, 부모역할 변화, 은퇴 준비)에 직면할 때 학습의 필요성을 강하게 인식한다. 따라서 교수자는 학습자의 발달단계와 상황을 파악하고, 학습자가 직면한 문제나 목표 달성에 적용할 수 있는 교육과정을 설계해야 한다.

(4) 학습지향성

성인이 학습 내용을 주제 중심보다는 문제 중심에 연결하여 배우기를 선호하는 이유는 성인의 학습 동기와 관련이 있다. 아동이나 청소년과는 달리 대부분 성인은 당면한 문제를 해결해야 할 때 학습 동기가 유발된다. 따라서 성인학습자의 학습과제는 개인의 실제 상황에 적용 가능할 때 더 효과적이다.

(5) 알고자 하는 욕구

성인은 어떤 것을 배울 때, 왜 배우는지 이유를 알고 싶어 한다. 학습지향성에서 언급한 바와 같이, 자신이 당면한 문제를 해결하기 위한 학습을 선호하는 성인은 학습이 자신의 삶이나 직무와 직접적으로 연결되어 있고, 실제적인 가치와 필요성을 지닌다고 인식할수록 학습 몰입도가 높아진다. 기업에 입사한 신입사원이 자신의 직무 능력 향상을 위해 새로운 소프트웨어를 배운다면, 학습이 업무 효율성과 성과, 더 나아가 경력 성장에 어떻게 이바지할지 자신의 머릿속에 명확하게 그려질수록 참여 의지는 강화된다. 따라서 교수자는 성인학습자에게 학습의 목적과 필요성을 분명히 설명하는 것이 중요하다(Knowles, Holton, & Swanson, 2015).

(6) 학습 동기

성인의 학습 동기는 외적 동기보다 내적 동기에 의해 지속되는 경우가 많다. 단순히 외부에서 제공되는 혜택이 아니라, 학습 과정에서 흥미와 만족을 경험할 때 지속성이 강화된다(Knowles, Holton, & Swanson, 2015). 성취감, 개인적 성장, 자아실현, 사회적 기여 등이 내적 동기에 해당하며, 교수자는 긍정적 피드백, 성취 경험, 학습공동체를 통한 상호 지지 등을 활용하여 학습자의 동기를 강화하고 유지할 수 있다.

3) 안드라고지의 적용

위와 같은 안드라고지의 기본 가정을 수업 현장에 적용하기 위해서는 학습자의 특성과 상황을 반영한 교수·학습 전략이 필요하다. 특히 성인학습자의 자기주도성, 경험, 문제 중심성, 상호작용 요구를 설계에 반영함으로써 학습 효과를 극대화할 수 있다(Knowles, Holton, & Swanson, 2015).

(1) 학습자의 자율성 보장

안드라고지의 기본 가정 중 자기개념에서 살펴본 바와 같이 성인의 학습 태도는 자기주도적이다. 그러므로 학습 과정에서 성인의 자율성 보장을 위해 스스로 목표를 설정하고 학습 방법까지 선택할 수 있는 구조를 마련하면 효율적이다. 이를테면 자신이 설정한 목표에 따라 학습을 계획하고 그에 따른 맞춤형 프로젝트나 모듈을 선택할 수 있는 학습경로를 제공하는 것이다. 이를 통해 학습자는 자신이 학습의 주체로서 참여하고 있다고 느끼고 몰입도를 높일 수 있다.

(2) 경험 기반 학습 전략

성인이 살아오면서 축적한 경험은 학습의 중요한 자원이므로, 모둠활동이나 발표를 통해 경험을 공유하고 그것을 학습 내용에 통합할 수 있는 활동으로 교육을 설계하면 효과적이다. 성인학습자는 사례 나누기, 동료 피드백, 실무 문제 해결 워크숍, 현장 실습 등을 통해 경험을 재구성하고 새로운 지식과 연결할 수 있도록 할 때 학습 몰입도와 만족도가 올라갈 수 있다.

(3) 문제 중심 학습 설계

안드라고지의 기본 가정 중 성인의 학습지향성에서 살펴보았듯이, 성인은 단편적인 지식보다 삶이나 직무에서 직면하는 문제를 해결하기 위해 학습하고자 하므로 학습과제는 실제적인 문제 상황을 중심으로 구성되어야 한다. 이를테면 사춘기 자녀와 소통에 어려움을 겪는 부모들을 위한 액션러닝, 신입사원 교육에서 불만고객 응대 시뮬레이션 훈련, 직업훈련 과정에서 팀별 프로젝트 기반 학습 등을 통해 학습 결과를 즉각적인 실천으로 전환할 수 있도록 도울 수 있다.

(4) 상호작용과 협력의 촉진

지금까지 살펴본 성인학습자의 특성상, 성인학습에서 학습자 간 상호작용은 개인의 지식과 시각 확장을 촉진한다. 이를 위해 교수자나 기관 관계자는 성인학습자와 수평적인 관계 속에서 그룹 토의, 학습 동아리 운영, 멘토-멘티 체계 등을 설계할 필요가 있다. 코로나19를 계기로 급속하게 늘어난 비대면 원격 학습에서도 학습자 간 협력 구조를 강화하면 학습 지속성과 성과를 높일 수 있다.

4) 비판과 한계

안드라고지의 비판과 한계는 다음과 같다.

첫째, 페다고지와의 비교를 통해 성인학습의 독자성을 강조하였으나 이러한 이분법적 구분이 지나치게 단순화되어 실제 교육 현장의 복합성을 충분히 반영하지 못한다는 비판을 받았다. 이에 노울즈는 페다고지와 안드라고지가 연령 의존적이기보다는 상황 의존적인 연속선상의 개념이며, 상호 배타적인 개념이 아님을 인정하는 수정된 입장을 발표하였고, 이러한 관점은 학습자의 연령보다 학습 상황, 맥락, 목표가 교수·학습 설계의 기준이 되어야 함을 시사한다(Knowles, 1980).

둘째, 성인학습 이론으로서의 한계로 안드라고지가 실증적 검증이 부족하고, 포괄적 이론이라기보다는 일련의 가정과 원리로 구성된 규범적 틀에 가깝다고 평가하였다(Brookfield, 1986). 또한 안드라고지를 성인학습의 완결된 이론이 아니라 특정한 교육철학과 방법론을 반영한 개념적 모델로 이해할 것을 제안하였다(Pratt, 1993). 노울즈 자신도 이러한 관점을 인정하며, 저서 『*The Making of an Adult Educator*』에서 "현재 나는 안드라고지를 학습에 관한 가정들의 실천적 모델로 본다. 그리고 향후 10~20년 이내에 포괄적이고 검증된 성인학습 이론으로 발전할 것이라 기대한다."라고 언급하였다(Knowles, 1989). 그러나 30여 년이 지난 현재, 안드라고지는 완결된 이론으로 정립되었다기보다 성인학습의 철학적 전제와 실천적 모델로서 그 의미를 지니고 있다.

셋째, 안드라고지가 전제하는 자기주도성, 자율성, 경험 중심성 등이 서구의 개인주의적 가치관에 기반하고 있어, 집단주의 문화권이나 학습자 주도성이 낮은 상황에서는 적용에 한계가 있다고 지적하였다(Merriam & Bierema, 2014). 또한 비판적 관점에서 안드라고지가 권력, 젠더, 사회적 불평등과 같은 구조적 요인을 간과함으로써 교육 현장의 사회문화적 맥락을 충분히 반영하지 못한다는 것이다(Sandlin, 2005).

학계의 이러한 비판과 한계는 안드라고지를 전면 부정하는 것이 아니라 적용 범위와 전제 조건을 재검토하고, 다른 성인학습 이론과의 통합적 활용 가능성을 모색하는 계기가 되었다고 볼 수 있다. 실제로 최근 연구에서는 자기주도학습, 변혁학습, 경험학습 이론과 안드라고지를 결합하거나, 고령 학습자를 위한 제리고지(Geragogy), 포괄적 관점의 휴머너고지(Humanagogy) 등 새로운 대안적 접근이 제안되고 있다(Merriam & Bierema, 2014).

5) 확장과 시사점

비판과 한계에서 살펴보았듯이 안드라고지는 성인학습자의 특성을 반영하는 핵심 패러다임으로 여전히 가치가 있으나, 21세기 학습 환경의 급격한 변화와 학습 집단의 다양화는 안드라고지의 적용 범위와 방법론에 대한 재해석을 요구한다. 특히 디지털 기술의 발달, 글로벌화, 다문화 사회의 확산, 그리고 비형식·무형식 학습 기회의 확대는 전통적인 안드라고지의 전제와 접근이 보완·확장될 필요성을 보여준다(Merriam & Bierema, 2014).

첫째, 안드라고지는 다른 성인학습 이론과의 융합을 통해 통합적 교수·학습 설계로 발전할 수 있다. 자기주도학습, 변혁학습, 경험학습과 결합함으로써 학습자의 자율성과 성찰적 학습 경험을 강화하고 인지구조의 변화를 촉진할 수 있다(Mezirow,

1997; Brookfield, 2013).

둘째, 온라인 학습이나 블렌디드 러닝, 학습관리 시스템과 디지털 환경에서는 학습자의 자기주도성, 디지털 활용 능력, 온라인 협업 능력 등을 지원하는 설계가 필요하다.

셋째, 안드라고지는 문화적 맥락과 세대 간 차이를 반영함으로써 상황에 맞도록 유연하게 활용되어야 한다. 집단주의 문화권이나 다양한 연령대가 혼합된 학습 환경에서는 개인의 자기주도성뿐 아니라 집단의 목표와 상호 책임성을 함께 강조하는 방식이 효과적일 수 있다(Pratt, 1993).

2. 자기주도학습

1) 자기주도학습의 개념

자기주도학습(Self-Directed Learning: SDL)은 학습자가 학습의 전 과정(목표 설정, 학습 자원 선정, 학습 전략 실행, 성과 평가)을 주도적으로 계획·수행·조정하는 학습 형태를 의미한다(Knowles, 1975). 이는 교수자가 제공하는 지식을 수동적으로 받아들이는 차원을 넘어 학습자가 스스로 학습 요구를 파악하고 적합한 학습 자원과 방법을 선택하며, 학습 성과를 직접 점검하고 평가하는 과정을 포함한다(Merriam & Bierema, 2014).

자기주도학습은 1960~1970년대를 거치면서 미국과 캐나다, 영국을 중심으로 이론적 기초가 확립된 이후 평생학습을 설명하는 중심 개념으로 자리 잡았다. 노울즈는 자기주도학습을 교사주도적 학습과 구별되는 개념으로 규정하며, 성인은 심리적으로 자율성을 중시하고 스스로 학습을 주도하려는 성향이 있다고 보았다.

자기주도학습은 크게 두 가지 차원에서 논의된다. 개인적 성향으로서의 자기주도성은 학습자의 자율성, 자기효능감, 자기조절능력 등 심리적·인지적 특성을 포괄하고, 교수·학습 방법으로서의 자기주도학습은 학습자의 주도성을 강화하기 위한 전략과 학습 환경 설계를 뜻한다(Brockett & Hiemstra, 1991).

2) 철학적 · 이론적 기반

자기주도학습의 철학적 기반인 인본주의 학습관은 학습자를 자율적이고 자기실현을 지향하는 존재로 본다(Rogers, 1969; Maslow, 1970). 또한 학습자는 자신의 내적 동기와 잠재력 실현을 위해 학습을 선택하고 주도할 능력이 있다고 전제한다. 이것은 자기주도학습에서 강조하는 자율성, 자기결정, 내적 동기와 밀접하게 연결된다.

나아가 구성주의적 관점은 학습자가 지식을 환경과의 상호작용 속에서 능동적으로 형성하는 과정으로 이해한다(Piaget, 1972). 이러한 관점에서 자기주도학습자는 단순히 정보를 수용하는 것이 아니라, 자신의 경험을 통해 새롭게 의미를 구성하는 주체로 볼 수 있다. 이때 사회적 구성주의 관점은 동료, 멘토, 학습공동체와 맺는 상호작용이 자기주도학습의 수준을 향상하는 핵심 요인임을 강조한다(Vygotsky, 1978).

또한 평생학습 이념은 자기주도학습을 생애 전 주기에 걸쳐 지속·확장되는 학습 활동으로 바라본다(Candy, 1991). 지식과 기술의 유효 기간이 짧아지고 변화 속도 또한 빠른 현대사회에서 자기주도학습 역량은 평생학습의 핵심 요소로 떠오르고 있다. 이것은 학령기 아동과 청소년에게 자기주도학습이 주목받는 것과 마찬가지로, 성인에게도 자기주도학습이 중요한 이유이다.

3) 주요 모형

(1) 선형 모형

① 터프

터프(Tough)는 성인들이 수행하는 학습 프로젝트의 약 70%가 학습자 스스로 계획한 것이라는 실증연구를 통해 자기주도학습의 과정을 13단계로 구체화하였다. 이 과정은 학습할 지식·기술의 결정, 학습 방법·자원·장비 선택, 학습 시점·장소·속도의 결정, 현재 수준의 진단과 평가, 필요한 인적·물적 자원의 확보, 학습 동기 촉진에 이르기까지 성인의 학습 전 과정을 포괄한다(Tough, 1971). 이러한 연구는 단순히 형식적 교육을 넘어 비형식·무형식 학습까지 포함하여 성인의 학습 활동을 질적으로 탐색한 선구적 시도로 평가되며, 이후 다수의 경험적 연구와 교수 설계 모델의 기초가 되었다(최윤정, 2025).

〈표 5-2〉는 터프가 제시한 자기주도학습의 13단계를 간략하게 요약한 것이다.

〈표 5-2〉 터프의 자기주도학습 13단계

단계	내용
1단계	학습할 구체적 지식 · 기술 결정
2단계	학습 활동 · 방법 · 자원 · 도구 결정
3단계	학습 장소 선택
4단계	중간 목표 · 종료 시점 설정
5단계	학습 시작 시점 결정
6단계	학습 속도 조절
7단계	현재 수준과 바람직한 수준 평가
8단계	학습 절차 · 방법의 효율성 탐색
9단계	필요한 학습 자원 · 도구 확보
10단계	학습 조건 준비(강의실 · 환경 등)
11단계	학습 자금 · 물리적 자원 확보
12단계	학습 시간 배분 · 조정
13단계	학습 동기 유지 전략 실행

출처: Tough(1971); Merriam & Bierema(2014) 재구성.

② 노울즈

노울즈(Knowles)는 자기주도학습을 성인교육의 핵심 절차로 보고, 학습자와 교사가 공동으로 참여하는 6단계(학습 분위기 조성 → 학습 요구 진단 → 학습 목표 설정 → 인적·물적 자원 파악 → 학습 전략 실행 → 학습 결과 평가)를 제시하였다. 학습계약과 같은 구체적 도구를 활용하여 학습자가 계획부터 실행, 평가에 이르는 모든 단계에 주도적으로 참여하도록 지원하고, 이러한 과정에서 교수자는 단순 지식 전달자이기보다 촉진자이자 조력자로서 해야 할 역할을 담당한다(Knowles, 1975).

다만, 일부 학자들은 노울즈의 접근이 '자율적 학습이라기보다 전통적 교수법의 절차를 학습자에게 이양하는 수준'에 머문다고 비판하였다(Brookfield, 1986).

(2) 상호작용 모형

① 스피어와 모커

스피어와 모커(Spear & Mocker)는 학습자가 사전에 치밀한 계획을 세우기보다, 환경 속에서 마주하는 기회와 자원 그리고 기존의 지식과 경험에 의해 학습이 촉발된다고 보았다. 자기주도학습 과정은 정해진 절차를 따라 순차적으로 일어나는 것이 아니라, 나선형의 연속선상에서 다양한 종류의 활동이 유기적으로 상호작용하면서 일관성을 지닌 전체로 통합되는 학습 과정으로 보았다(Merriam & Bierema, 2014).

② 개리슨

개리슨(Garrison)은 사회구성주의 관점에서 자기주도학습을 '자기관리(self-management)', '동기(motivation)', '자기모니터링(self-monitoring)'의 세 차원으로 설명하였다. 자기관리는 학습 자원과 환경을 관리하는 행동적 측면이고, 동기는 학습을 시작하여 꾸준히 이어갈 수 있도록 하는 인지적 차원이다. 자기모니터링은 학습 과정을 점검하고 조절하는 메타인지적 능력으로, 세 요소는 서로 긴밀하게 연결되어 하나라도 약화되면 학습의 지속성이 떨어질 수 있다.

(3) 교수 · 학습 모형

그로우(Grow)는 학습자의 자기주도성 수준을 발달 단계로 보고, 이에 맞춰 교수자의 역할을 조정해야 한다고 주장하였다. 그로우의 자기주도학습 단계 모형은 다음과 같이 네 단계로 구성된다.

첫째, 의존 단계의 학습자는 자기주도성이 낮아 명확한 지시와 구조가 필요하다. 교수자는 지시자로서 구체적인 목표, 절차, 피드백을 제공해야 한다.

둘째, 흥미·동기 형성 단계의 학습자는 학습에 흥미를 느끼고 기본 동기가 형성된 상태로, 교수자는 동기 부여자로서 학습의 의미를 연결하고 참여를 촉진한다.

셋째, 참여 단계의 학습자는 목표 설정과 문제 해결에 적극적으로 참여하는 단계로, 교수자는 촉진자나 파트너로서 자율성을 부여하고 협력적 환경을 조성한다.

넷째, 자기주도 단계의 학습자는 전적으로 학습을 주도하는 단계로, 교수자는 컨설턴트나 멘토로서 필요시 조언과 자료를 제공한다.

이 모형은 자기주도성을 고정된 특성으로 보는 대신 발달 가능한 역량으로 간주하여 학습자의 준비도에 따라 교수자가 유연하게 역할을 전환해야 한다고 강조한다(Grow, 1991). 다만 실제 수업 현장에서 학습자들을 만나보면 자기주도성 수준이 저마다 다른 관계로 모든 학습자에게 최적화된 지원을 세공하기는 여러 가지로 어렵다는 한계가 있다.

4) 자기주도학습의 적용

(1) 교수자의 역할

자기주도학습에서 교수자는 단순한 지식 전달자가 아니라 촉진자, 코치, 멘토로서 학습을 지원한다(Brookfield, 2013). 성인학습자도 자기주도성 수준의 발달 정도는 그로우의 자기주도학습 단계 모형에서 살펴보았던 것과 같이 서로 다를 수 있으므로 학습 초반에는 학습자의 자기주도성 수준에 적합한 구체적인 안내와 틀을 제시하고 이후 점차 자율성을 확대하는 방식으로 조정할 수 있겠다. 이를 위해 교수자는 학습자의 학습 스타일, 동기 수준, 과거 경험 등을 파악하고 맞춤형 피드백과 자원을 제공할 필요가 있다.

(2) 학습자 지원 전략

자기주도학습을 촉진하기 위해 다양한 교수·학습 전략을 실제 수업에 적용할 수 있다. 앞서 살펴본 노울즈의 자기주도학습 단계에 따라 학습자가 목표와 계획, 평가 기준을 협의하여 학습계획에 참여함으로써 학습자의 책임감을 키운다. 그리고 학습 과정과 성과를 기록하고 돌아보게 하는 포트폴리오 구성, 동료학습과 학습공동체는 사회적 상호작용을 통해 학습 동기의 지속성을 강화한다. 아울러 정기적인 피드백은 자기조절 역량을 강화하는 중요한 수단이다.

(3) 다양한 맥락에서의 적용

자기주도학습은 평생교육기관의 성인학습 프로그램, 직업훈련, 대학 강의, 기업교육, 온라인·블렌디드 러닝 등 다양한 장면에서 활용할 수 있다. 다만 온라인 학습의 경우 시간과 장소의 제약이 없다는 장점이 있으나, 학습자의 자기조절 역량이 부족하면 학습 지속성이 낮아질 수 있다. 따라서 디지털 활용 능력 교육과 함께 학습관리 시스템으로 학습을 관리하고 온라인 피드백 체계 마련이 함께 이루어져야 한다.

5) 비판과 한계

자기주도학습의 비판과 한계는 다음과 같다.

첫째, 개념 규정이 모호하다는 것이다. 때로는 학습자의 성향으로, 때로는 교수·학습 방법으로, 혹은 이 두 가지를 포괄하는 상위 개념으로 사용되기도 한다(Brookfield, 1986; Candy, 1991). 그 결과 연구자마다 정의와 적용 범위가 일관되지 않고, 교육 현장에서 어떤 활동을 자기주도학습으로 규정할지 혼란이 생기며, 이러한 개념적 중첩이 자기주도학습의 이론적 정밀성을 떨어뜨릴 수 있다고 지적하였다(Pratt, 1988).

둘째, 개인의 책임을 지나치게 강조하는 데 따른 한계이다. 자기주도학습은 자율성과 자기 책임을 전제로 하지만, 개인의 책임을 과도하게 강조할 때 학습자의 사회·경제·문화적 한계를 간과할 수 있다는 문제가 있다. 또한 자기주도학습이 학습자의 '개인 역량 부족'으로 학습 실패를 환원시키는 경향이 있으며, 사회적 불평등, 자원 접근성, 제도적 지원 부족 등 구조적 장벽을 충분히 반영하지 못한다고 비판하였다(Brookfield, 1986). 즉, 교육 기회가 제한된 학습자의 경우에 자기주도학습 방식이 기대만큼 충분한 효과를 발휘하지 못할 수도 있음을 보여준다.

셋째, 문화적 편향성이다. 많은 자기주도학습 연구와 실천은 서구 개인주의 문화권에서 개발·확산되었으며, 자기주도성·자율성·개인 책임과 같은 가치가 강하게 전제되어 있다(Merriam & Bierema, 2014). 집단주의 문화권에서는 학습 목표 설정이나 의사결정이 개인이 아닌 집단 단위에서 이루어지는 경우가 흔하기 때문에 자기주도학습의 기본 가정을 그대로 적용하기는 어려우므로 문화적 맥락에 따른 수정·보완이 필요하다는 지적이 지속적으로 제기된다(Candy, 1991).

넷째, 구글리엘미노(Guglielmino, 1977)가 개발한 자기주도학습 준비도 척도(Self-Directed Learning Readiness Scale: SDLRS)가 널리 활용되고 있지만, 자기주도학습은 학습자의 내적 동기, 자기조절능력, 성찰과 같은 비가시적·정성적 요소를 포함하기 때문에 이를 객관적으로 측정하고 평가하는 데 한계가 있으며, 문화권과 학습 맥락에 따른 타당성 논란이 존재한다(Field, 1989).

6) 확장과 시사점

자기주도학습은 성인학습자의 자율성과 학습 지속성을 강화하는 중요한 접근 방식이기는 하나, 디지털 학습 환경 확산, 직업세계의 불확실성 증대, 세대·문화의 다양성 확대는 자기주도학습의 적용 범위와 전략을 보다 융합적·맥락적으로 확장할 필요성을 제기한다(Merriam & Bierema, 2014; Candy, 1991).

첫째, 자기주도학습은 다른 학습 이론과 함께 활용하면 학습 설계의 효과성을 한층 더 높일 수 있다고 보고, 변혁학습, 경험학습, 자기조절학습 등과 결합함으로써 학습자가 기존의 가치관과 사고방식을 성찰·재구성하고, 계획-실행-평가 전 과정을 체계적으로 조정할 수 있다(Mezirow, 1997).

둘째, 디지털 기반의 비대면 학습 환경에서 자기주도학습의 중요성은 더욱 부각되고 있다. 온라인 학습, MOOC, 모바일 학습 등은 학습자가 스스로 자료를 찾아서 활용하고 학습 과정을 조율할 능력을 요구한다. 따라서 디지털 활용 능력과 더불어 온라인 협업 능력과 학습 데이터 분석 능력 등 새로운 역량이 자기주도학습의 범주에 포함되고 있다.

셋째, 자기주도학습은 다문화적 배경과 세대가 혼합된 학습자 특성을 고려하여 포괄적이면서도 유연한 방식으로 재구성할 필요가 있으며, 집단주의 문화권이나 다세대 학습 환경에서는 개인의 자율성뿐 아니라 집단 내 협력, 상호책임성, 세대 간 지식 교류를 촉진하는 설계가 요구된다(Pratt, 1993).

3. 경험학습

1) 경험학습의 개념

경험학습(Experiential Learning)은 학습자가 직접적인 경험을 바탕으로 지식을 구성하고 기술과 태도를 습득하는 과정을 의미한다(Kolb, 1984; Jarvis, 2010). 단순한 지식을 주고받는 것을 넘어 학습자가 실제 맥락 속에서 경험과 성찰을 통해 새로운 의미를 찾고, 그 결과 새로운 관점과 행동을 형성하는 것을 말한다. 경험학습은 '행동을 통한 학습' 또는 '경험을 통한 학습'이라는 표현으로도 설명되며, 경험-성찰-행동의 순환적 과정과 밀접하게 연결된다(Dewey, 1938).

경험학습은 '경험의 변환을 통해 이루어지는 과정'으로 정의하며, 학습을 고정된 산물이 아니라 끊임없이 순환하는 과정으로 보았다(Kolb, 1984). 학습자는 구체적 경험을 바탕으로 성찰하고, 개념적으로 추상화하며, 이를 다시 새로운 상황에서 실험적으로 적용하는 과정을 통해 학습을 확장한다.

경험학습은 실습이나 현장학습, 시뮬레이션, 프로젝트 학습 등의 실제 경험을 중심으로 이루어지는 교수·학습 방식으로 보는 관점과 학습 이론으로서 경험이 인지적·정의적·행동적 변화를 이끄는 핵심 기제로 작용한다는 것을 전제로 학습의 본질과 과정을 설명하는 두 가지 측면이 있다(Merriam & Bierema, 2014).

성인에게 경험학습이 더 중요한 이유는 직업 역할, 가정생활, 지역사회 활동을 통해 얻은 경험을 새로운 학습의 자원으로 활용할 수 있기 때문이다. 또한 경험학습은 학습자의 자율성과 참여도를 높이며 문제 해결 능력, 비판적 사고력, 자기성찰 역량의 함양에도 이바지한다(Caffarella & Merriam, 2000).

따라서 경험학습은 단순한 실천 중심의 교수법이 아니라 학습자가 자신의 경험을 재구성하여 새로운 지식과 의미를 만들어가는 순환적이며 변혁적인 학습 패러다임으로 바라보아야 한다.

2) 철학적 · 이론적 기반

학습은 '경험의 재구성'으로 정의되며 학습자가 환경과 상호작용 속에서 의미를 발견하고 새로운 상황에 적용할 수 있어야 한다. 경험은 고립된 사건이 아니라 연속적인 과정이며, 성찰을 통해 더 높은 수준의 학습으로 나아간다고 본다(Dewey, 1938).

인본주의적 관점에서 경험학습은 학습자를 자기실현을 지향하는 능동적 존재로 이해하고, 학습은 개인의 잠재력 실현과 성장을 위한 수단으로 간주한다(Rogers, 1969; Maslow, 1970). 경험학습은 단순한 지식 습득을 넘어 학습자의 정서와 태도, 가치관을 포함한 전인적 변화를 추구하고 내적 동기와 자율성, 자기성찰로 학습의 전 과정을 견인한다고 본 것인데, 이것은 경험학습 순환 과정에서 반성적 성찰과 적극적 실험 단계가 학습자의 성장을 촉진하는 이유를 잘 보여준다(Kolb, 1984).

구성주의적 시각에서는 지식을 환경과 타인과의 상호작용 속에서 능동적으로 구성되는 산물로 간주함으로써 학습자는 과거 경험을 단순히 반복하는 것이 아니라 이를 재해석하여 새로운 개념과 행동 전략으로 통합한다(Piaget, 1972; Vygotsky, 1978). 특히 듀이(Dewey, 1938)의 논의와 연결해 보면 사회적 구성주의는 동료학습, 협력직 프로섹트, 멘토링과 같은 사회적 상호작용이 경험의 의미화와 학습 전이에 중요한 촉매가 됨을 강조한다(Boud, Keogh, & Walker, 1985).

마지막으로 심리학적 측면에서 행동을 개인과 환경의 함수로 설명하면서, 학습을 경험-성찰-개념화-실험의 순환 과정으로 이해하고, 학습자가 새로운 경험을 기존 인지구조에 통합하거나 구조를 변화시키며 발달한다고 설명하였다(Lewin, 1951; Piaget, 1972). 이러한 심리학적 기반은 콜브(Kolb, 1984)의 경험학습 순환 모형을 정립하는 데 중요한 토대가 되었다.

3) 주요 이론

(1) 콜브의 경험학습 이론

콜브(Kolb)는 경험학습을 '경험의 변형을 통해 지식을 창출하는 과정'으로 정의하고, 구체적 경험(Concrete Experience), 성찰적 관찰(Reflective Observation), 추상적 개념화(Abstract Conceptualization), 적극적 실험(Active Experimentation)의 네 단계를 순환한다고 보았다(Kolb, 1984).

① 구체적 경험(CE): 실제 상황 속에서 학습자가 직접 경험하는 단계
② 성찰적 관찰(RO): 경험을 다양한 시각에서 검토하고 성찰하는 단계
③ 추상적 개념화(AC): 성찰을 통해 새로운 개념·원리·모델을 도출하는 단계
④ 적극적 실험(AE): 도출한 개념을 실제 상황에 적용·검증하는 단계

콜브는 이 네 단계를 단순한 절차로 본 것이 아니라 학습자가 경험을 지속적으로 성찰하고 개념화하며 새로운 상황에 적용하는 순환적 과정으로 설명하였으나 실제 학습은 반드시 순환 구조를 따르지 않으며, 성찰의 질이나 문화적 맥락에 따라 효과가 달라질 수 있다는 점에서 한계도 지적된다(Jarvis, 1987).

또한 콜브는 경험학습 과정에서 학습자의 성향이 서로 다르게 나타난다고 보고, 두 차원(구체적 경험, 추상적 개념화, 적극적 실험, 성찰적 관찰)을 교차시켜 네 가지 학습양식을 제시하였다(Kolb, 1984).

〈표 5-3〉 콜브의 경험학습양식 4분류

구분	적극적 실험(AE)	성찰적 관찰(RO)
구체적 경험(CE)	적응형 학습자(Accommodator)	발산형 학습자(Diverger)
추상적 개념화(AC)	수렴형 학습자(Converger)	동화형 학습자(Assimilator)

출처: Kolb(1984); Merriam & Bierema(2014) 재구성.

콜브는 〈표 5-3〉과 같이 학습양식을 적응형, 발산형, 수렴형, 동화형으로 구분함으로써, 교수·학습 설계 시 학습자의 성향에 맞춘 맞춤형 전략 수립이 가능하다고 보았다(Kolb, 1984). 예를 들면 다음과 같다.

첫째, 적응형 학습자는 활동을 통해 배우는 것을 선호한다. 단순한 고객 응대법 강의보다 고객 응대 상황극에 직접 참여한 후 우수 사례에 관한 토론과 발표를 통해 가장 높은 학습 효과를 경험할 수 있다.

둘째, 발산형 학습자는 성찰가로서 상상력이 풍부한 아이디어 뱅크형이다. 팀별

토론 후 다양한 가능성을 제시하거나 브레인스토밍 활동에서 적극적으로 참여할 수 있다.

셋째, 수렴형 학습자는 실용주의자로서 일반 개념을 실제 문제 상황 해결에 적용하는 데 강하다. 창업팀 프로젝트에 참여하여 사업계획서 작성 원칙을 실제 창업 아이템에 적용하여 시장 분석과 손익 계산을 완성하는 과제에 뛰어나다.

넷째, 동화형 학습자는 이론가로서 개념 정리에 익숙하다. 이를테면 독서나 강의를 통해 접했던 개념을 표로 정리하고 개념적 틀로 재구성하는 데 강점을 보인다.

(2) 자비스의 경험학습 이론

자비스(Jarvis)는 콜브의 순환 모형이 실제 학습의 복잡성을 지나치게 단순화한다고 비판하고, 경험이 반드시 학습으로 이어지지 않을 수 있음을 강조하면서 경험이 다음 세 가지 경로 중 하나로 전개될 수 있다고 보았다(Jarvis, 1987).

① 비학습(Non-learning): 경험이 단순히 흘러가거나 기존 신념을 강화하는 경우
② 오학습(Mislearning)과 탈학습(Unlearning): 부정확한 지식과 태도가 강화되거나, 기존 지식을 버리는 경우
③ 학습(Learning): 경험이 지식·기술·태도의 변화로 이어지는 경우

자비스는 학습 과정을 단순한 순환이 아닌 비선형적 과정으로 설명하면서 개인은 새로운 경험을 접할 때 즉각적으로 반응하기도 하고(비반성적 학습: 모방, 암기 등), 성찰을 거쳐 의미를 재구성하기도 하며(반성적 학습: 이론화, 실천 등), 경우에 따라서는 어떠한 학습으로도 이어지지 않을 수 있다고 보았다(Jarvis, 1987). 또한 학습이 인지적 과정에 국한되지 않고 정서적 반응, 사회적 맥락, 상황적 제약과 긴밀히 얽혀 있음을 강조하였다(Jarvis, 2006).

예를 들어, 콜센터 직무 현장에서 고객의 불만 전화를 받고 매뉴얼에 따라 즉각적인 반응을 보이는 상담원, 고객과 통화 후에 동료 상담원과 사례를 공유하고 자

신의 응대 방식을 되돌아보고 개선할 사항을 찾아보는 상담원, 불만 전화를 단순한 해프닝으로 여겨 이후에도 유사한 상황이 반복되는 상담원이 있을 수 있다. 이러한 시각은 경험학습을 보다 현실적이고 유연한 개념으로 볼 수 있지만, 학습경로가 복잡하여 교육과정 설계에 적용하기에는 구조적 한계가 따른다(Jarvis, 1995). 그럼에도 자비스의 모형은 성인학습이 반드시 계획적이고 합리적인 과정을 따르지 않는 것을 보여주며 성인학습의 실제 맥락을 이해하는 데 의미 있는 시사점을 제공한다.

4) 경험학습의 적용

(1) 교수자의 역할

교수자는 학습자가 경험을 단순히 나열하거나 공유하는 수준에 머물지 않고, 이를 성찰-개념화-적용의 순환 과정으로 발전시킬 수 있도록 지원해야 한다. 이를 위해 학습자의 특성에 따라 맞춤형 전략을 제시하는 것이 중요하다. 예컨대, 적응형 학습자에게는 역할극이나 현장 실습과 같은 실천적 과제를 제공하고, 발산형 학습자에게는 토론과 브레인스토밍 활동을 장려하여 다양한 시각을 탐색하게 한다. 또한 수렴형 학습자에게는 문제 해결 프로젝트나 시뮬레이션을 제시하고, 동화형 학습자에게는 독서와 개념 모델링, 이론 강의를 활용하여 추상적 개념을 체계화하도록 돕는다(Kolb, 1984).

(2) 학습자 지원 전략

경험학습을 촉진하기 위해서는 다양한 지원 전략이 필요하다. 학습저널은 교원 연수에 참여한 교사가 자신의 활동 기록 후 수업에 적용할 부분을 돌아볼 수 있도록 돕는 도구가 될 수 있다. 사례연구는 사회복지사 양성과정에서 실제 기관 사례를 분석하여 다양한 대안을 찾는 데 활용할 수 있고, 항공 승무원 교육에서 위기 상황을 가상으로 경험하며 대응 역량을 강화할 수 있다. 또한 역할극은 모의면접 상황에서 면접관과 면접자, 관찰자를 번갈아 가면서 경험해 봄으로써 다양한 시각을 이해하게 된다. 이러한 전략들은 학습자가 자신의 경험을 구조화하고 성찰을 심화하며, 결과적으로 실천적 지식으로 발전시킬 수 있도록 도울 수 있다.

(3) 다양한 맥락에서의 적용

① 직업교육

현장 실습과 프로젝트 기반 학습을 결합하여, 이론과 실제의 간극을 줄인다. 예를 들어, 자동차 정비 직업학교에서 학생들이 실제로 고장 난 차량을 수리하는 프로젝트를 수행한 후에 결과 발표와 피드백을 통해 이론을 실제 상황에 연결할 수 있다.

② 기업교육

액션러닝과 사례연구를 활용해 조직의 실질적 문제 해결과 인재 개발을 동시에 달성한다. 직원들의 보고서 작성 역량 강화를 위해서는 단순히 문서 작성법을 강의하는 대신 실제 보고서를 분석하고 개선안을 찾도록 하는 것이 더 효율적이다.

③ 온라인 학습 환경

가상 시뮬레이션, 협력적 프로젝트, 온라인 토론 등을 통해 비대면 상황에서도 경험-성찰-적용의 순환을 구현한다.

5) 한계와 비판

경험학습의 한계와 비판은 다음과 같다.

첫째, 경험 자체에 대한 정의가 모호하다는 문제로, 학자마다 경험의 범위를 다르게 규정하여 단순한 활동 참여와 심층적인 체험이 모두 같은 범주로 묶이곤 한다(Jarvis, 1987). 이로 인해 학습 효과를 일관되게 측정하거나 비교하기가 어렵다.

둘째, 콜브(Kolb, 1984)와 자비스(Jarvis, 1987)의 모형은 성찰을 핵심 단계로 제시하지만, 실제 현장에서는 학습자가 성찰을 피상적으로 수행하는 경우가 많아 학습의 깊이가 제한될 수 있다. 이러한 점에서 경험학습 모형이 성찰의 질을 담보할 수 있는 구체적 방법론을 충분히 제공하지 못한다는 비판이 제기된다(Fenwick, 2001).

셋째, 경험학습은 실제 맥락과 상황에 크게 의존하기 때문에, 동일한 학습활동이라 하더라도 참여자의 특성, 환경, 문화적 배경에 따라 결과가 현저히 달라질 수 있으며, 이는 학습 성과의 일반화를 어렵게 만든다(Boud & Walker, 1990).

넷째, 경험학습 모형은 주로 서구권 개인주의적 가치관을 기반으로 개발되었다. 따라서 개인의 성찰과 자기표현을 중시하는 전제는 집단주의 문화권에서 그대로 적용되기 어려울 수 있다(Hofstede, 2001). 공동체 중심 문화에서는 경험 공유와 협력적 성찰이 더 큰 학습 효과를 낼 수 있음에도, 앞서 살펴본 기존의 경험학습 모형은 개인 중심 접근에 치우친 경향이 있다.

4. 전환학습

1) 전환학습의 개념

전환학습(Transformative Learning)은 성인이 자신의 기존 신념, 가치, 관점의 틀을 비판적으로 성찰하고, 이를 변화시켜 새로운 의미체계를 형성하는 학습 과정을 의미한다(Mezirow, 1991). 단순히 지식이나 기술을 습득하는 것을 넘어, 학습자의 인지적·정의적 구조 자체가 전환되는 것을 강조한다.

메지로우(Mezirow)는 전환학습을 '성인이 자신의 경험을 통해 형성된 해석의 틀을 비판적으로 검토하고, 보다 포괄적이고 분별력 있으며 자율적인 새로운 틀을 구성하는 과정'으로 정의하였다(Mezirow, 1991). 이러한 과정을 통해 학습자가 타인의 관점을 더 깊이 이해하고, 사회적 행동과 의사결정에서 더 성숙한 판단을 할 수 있게 된다고 보았다.

전환학습은 개인의 정체성 변화와 밀접히 연결되며, 특히 성인기에는 사회적 역할 변화, 위기, 전환점 등과 같은 중대한 경험이 학습의 촉매가 되는 경우가 많다. 예를 들어, 경력 전환, 이민, 질병, 은퇴, 가족관계 변화 등은 기존 신념을 재검토하고 새로운 삶의 방향을 모색하게 만드는 전환적 학습 경험이 될 수 있다.

2) 전환학습의 주요 과정

메지로우는 전환학습을 단발적인 사건이 아니라 혼란 → 성찰 → 재구성 → 실행의 과정을 거치는 점진적이면서도 순환적인 변화라고 보고, 성인이 기존 관점의 틀을 변화시키는 과정을 10단계로 구체화하였다. 그는 성인이 당혹스러운 경험에 직면하고, 이를 성찰하며, 기존의 가정을 재검토한 뒤 새로운 가능성을 탐색하고 실행하는 과정을 거쳐 궁극적으로 변화된 정체성과 관점을 형성한다고 보았다. 이 과정은 반드시 선형적으로 진행되지는 않으며, 학습자는 상황에 따라 단계를 건너뛰거나 반복하기도 한다. 그러나 핵심은 비판적 성찰을 통한 의미체계의 재구성과 이를 실천에 적용하는 과정에 있다는 점에서 전환학습의 의의를 찾을 수 있다(Mezirow, 1991). 메지로우의 전환학습 10단계는 〈표 5-4〉와 같다.

〈표 5-4〉 메지로우의 전환학습 10단계

1. 당혹감 또는 혼란의 경험	6. 행동 계획 수립
2. 자기검토 및 감정의 재평가	7. 새로운 역할 수행 및 기술 습득
3. 기존 가정과 신념에 대한 비판적 성찰	8. 새로운 역할 실험
4. 새로운 역할과 관계 탐색	9. 새로운 관점의 통합
5. 새로운 지식·기술 탐색	10. 변화된 관점에 기반한 행동 지속

3) 한계와 비판

전환학습의 한계와 비판은 다음과 같다.

첫째, 메지로우의 접근은 '비판적 성찰'이라는 인지적 차원에 치중하여 정서적·영적 요소를 충분히 반영하지 못하였고, 학습에서 감정과 상상력이 전환을 촉발하는 중요한 동인임에도 불구하고 간과되었다고 비판하였다(Dirkx, 1997).

둘째, 전환학습은 서구 개인주의 문화에 기초한 이론으로, 공동체 중심의 집단주의 문화권에서는 적용이 제한적이라는 비판을 받는다. 학습자가 속한 사회·문화적 맥락과 권력관계를 충분히 반영하지 못했다는 지적이다(Clark & Wilson, 1991).

셋째, 모든 성인학습이 반드시 '전환'을 포함하는 것은 아니며 일상적 학습이나 직무 기술 습득 과정은 의미체계의 전환 없이도 가능하므로 전환학습이 성인학습의 '일반 이론'으로 기능하기에는 한계가 있다는 논의가 있다(Merriam & Bierema, 2014).

4) 확장과 시사점

성인학습 및 상담에서 전환학습은 다양한 비판과 현장 적용 사례를 통해 점차 확장되어 오늘날 여전히 중요한 시사점을 제공하고 있다.

첫째, 전환학습은 단순히 이성적 성찰에 머무르지 않고 정서·상상력·영성을 포함한 전인적 차원을 포괄해야 하며, 이를 통해 학습은 인간 내면의 심층적 변화를 지향해야 한다(Dirkx, 1997).

둘째, 전환학습은 개인의 인식 변화에만 머물지 않고 공동체와 조직 차원으로도 확장할 수 있으며 공동체나 조직구성원의 성장이 집단의 혁신과 사회적 변화를 이끌 수 있다고 본다(Brookfield, 2000).

셋째, 다양한 문화와 세대가 함께하는 맥락에서 전환학습은 학습자 간에 관점을 나누고 소통하도록 함으로써 문화 간 이해와 세대 간 유대를 강화할 수 있다(Clark & Wilson, 1991). 이는 가속화되는 다문화 사회 속에서 전환학습이 가지는 실천적 의미를 잘 보여준다.

넷째, 급변하는 사회 환경 속에서 전환학습은 위기나 전환기를 맞이한 성인의 정체성 확립과 삶의 방향 재구성을 돕는 실천적 효과를 발휘한다(Mezirow, 2000). 결혼이주여성의 문화 적응, 중·장년기의 경력 재설계, 은퇴 후 삶의 재구성, 장애인의 평생학습 참여 사례에서 이를 확인할 수 있다.

5. 커넥티비즘

1) 커넥티비즘의 개념

커넥티비즘(Connectivism)은 2000년대 중반 디지털 네트워크 시대의 학습을 위해 지멘스(Siemens, 2005)와 다운즈(Downes, 2007)가 제시한 개념이다. 개인의 인지 과정에 집중했던 전통적인 학습 이론과는 달리 지식이 네트워크에 분산되어 있으며, 학습은 결국 네트워크에 연결하여 필요한 정보를 찾아내고 활용하는 과정으로 본다(Siemens, 2005).

학습은 곧 '연결을 만들어 가는 과정'이며, 학습자의 역량은 지식을 보관하는 데 있지 않고 네트워크에 분산된 지식을 찾아내고 활용하는 능력에서 비롯된다(Siemens, 2005). 따라서 학습자는 새로운 지식을 단순 암기가 아니라 정보를 탐색하고 평가한 후 재구성하는 과정을 통해 창출한다.

새로운 정보가 끊임없이 생성·공유되는 시대에 학습의 핵심은 지식을 축적하는 것이 아니라, 적절한 네트워크를 형성·활용하여 시의적절하게 문제를 해결하는 데 있다(Siemens, 2005; Downes, 2007).

2) 커넥티비즘의 주요 원리

지멘스가 제시한 커넥티비즘의 핵심 원리는 다음과 같다.

① 학습과 지식은 의견의 다양성에 기반한다.

② 학습은 전문적인 정보나 자원의 연결 과정이다.

③ 학습은 비인간적 시스템에 의해서도 발생할 수 있다.

④ 현재 알고 있는 지식보다 새롭게 배워나갈 힘이 더 중요하다.

⑤ 학습을 위해 지속적으로 연결을 유지하고 확장해야 한다.

⑥ 서로 다른 영역, 아이디어, 개념 사이의 연결을 파악할 수 있는 능력이 핵심이다.

⑦ 지식의 최신성은 모든 연결 학습 활동의 목적이다.

⑧ 의사결정 과정 자체가 학습이며 오늘의 답이 내일은 새로운 연결 속에서 달라질 수 있다.

3) 커넥티비즘의 적용

실제 교육 현장에서 커넥티비즘을 적용할 수 있다.

첫째, 성인학습자는 온라인 학습 커뮤니티, 소셜 미디어, 오픈 리소스 등을 활용하여 다양한 정보에 접근하고, 이를 서로 연결하여 학습 네트워크를 구축한다. 예를 들어, 직장인이 특정 직무역량을 강화하기 위해 MOOC를 수강하고, 동시에 온라인 포럼에서 동료 학습자와 토론하며, 관련 논문과 블로그를 참고하는 과정 자체가 커넥티비즘적 학습이다.

둘째, 커넥티비즘은 평생학습 사회에서의 함의도 크다. 성인은 전 생애주기 동안 직업 변화나 사회적 전환에 직면할 때마다 네트워크를 확장·갱신해야 하며, 이를 통해 지속적인 성장을 도모하는 과정에서 디지털 리터러시와 정보탐색 능력은 성인학습자가 평생학습자로 자리매김하는 데 필수적인 자원이 된다(Downes, 2007).

셋째, 커넥티비즘은 학습자가 스스로 학습 네트워크를 설계하고 관리하는 자기조직화 학습을 촉진한다. 학습자는 문제 해결이 필요할 때 정보, 전문가, 커뮤니티와 연결하여 문제를 해결하고, 이를 반복하면서 학습 역량을 강화한다. 은퇴한 교사가 지역 평생학습관에서 온라인 강좌를 수강하고 독서토론 모임을 운영하며 후배 교사들과 멘토링 네트워크를 만드는 과정은 자기조직화 학습의 좋은 예이다.

이처럼 커넥티비즘은 네트워크 기반 학습 활동, 평생학습 촉진, 자기조직화 학습 등 다양한 맥락에서 활용될 수 있다. 아직 충분한 실증적 검증이 축적된 이론은 아니지만, 커넥티비즘은 디지털 네트워크 사회에서 학습을 이해하는 새로운 패러다임을 제안한다(Siemens, 2005; Downes, 2007). 또한 디지털 시대 학습 환경을 설명하는 보완적 이론으로서 개인 차원의 지식 습득을 넘어 조직과 공동체의 집단 학습으로 확장될 수 있다는 점에서 의미 있는 시사점을 제공한다.

학습 과제

1. 성인학습 이론이 아동 · 청소년 중심의 교육 패러다임과 구별되는 특징을 분석하시오.
2. 안드라고지, 자기주도학습, 경험학습, 전환학습, 커넥티비즘의 특징과 차이를 비교 · 분석하고, 교육적 · 상담적 함의를 제시하시오.
3. 성인학습 현장에서 자주 발생하는 문제를 선정하여, 해당 문제를 해결하기 위한 이론적 개입 방안을 제시하시오.

참고문헌

권두승, 조아미(2016). **성인학습 및 상담.** 동문사.

김신일, 강대중, 최돈민, 양흥권, 김현수, 이지혜, 현영섭, 김민호, 양은아, 김주영, 김지현, 최일선, 양병찬(2024). **평생교육론.** 교육과학사.

김종표, 이복희, 최세이(2019). **실전 명강의 교수법.** 양서원.

박기범(2017). 커넥티비즘(connectivism)의 이해와 사회과 교수학습의 새로운 패러다임. **사회과교육, 56**(2), 65-74.

최윤정(2025). **성인학습 및 상담.** 학지사.

Boud, D., & Walker, D. (1990). Making the most of experience. *Studies in Continuing Education, 12*(2), 61-80.

Boud, D., Keogh, R., & Walker, D. (1985). *Reflection: Turning experience into learning.* London: Kogan Page.

Brockett, R. G., & Hiemstra, R. (1991). *Self-direction in adult learning: Perspectives on theory, research, and practice.* London: Routledge.

Brookfield, S. D. (1986). *Understanding and facilitating adult learning.* San Francisco, CA: Jossey-Bass.

Brookfield, S. D. (2000). Transformative learning as ideology critique. In J. Mezirow & Associates (Eds.), *Learning as transformation: Critical perspectives on a theory in progress* (pp. 125-150). San Francisco, CA: Jossey-Bass.

Brookfield, S. D. (2013). *The skillful teacher: On technique, trust, and responsiveness in the classroom* (3rd ed.). San Francisco, CA: Jossey-Bass.

Caffarella, R. S., & Merriam, S. B. (2000). Linking the individual learner to the context of adult learning. In A. L. Wilson & E. R. Hayes (Eds.), *Handbook of adult and continuing education* (pp. 55-70). San Francisco, CA: Jossey-Bass.

Candy, P. C. (1991). *Self-direction for lifelong learning: A comprehensive guide to theory and practice.* San Francisco, CA: Jossey-Bass.

Clark, M. C., & Wilson, A. L. (1991). Context and rationality in Mezirow's theory of transformational learning. *Adult Education Quarterly, 41*(2), 75-91.

Dewey, J. (1938). *Experience and education.* New York, NY: Macmillan.

Dirkx, J. M. (1997). Nurturing soul in adult learning. In P. Cranton (Ed.), *Transformative learning in action: Insights from practice* (New Directions for Adult and Continuing Education, No. 74, pp. 79-88). San Francisco, CA: Jossey-Bass.

Downes, S. (2007). What connectivism is. In *Half an Hour: Essays on learning, teaching, and technology.*

Fenwick, T. J. (2001). *Experiential learning: A theoretical critique from five perspectives.* Columbus, OH: ERIC Clearinghouse on Adult, Career, and Vocational Education.

Field, J. (1989). *Adult education and the state: Towards a politics of adult learning.*London: Routledge.

Grow, G. O. (1991). *Teaching Learners to Be Self-Directed. Adult Education Quarterly, 41*(3), 125-149.

Guglielmino, L. M. (1977). Development of the self-directed learning readiness scale. (Doctoral dissertation, University of Georgia). *Dissertation Abstracts International, 38*(11A), 6467.

Hofstede, G. (2001). *Culture's consequences: Comparing values, behaviors, institutions, and organizations across nations* (2nd ed.). Thousand Oaks, CA: Sage.

Jarvis, P. (1987). *Adult learning in the social context.* London: Croom Helm.

Jarvis, P. (1995). *Adult and continuing education: Theory and practice* (2nd ed.). London: Routledge.

Jarvis, P. (2006). *Towards a comprehensive theory of human learning.* London: Routledge.

Jarvis, P. (2010). *Adult education and lifelong learning: Theory and practice* (4th ed.). London: Routledge.

Knowles, M. S. (1970). *The modern practice of adult education: Andragogy versus pedagogy.* New York, NY: Association Press.

Knowles, M. S. (1975). *Self-directed learning: A guide for learners and teachers.* New York: Association Press.

Knowles, M. S. (1980). *The modern practice of adult education: From pedagogy to andragogy.* Chicago, IL: Follett.

Knowles, M. S. (1989). *The making of an adult educator.* San Francisco, CA: Jossey-Bass.

Knowles, M. S., Holton, E. F., & Swanson, R. A. (2015). *The adult learner: The definitive classic in adult education and human resource development* (8th ed.). New York: Routledge.

Kolb, D. A. (1984). *Experiential learning: Experience as the source of learning and development.* Englewood Cliffs, NJ: Prentice Hall.

Lewin, K. (1951). *Field theory in social science.* New York, NY: Harper & Row.

Maslow, A. H. (1970). *Motivation and personality* (2nd ed.). New York, NY: Harper & Row.

Merriam, S. B., & Bierema, L. L. (2014). *Adult learning: Linking theory and practice.* San Francisco, CA: Jossey-Bass.

Mezirow, J. (1991). *Transformative dimensions of adult learning.* San Francisco, CA: Jossey-Bass.

Mezirow, J. (1997). Transformative learning: Theory to practice. *New Directions for Adult and Continuing Education, 74,* 5-12.

Mezirow, J. (2000). *Learning as transformation: Critical perspectives on a theory in progress.* San Francisco, CA: Jossey-Bass.

Piaget, J. (1972). *The psychology of the child.* New York, NY: Basic Books.

Pratt, D. D. (1993). Andragogy as a relational construct. *Adult Education Quarterly, 43*(4), 160-171.

Reischmann, J. (2004). Andragogy. In J. Reischmann (Ed.), *Andragogy: History, meaning, context, function.* Bamberg: University of Bamberg.

Rogers, C. R. (1969). *Freedom to learn.* Columbus, OH: Merrill.

Sandlin, J. A. (2005). Culture, consumption, and adult education: Refashioning consumer education for adults as a political site of struggle. *Adult Education Quarterly, 55*(3), 165-181.

Siemens, G. (2005). Connectivism: A learning theory for the digital age. *International Journal of Instructional Technology and Distance Learning, 2*(1), 3-10.

Tough, A. (1971). *The adult's learning projects: A fresh approach to theory and practice in adult learning.* Toronto: Ontario Institute for Studies in Education.

Chapter
6

성인기 발달 이론

학습 개요

전통적 발달 이론이 주로 유아기부터 성인 초기까지의 발달에 초점을 두었다면, 이 장에서는 성인기를 역동적 · 맥락적 발달의 시기로 전제하고 성인기 이후의 변화와 적응까지 포함하는 전 생애적 관점에서 발달 이론을 탐구하고자 한다. 먼저 성인기 발달의 개념과 중요성을 정리하고, 에릭슨의 심리사회적 발달 이론, 해비거스트의 발달과업 이론, 레빈슨의 생애구조 이론을 중심으로 핵심 개념, 현장 적용, 비판과 한계, 현대적 시사점을 체계적으로 다룬다. 이어 크롬볼츠의 계획된 우연 이론을 접목하여 성인학습 및 상담에서의 실천적 해석을 제시한다.

학습 목표

1. 성인기 발달의 개념과 중요성을 설명할 수 있다.
2. 에릭슨, 해비거스트, 레빈슨의 이론을 비교 · 분석할 수 있다.
3. 성인기 발달 이론을 실제 성인학습 및 상담 현장 사례에 적용할 수 있다.

1. 성인기 발달의 개념과 중요성

성인은 단순히 신체적으로 성숙한 존재에 머무르지 않는다. 성인기 역시 유년기나 청소년기와 마찬가지로 지속적인 발달과 변화가 이루어지는 중요한 생애주기이다. 그러나 전통적 발달심리학은 주로 아동기와 청소년기의 발달에 초점을 두었으며, 성인기는 상대적으로 고정된 상태로 간주하거나 발달의 정점 이후 쇠퇴기로 인식하기도 하였다. 하지만 최근의 발달심리학과 성인교육학은 성인기를 생애 전 주기에 걸쳐 성장과 변화, 적응이 지속적으로 일어나는 역동적 시기로 이해한다(Merriam & Bierema, 2014).

1) 성인기 발달의 개념

성인기 발달은 청년기 이후 노년기에 이르기까지 개인이 겪는 심리적·사회적·정서적·인지적 변화 과정을 포괄한다. 이 발달은 단순한 직선적·선형적 경로가 아니라, 개인의 경험, 사회적 관계, 환경적 맥락, 그리고 예기치 못한 사건들이 상호작용하면서 다양한 궤적을 형성한다(Willis & Martin, 2005).

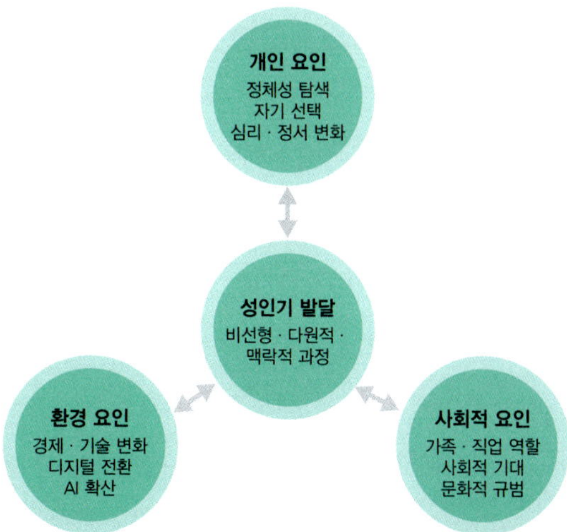

[그림 6-1] 성인기 발달에 영향을 미치는 주요 요인

[그림 6-1]은 개인적·사회적·환경적 요인이 서로 영향을 주고받으며 성인의 발달 과정에 작용하는 방식을 보여준다.

성인기의 발달은 개인의 정체성 탐색과 선택, 사회적 기대와 역할, 그리고 기술·환경 변화가 결합하면서 비선형적이고 다원적으로 전개된다(Merriam & Baumgartner, 2020). 아동·청소년기의 기본적이면서 보편적인 발달의 원리와 달리 청년기에 접어들면서부터 성인의 발달 경로가 다변화하는 이유도 이 때문이다. 현대사회에서 발달 경로의 다변화는 가속화되고 있다. 아넷(Arnett)은 이를 '다양화된 성인기 발달 경로'라고 설명하면서, 성인기의 발달은 단일한 표준 경로가 아니라 다원적·맥락적 과정임을 강조하였다(Arnett, 2000).

2) 성인기 발달의 이해

성인기 발달에 대한 이해는 개인적 차원과 사회적 차원 모두에서 중요한 의미를 지닌다(Merriam & Baumgartner, 2020).

첫째, 자기이해와 정체성 강화를 위해 성인은 직업, 가족, 사회적 관계에서 다양한 역할을 수행하며 지속적으로 '나는 누구인가?'라는 질문에 직면한다(Erikson, 1968). 성인기 발달에 대한 이해는 인생을 살아가면서 가장 중요한 자기 탐색의 필요성을 깨닫게 하여 긍정적인 방향으로 나아가도록 돕는다. 실제 강의나 상담 현장에서 이·전직을 고민하는 40대 성인이 자신의 발달과업을 이해할 경우, 변화 자체를 위기로만 보지 않고 성장의 기회로 인식하는 경우를 종종 볼 수 있다.

둘째, 전환기 대응력 강화 측면에서 성인기는 진로 변경, 결혼·이혼, 자녀 출산과 양육, 중년기 위기, 은퇴 등 다양한 전환 상황이 빈번히 발생하는 시기인 만큼, 성인이 자신의 발달 과정과 과업에 대해 이해하는 것은 대응력을 강화하는 데 도움이 된다. 쉬로스버그(Schlossberg)의 전환 이론도 성인기의 다양한 전환 사건에 대한 대처 전략으로 상황 적응, 의미부여, 스트레스 조절을 강조하며, 발달 연구와 상담 실천을 연결하였다(Schlossberg, 1981).

셋째, 성인 학습자와 내담자의 발달 단계를 이해하는 것은 상담자와 교수자가 학습자의 욕구, 갈등, 과업을 더 정확히 파악하고 이에 맞는 개입을 가능하게 한다(Merriam & Baumgartner, 2020). 발달 단계 이해를 토대로 한 상담은 내담자가 경험하는 위기나 전환을 성장의 계기로 전환하도록 돕는다(Mezirow, 2000). 실제 취업코칭 현장에서 만난 60대 성인에게 단순한 면접 기술 내용을 제공하는 것보다, 삶의 재설계와 자아 통합을 지원하는 방향으로 코칭이 이루어졌을 때 더 효과적이었다.

넷째, 인공지능 시대 변화 대응 측면에서, 디지털 전환과 인공지능의 확산은 성인기의 발달과업에 새로운 의미를 부여한다(Schuller & Watson, 2009). 과거에는 안정된 직업 확보가 주요 과업이었다면, 오늘날에는 지속적인 역량 갱신과 디지털 리터러시 습득이 필수 과업으로 떠올랐다(UNESCO, 2021).

3) 성인기 발달의 관점 변화

과거 발달 이론은 주로 아동·청소년기 발달에 초점을 맞추어 왔지만, 20세기 중반 이후의 연구는 성인기도 고유한 발달과업을 지닌 시기로서, 에릭슨은 성인기의 심리사회적 위기를, 해비거스트는 생애 단계별 발달과제를, 레빈슨은 생애 구조의 전환 과정을 설명하면서 성인기에도 학습과 성장이 결코 멈추지 않음을 강조하였다(Erikson, 1950; Havighurst, 1972; Levinson, 1978).

최근 발달 연구는 고정된 단계적 관점에서 벗어나, 발달을 역동적이고 맥락적인 과정으로 이해하려는 경향이 강화되었다(Baltes, Lindenberger, & Staudinger, 2006). 특히 한국 사회의 경우 비혼·비출산 증가, 기대수명 연장에 따른 100세 시대, 디지털 전환과 같은 변화로 인해 전통적인 단계 이론만으로는 성인기의 다양성을 설명하기 어렵다(김은정, 2011).

2. 에릭슨의 심리사회적 발달 이론

1) 이론의 개요

에릭슨은 프로이트의 심리성적 발달 이론을 확장하여 인간발달을 전 생애에 걸친 '심리사회적 과정'으로 이해하고, 발달을 단순히 개인 내부의 욕구 충족으로 보지 않고, 사회적 관계와 맥락 속에서 정체성이 형성되는 과정으로 설명하였다(Erikson, 1968). 따라서 발달의 각 단계에서 개인은 특정한 심리사회적 위기에 직면하며, 이를 성공적으로 해결할 경우 자아가 강화되지만, 실패할 경우 발달적 부적응을 경험할 수 있다. 에릭슨의 이론은 자아정체성 개념을 핵심으로 하며, 발달심리학뿐 아니라 교육학, 상담학, 사회복지학 등 다양한 분야에서 성인기의 특성을 이해하는 중요한 틀로 활용되고 있다(Marcia, 1980).

2) 성인기의 발달 단계

에릭슨은 인간의 생애를 8단계로 분류하였으며 이 가운데 성인기에 해당하는 단계는 다음과 같다.

(1) 초기 성인기(청년기): 친밀감 vs 고립감(Intimacy vs Isolation)

에릭슨에 따르면, 초기 성인기의 주요 발달과업은 타인과 친밀한 관계를 형성하는 것으로, 성인이 정서적 신뢰와 상호 지지를 바탕으로 관계를 맺을 때 고립과 외로움을 극복하며 성숙한 정체성을 유지할 수 있다(Sokol, 2009). 반대로 타인과의 친밀한 관계 형성에 실패하면 대개 정서적 고립, 관계 맺기에 대한 두려움, 사회적 거리감이 증가한다고 보았고, 아동기의 정서적 학대 및 단절 경험이 성인기 친밀한 대인관계 형성에 장애 요인으로 작용하여 친밀감에 대한 두려움을 높이는 구조적 경로를 제시하였다(김혜진, 김현수, 2020).

(2) 중년기: 생산성 vs 침체(Generativity vs Stagnation)

에릭슨은 중년기의 핵심 과업을 '생산성'으로 보았는데, 이는 단순히 자녀 양육에 국한되지 않고, 직업적 성취, 사회적 기여, 다음 세대를 위한 돌봄 등으로 확장된다(McAdams & de St. Aubin, 1992). 반면, 이러한 생산성 과업을 충분히 수행하지 못하면 삶의 공허함과 침체감이 심화될 수 있는데, 국내 연구에서도 중년 여성의 사회활동 참여 및 몰입 수준이 심리적 안녕감의 중요한 예측 인자로 확인된 바 있다(이보람, 이정화, 2014).

(3) 노년기: 자아 통합 vs 절망(Ego Integrity vs Despair)

노년기에는 삶을 되돌아보며 긍정적 의미를 발견할 수 있는 시기이다. 성공적으로 자아 통합을 이룬 성인은 죽음을 수용하며 내적 평화를 경험한다. 그러나 삶을 후회와 불만으로 바라보는 경우 절망과 무력감에 직면한다.

〈표 6-1〉 에릭슨의 성인기 발달 단계

단계	핵심 갈등	발달과업	성공 시	실패 시
초기 성인기	친밀감 vs 고립감	친밀한 관계 형성	신뢰와 정서적 성숙, 협력적 관계	고독, 정서적 고립
중년기	생산성 vs 침체	다음 세대 돌봄, 사회적 기여	삶의 의미·목적 확인	자기중심성, 침체감
노년기	자아 통합 vs 절망	삶 회고와 수용	죽음 수용, 내적 평화	후회, 절망, 무력감

출처: Erikson(1950, 1982) 재구성.

〈표 6-1〉과 같이 에릭슨은 성인기의 발달을 친밀감-생산성-자아 통합이라는 핵심 과업으로 설명하면서, 성인기의 성장과 적응을 정체성 발달의 연속선상에 두었다.

3) 성인학습 및 상담에서의 적용

(1) 초기 성인기 학습자

초기 성인기의 학습자는 학문적 성취와 진로 설계 과정에서 현실적 압박을 경험하며, 동시에 또래 및 사회적 관계 속에서 친밀감과 독립성의 균형을 모색하는데, 이때 상담자와 교수자는 학습자의 진로 불안, 대인관계 갈등, 자기정체성 탐색을 통합적으로 다룰 필요가 있다(Arnett, 2000).

(2) 중년기 학습자

중년기는 직업적 성취, 사회적 기여, 자녀 양육과 부모부양 등 다중 역할을 수행하는 시기로, 현장에서 만난 중년의 학습자들에게는 이러한 부담 속에서도 침체에 머물지 않고 생산성을 이어가기 위해서 새로운 학습 기회가 주어지는 것이 중요해 보였다. 성인교육은 재교육과 경력 전환, 평생학습 참여를 통해 중년 학습자의 자기효능감을 높이고, 삶의 의미를 재구성하도록 돕는다(McAdams & de St. Aubin, 1992).

(3) 노년기 학습자

자신의 삶을 되돌아보며 일생의 경험을 수용하고 의미를 재구성하는 노년기에는 과거를 긍정적으로 해석할 때 죽음을 자연스럽게 받아들이며 심리적 안정을 얻을 수 있고, 반대로 삶을 후회와 불만으로만 바라볼 경우 절망과 무력감이 커질 수 있다. 성인교육은 회고 활동, 경험 나눔, 세대 간 교류를 통해 노년 학습자가 삶을 긍정적으로 재해석하고 자아 통합을 촉진하도록 돕는 중요한 장이 될 수 있다

(Erikson, 1982).

4) 비판과 한계

에릭슨의 이론은 성인기 발달을 설명하는 대표적 틀로 널리 활용되었으나, 첫째, 발달을 고정된 여덟 단계로 구분하는 접근은 지나치게 획일적이라는 지적이 있다. 실제로 현대사회에서는 결혼, 출산, 직업 안정과 같은 전통적 과업이 지연되거나 생략되는 경우가 많아, 개인과 문화에 따라 다양하게 나타나는 성인기의 발달 과정을 충분히 설명하지 못한다고 비판하였다(Sokol, 2009). 둘째, 이 이론은 서구 중산층 남성의 경험을 전제로 발전했기 때문에, 다양한 문화적 배경을 지닌 성인의 삶을 포괄하지 못할 수 있다는 비판을 받았다(Schlegel & Barry, 1991). 셋째, 성별 차이를 충분히 고려하지 못했다는 한계로 여성의 발달 경험은 가사노동, 자녀 양육, 경력단절 등 독특한 특성을 지니는데, 에릭슨의 틀은 이를 충분히 반영하지 못하므로 여성의 발달을 관계 중심적 관점에서 이해할 필요가 있다고 주장하였다(Gilligan, 1982).

5) 확장과 현대적 시사점

에릭슨이 '생산성'이나 '자아 통합' 등으로 표현했던 발달 과업들은, 현재 연구에서는 '목적 있는 삶', '자아 수용'과 같은 웰빙 차원들과 연계되어 측정됨으로써 보다 세분화되고 정밀해졌다(Ryff, 1995). 이는 단순하게 발달 단계에 맞는 과업 제시보다 개인의 삶의 방향과 의미 탐색이 중요함을 보여준다.

현대사회에서 삶의 변화가 가속화되면서 관계적 지지, 사회적 통합, 회복탄력성이 발달과업을 성공적으로 수행하는 데 결정적인 역할을 함이 하버드 연구를 통해 일관되게 보고되는데, 이는 에릭슨의 '생산성 vs 침체' 또는 '자아 통합 vs 절망' 단계에서 관계망 유지, 사회참여 등이 보호 요인으로 작용할 수 있음을 시사한다(Vaillant, 2002).

3. 해비거스트의 발달과업 이론

1) 이론의 개요

해비거스트는 인간의 전 생애를 여섯 시기로 구분하고, 각 시기에 수행해야 할 발달과업이 있다고 보았다. 그는 발달과업이 개인의 성숙, 사회의 기대, 개인의 가치와 열망이라는 세 가지 주요 원천에서 비롯된다고 설명하였다.

해비거스트는 성인기를 성인 초기, 중년기, 노년기로 구분하고, 각 시기마다 수행해야 할 발달과업이 있다고 보았다. 성인기의 주요 발달과업은 가족, 직업, 시민적 책임, 신체적 변화 수용 등의 주제를 포함한다. 그는 성공적으로 발달과업을 수행하면 행복과 성공을 경험할 수 있고, 실패하면 불안과 좌절을 경험한다고 보았다.

2) 성인기의 발달과업

해비거스트는 성인기를 크게 세 시기로 구분하고, 각 시기별 발달과업을 〈표 6-2〉와 같이 제시하였다.

〈표 6-2〉 해비거스트의 성인기 발달과업

구분	연령 범위	주요 발달과업
성인 초기	19~30세	• 배우자 선택 및 결혼생활 시작 • 가정생활 시작 및 자녀 양육 • 직업 선택 및 안정화 • 시민으로서의 책임 수용 • 사회적 집단과의 관계 형성 • 신체적 조건에 적응
중년기	30~60세	• 성인 자녀 양육 책임 • 직업 성취를 위한 지속적 노력 • 노부모에 대한 책임과 역할 수행 • 사회적 책임 및 시민의식 강화 • 여가시간 활용의 재구성 • 노화 징후 수용

구분	연령 범위	주요 발달과업
노년기	60세 이후	• 은퇴와 그에 따른 변화 수용 • 신체적 쇠퇴와 건강관리 • 소득 감소에 따른 생활 적응 • 배우자 상실 및 사회적 관계 축소 대응 • 여가와 사회적 활동을 통한 삶의 만족 추구

출처: Havighurst(1972) 재구성.

3) 이론적 특징

해비거스트의 발달과업 이론은 몇 가지 중요한 특징을 지닌다.

첫째, 인간발달을 특정 시점에 국한하지 않고 삶의 전 과정에 걸친 연속적 과정으로 이해한다. 따라서 각 발달 시기에는 반드시 수행해야 할 과업이 존재하며, 이를 성공적으로 달성하는 것이 다음 발달 단계로의 원활한 이행을 보장한다(Havighurst, 1972).

둘째, 발달과업은 단순히 생물학적 변화에 의해서만 규정되는 것이 아니라, 사회적 기대와 개인의 동기 요인이 상호작용하여 형성된다고 보았는데, 성인의 발달은 사회·문화적 맥락 속에서 개인이 맡은 역할과 책임, 그리고 개인의 목표와 욕구가 결합된 결과물로 나타난다(Havighurst, 1972).

셋째, 발달과업의 수행은 타고난 성향에 의해 결정되는 것이 아니라, 학습과 적응의 과정을 통해 가능하다고 보았으며, 이러한 점에서 교육은 성인이 발달과업을 성공적으로 수행하도록 지원하는 핵심적 수단으로 강조되었다(Newman & Newman, 2017).

4) 성인학습 및 상담에서의 적용

해비거스트의 발달과업 이론은 성인교육과 상담 장면에서 연령대별 발달과업을 고려한 맞춤형 개입을 가능하게 하는데, 초기 성인기 학습자는 직업 탐색, 친밀한 관계 형성, 결혼과 가정생활의 시작과 같은 과업을 수행하는 시기에 있다. 따라서 진로상담, 대인관계 기술 훈련, 독립적 생활 지원 프로그램이 효과적이다(Arnett, 2000). 현재 서울시는 고립·은둔 청년들을 대상으로 사회적 고립에서 벗어나 삶의 동기를 회복하고 사회와 다시 연결될 수 있도록 지원하는 사업을 운영 중이다.

중년기 성인은 직업적 성취와 사회적 책임, 자녀 양육 및 부모부양의 이중 과업에 직면하는데, 이 시기에는 경력전환 교육, 스트레스 관리, 가족관계 상담이 필요하다. 특히 중년기는 삶의 의미와 목적을 재평가하는 시기로, 학습과 상담은 자기성찰과 경력 재설계에 초점을 둘 필요가 있다(Reitzes & Mutran, 2004).

노년기 성인은 은퇴, 상실, 사회적 고립에 대응해야 하는 시기로 노후 설계 교육, 회고 활동, 세대 간 교류 프로그램, 디지털 리터러시 교육이 중요하다. 연구에 따르면, 사회적 참여와 평생교육 활동은 노인의 자아 통합과 삶의 만족을 높이는 데 기여한다(Rowe & Kahn, 1997).

5) 한계와 비판

해비거스트의 발달과업 이론은 실제적인 틀을 제공했지만 몇 가지 한계가 지적된다.

첫째, 연령 중심의 경직성이다. 발달과업을 연령대별로 고정적으로 제시함으로써 개인차나 사회·문화적 다양성을 충분히 반영하지 못한다(Houston, 2019). 현대사회에서는 결혼·출산의 지연, 비혼·비출산, 은퇴 연령 연장 등으로 발달 경로가 유동화되고 있는데, 한국의 경우 2024년 기준 합계출산율은 0.75명으로, 여성 1명이 평생 낳는 자녀 수가 큰 폭으로 줄어든 상태이며, 평균 초혼 연령은 남성 33.9세, 여성 31.6세로 계속 상승 중이다(통계청, 2024).

둘째, 해비거스트가 제시한 발달과업은 주로 핵가족·산업사회 맥락의 직업과 가족역할에 집중되어 있으며, 디지털 역량이나 평생학습 역량, 다문화 감수성과 같은 현대적 과업은 포괄하지 못하여 사회구조 변화를 반영하지 못했다는 한계가 있다(Jarvis, 2009).

셋째, 해비거스트는 발달과업의 원천으로 생물학적 성숙, 사회적 기대, 개인의 가치와 열망을 제시했으나, 실제 예시는 서구 중산층 모델에 치우쳐 있어, 비서구권이나 다양한 젠더·계층 집단의 발달 경험을 충분히 설명하기 어렵다(Stewart & McDermott, 2004).

6) 확장과 현대적 시사점

앞서 제시한 비판과 한계에도 불구하고 해비거스트의 발달과업 이론은 여전히 성인 발달 연구와 실천에서 중요한 출발점으로 평가되는데, 최근 연구들은 발달과업을 연령 규범적 과업이 아닌 맥락화·개인화된 과업으로 재구성하고 있다. 즉, 발달은 생물학적 연령보다는 사회적 역할, 문화적 배경, 개인의 선택에 따라 다양하게 나타난다는 점이 강조된다(Arnett, 2000).

또한 디지털 사회의 도래로 새로운 발달과업이 부각되는데, 성인 초기에는 온라인 네트워크를 통한 관계 형성, 중년기에는 디지털 기술을 활용한 직업 역량 갱신, 노년기에는 디지털 리터러시와 온라인 사회참여가 중요한 발달과업으로 제시된다. 국내에서도 평생교육 현장에서 '중년기 발달과업으로서 경력 재설계'나 노년기 발달과업으로서 디지털 격차 해소를 강조하는 연구가 보고되고 있다(이진구, 정일찬 외, 2018; 황남희, 2020).

결국 해비거스트의 발달과업 이론은 고전적 틀에 머무르지 않고, 변화하는 사회·문화적 조건에 맞도록 성인의 실제적 과업을 탐색하는 살아 있는 이론으로 재정리할 필요가 있다(Jarvis, 2009). 이로써 성인학습자와 내담자의 삶을 총체적으로 이해하고, 맞춤형 교육·상담을 실천하는 데 여전히 중요한 나침반 역할을 할 수 있다.

4. 레빈슨의 생애구조 이론

1) 이론의 개요

레빈슨(Levinson)은 성인 발달을 단순히 내적 성숙 과정으로 보지 않고, 생애구조라는 틀 속에서 설명하였다. 생애구조란 특정 시기에 개인에게 주어진 직업, 가족, 사회적 관계, 지역사회 참여, 여가, 학습 등의 역할과 활동이 얽혀 형성되는 삶의 전체적 패턴을 의미하고, 성인기의 삶이 안정기와 전환기가 교차하는 구조적 과정을 거치며, 해체-재구성-재안정화의 리듬을 반복한다고 보았다(Levinson, 1978).

레빈슨의 연구는 에릭슨의 심리사회적 발달 이론을 계승하면서도, 추상적 정체성 개념을 실제 생활 영역과 구조적 배열 속에서 탐구했다는 점에서 의의가 있으며, 개인의 삶에서 '꿈'과 이를 지지하는 '멘토 관계'가 전환기의 의미를 재해석하고 방향을 설정하는 데 결정적 역할을 한다고 보았다(Levinson, 1978).

레빈슨의 초기 연구는 예일대 백인 남성 집단을 중심으로 한 종단연구 결과를 바탕으로, 성인기의 발달을 세분화된 단계로 제시하였는데, 성인 초기 전환기-성인 초기-30세 전환기-중년기 이전기-중년기 전환기-중년기라는 순차적 단계를 설정하며, 각 단계가 고유한 발달과업과 전환 과정을 지닌다고 설명하였다(Levinson, 1978). 이 연구는 이후 『*The Seasons of a Man's Life*』로 출판되었으며, '삶의 계절'이라는 은유는 성인기의 발달이 단절적이지 않고 순환적·주기적으로 이루어진다는 관점을 널리 확산시켰다.

그러나 이후 연구자들은 레빈슨의 남성 중심적 접근을 비판하며 여성 표본을 포함한 후속 연구를 요청하였고, 이에 레빈슨은 『*The Seasons of a Woman's Life*』를 통해 여성 발달 과정을 탐구하면서, 동일한 생애구조 이론이 적용되더라도 성별에 따라 경험의 내용과 강조점이 다름을 보여주었다(Levinson & Levinson, 1996). 예컨대 선행연구들에 따르면, 여성의 생애구조는 직업적 성취보다는 관계와 돌봄의 역할이 더 큰 비중을 차지하는 경향이 있으며, 중년기의 전환 역시 자녀의 독립이나 돌봄 역할의 변화와 긴밀히 연관되는 것으로 보고되었다(Gilligan, 1982).

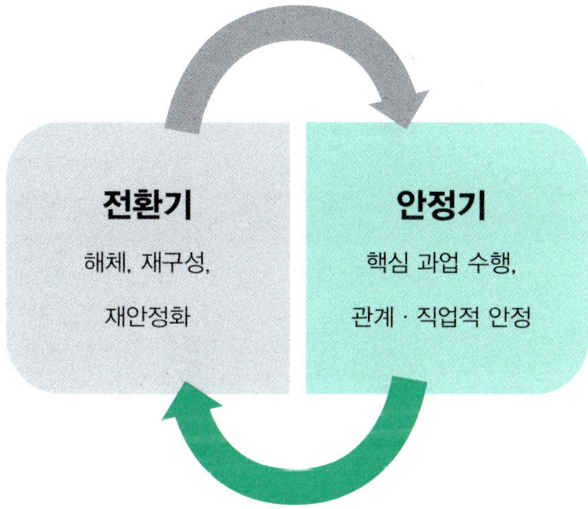

[그림 6-2] 레빈슨의 생애구조 리듬

레빈슨의 관점에 의하면, 성인 발달은 직선적 단계가 아니라 안정기와 전환기가 교차하는 순환적 패턴이며, 전환기는 기존 생활구조를 다시 점검하고 새로운 가능성을 탐색하는 시기이고, 안정기는 그 구조 안에서 직업·관계 등 주요 과업을 수행하는 시기이다(Levinson, 1978). 이와 같은 주기적 변동은 성인 발달을 고정된 단계가 아닌, 변화와 적응이 반복되는 과정으로 보여주는 것이다. 레빈슨은 이를 토대로 성인기를 전환기와 안정기의 교차적 리듬으로 설명하며, 다섯 시기로 간소화하였다(Levinson & Levinson, 1996).

〈표 6-3〉 레빈슨의 성인 발달 단계

단계	연령 범위	주요 발달과업	특징 및 의미
성인 초기 전환기	17~22세	진학, 직업 선택, 독립적 생활 시작	청소년기의 의존에서 벗어나 자율성과 성인기 기반을 마련
성인 초기	22~40세	직업 진입, 인간관계 형성, 가정 구축	생애 구조를 구체화하며 꿈과 멘토 관계가 발달의 방향을 결정
중년기 전환기	40~45세	생활 구조와 자기상 재평가	흔히 '중년기 위기'로 불리며, 새로운 삶의 방향 모색이 필요한 시기
중년기	45~60세	사회적 책임, 직업적 성취, 다음 세대 지원	생산성이 강조되며, 후반에는 다음 전환기를 준비
노년기 전환기	60세 이후	은퇴, 건강 변화, 상실 경험	정체성 재정립과 사회적 참여, 자아 통합이 중요한 과업

출처: Levinson & Levinson(1996) 재구성.

2) 성인학습 및 상담에서의 적용

레빈슨의 관점은 성인학습자와 내담자를 단순한 지식 습득의 대상이 아니라 변화와 전환을 경험하는 주체로 이해하도록 한다. 전환기에는 권태, 역할갈등, 가치 충돌과 같은 신호가 나타나며, 이는 학습 동기와 상담적 요구를 동시에 고조시킨다. 따라서 상담사와 교수자는 개인이 처한 변화를 조기에 진단하고, 직업·가족·관계·학습을 아우르는 통합적 지원을 설계해야 한다. 예컨대, 40대 직장인의 권태감은 단순한 피로가 아니라 삶의 전환 요구일 수 있으며, 상담 개입은 경력 재설계와 가족관계 조정, 학습 기회 제공을 결합해 이루어질 수 있다(Levinson, 1978).

또한 레빈슨이 강조한 '꿈(dream)'과 멘토 관계는 상담과 교육 장면에서 핵심적 자원으로 활용될 수 있으며, 성인이 품은 꿈을 재탐색하도록 돕는 워크숍, 조직 내 멘토-멘티 매칭 프로그램은 개인이 전환기 결정을 사회적 지지 속에서 수행하도록 한다(Levinson & Levinson, 1996). 실제 강의 현장에서 진행된 경력단절여성 강사 양성

과정에서도 다수의 참여자가 어릴 적 품었던 교사에 대한 꿈을 확인하고, 과정 수료 후 강사로 활동하면서 자기 정체성을 찾아가는 경우를 보았다.

나아가 평생교육 현장에서는 생애설계교육을 통해 경력·학습·재정·건강·관계를 아우르는 종합적 자기 재구성을 지원하고, 노년기 학습자에게는 회고 활동과 세대 간 교류 프로그램을 제공하여 삶의 의미를 재확인하게 할 수 있다(Merriam & Baumgartner, 2020). 현재 국내 평생교육원에서는 은퇴 이후의 삶을 준비하는 시니어 과정에서 디지털 리터러시 강화교육, 건강·생활·사회참여 지원 프로그램, 다양한 분야의 교육 강사 자격과정 등이 진행되고 있다. 이는 레빈슨 이론이 지적한 '구조의 재편과 안정'을 촉진하는 구체적 실천 사례라 할 수 있다(Merriam & Baumgartner, 2020).

3) 비판과 한계

레빈슨의 생애구조 이론은 성인의 구조적 전개를 설득력 있게 보여주었지만, 여러 비판도 제기되었다.

첫째, 표본 편향의 문제가 있다. 초기 연구가 예일대 백인 중산층 남성을 중심으로 수행되었기 때문에, 여성이나 비서구권 성인의 발달 경험을 충분히 반영하지 못하여(Levinson, 1978) 연구 결과의 일반화를 어렵게 만들었다.

둘째, 연령 고정성에 대한 지적으로 레빈슨은 전환기와 안정기를 특정 연령대에 배치하였으나, 실제로는 돌봄 책임, 직업 변화, 건강 위기 등 다양한 사건이 연령과 무관하게 전환을 촉발할 수 있다. 최근 연구들은 발달을 고정된 연령 규범보다는 사건 주도형 전환의 관점에서 이해할 필요성을 강조한다(Settersten, 2003).

셋째, 성별 경험 차이에 대한 비판으로 여성의 발달은 관계와 배려 중심으로 전개되는데, 레빈슨의 초기 연구가 돌봄 노동과 경력단절 등 여성 특유의 경험을 충분히 반영하지 못했다고 비판하였다(Gilligan, 1982). 비록 후속 연구에서 여성 표본을 포함한 보완 작업이 이루어졌으나(Levinson & Levinson, 1996), 여전히 성별 차이에 대한 설명은 제한적이다.

4) 확장과 현대적 시사점

레빈슨의 생애구조 이론은 이후 다양한 연구에서 보완되고 확장되었는데, 중년기를 장기적으로 추적한 연구는 방어기제나 대처 전략, 사회적 지지와 같은 심리사회적 자원이 삶의 안정성과 안녕에 큰 영향을 미친다는 사실을 보여주었다(Vaillant, 2002). 또한 역할 변화와 다중역할수행이 중년 발달의 핵심이라는 점도 강조되었다(Lachman, 2004). 여성 집단을 대상으로 한 종단연구에서는 진로와 돌봄의 조정, 관계성 발달이 동시에 이루어진다는 결과가 보고되었다(Helson & Wink, 1992).

이러한 후속 연구는 레빈슨 이론이 제시한 '전환-안정-전환'의 리듬을 단순 연령 규범이 아니라 사건과 맥락 속에서 이해할 필요가 있음을 시사한다(Settersten, 2003). 예컨대 산업구조 변화, 돌봄 책임, 건강 위기, 지역 이동과 같은 경험은 연령과 무관하게 전환을 촉발한다. 또한 발달은 성별, 계층, 문화, 이주 배경에 따라 상이하게 전개되므로(Arnett, 2000), 상담과 교육은 더 이상 단일한 발달 경로를 전제할 수 없고 개인화된 접근이 요구된다.

나아가 평생학습과 상담 현장에서는 경력, 건강, 관계, 정체성을 아우르는 통합적 설계가 필요하다(Merriam & Baumgartner, 2020). 전환기에는 학습 수요가 집중되므로, 프로그램은 지식 습득을 넘어서 경력 재설계, 자기성찰, 웰빙 루틴 형성과 같은 라이프 디자인을 지원해야 한다. 최근 연구는 디지털 전환이 성인 발달과업의 핵심을 재구성한다고 보고하며(황남희, 2020), 성인은 디지털 리터러시와 네트워크 활용 능력을 새로운 역량으로 확보해야 한다고 강조한다.

5. 크롬볼츠의 계획된 우연 이론

1) 이론의 개요

크롬볼츠(Krumboltz)는 행동주의 학습 이론을 진로 이론에 접목시킨 대표적 학자로, 초기에는 사회학습 이론에 기반하여 진로발달 모델을 제시하였다(Krumboltz, 1979). 그러나 전통적 진로 이론이 개인의 선택을 지나치게 합리적·선형적 과정으로 가정한다는 점에서 한계를 지적하며, 실제 성인의 경력이 예기치 못한 사건과 만남에 의해 크게 좌우된다는 사실에 주목하여 계획된 우연 이론(Planned Happenstance Theory)을 발전시켜, 불확실성과 우연을 단순한 위험 요인이 아니라 성장을 촉진하는 자원으로 재해석하였다(Krumboltz, 2009). 이 이론은 급격한 사회·기술 변화와 노동시장의 불확실성을 반영하며, 성인이 진로를 능동적으로 탐색하고 새로운 기회를 창출하도록 돕는 상담적 접근으로 자리 잡았다.

계획된 우연 이론은 두 가지 기본 명제를 전제로 한다. 첫째, 진로는 합리적 계획만으로 결정되지 않으며, 예기치 못한 사건이 중대한 전환점이 될 수 있다. 둘째, 우연을 기회로 전환하는 능력은 학습과 훈련을 통해 개발할 수 있다.

(1) 진로에 영향을 미치는 다섯 가지 요인

크롬볼츠는 인간의 진로 형성에 영향을 미치는 주요 요인을 다음의 다섯 가지로 설명하였다.

① 유전적 특성: 개인이 타고나는 재능, 신체조건, 성격 등

② 환경 조건과 사건: 경제적 상황, 사회적 제도, 문화적 배경 등 개인이 통제할 수 없는 외부 요인

③ 학습 경험: 직접적인 경험(도구적 학습 경험)과 타인의 행동 관찰(연합적 학습 경험)

④ 과제 접근 기술: 문제 해결력, 감정조절, 자기통제력 등 과제를 대하는 태도

⑤ 우연적 사건: 예측 불가하지만 개인의 생애구조에 중대한 변화를 가져올 수 있는 사건

(2) 계획된 우연 기술

크롬볼츠는 우연한 사건을 단순히 수동적으로 맞이하는 것이 아니라, 학습과 성장을 위한 기회로 활용하기 위해 다섯 가지 기술을 제시하였다(Krumboltz & Levin, 2004). **〈표 6-4〉**는 크롬볼츠의 계획된 우연 기술(Planned Happenstance Skills)을 정리한 것이다.

〈표 6-4〉 계획된 우연 기술

호기심(Curiosity)	새로운 경험과 활동을 탐색하려는 태도
지속성(Persistence)	어려움 속에서도 시도와 노력을 멈추지 않는 태도
유연성(Flexibility)	목표와 계획을 상황에 맞게 조정하는 능력
낙관성(Optimism)	실패 가능성 속에서도 기회를 긍정적으로 보는 태도
위험감수성(Risk-taking)	불확실성을 수용하며 새로운 행동을 시도하는 용기

출처: Krumboltz & Levin(2004) 재구성.

이 다섯 가지 기술은 성인학습자가 예기치 못한 사건 속에서도 기회를 발견하고 자기주도적 성장을 이어가도록 돕는다. 따라서 계획된 우연은 '진로의 방해물'이 아니라 '기회의 출발점'으로 전환될 수 있다(Krumboltz & Levin, 2004).

2) 성인학습 및 상담에서의 적용

계획된 우연 이론은 특히 비선형적 진로 경로를 경험하는 성인들에게 중요한 시사점을 제공한다. 성인의 경력은 한 직업에서 다른 직업으로 이동하거나, 예기치 못한

사건으로 경력 단절과 전환을 겪는 경우가 많고, 이러한 상황에서 우연을 위기가 아니라 학습과 성장의 기회로 전환하는 관점은 성인학습 및 상담 현장에서 매우 유용하다(Krumboltz, 2009). 예컨대 돌봄이나 가사로 인해 경력이 중단된 여성은 평생교육이나 지역 네트워크에서의 우연한 학습 기회를 통해 새로운 경력 경로를 설계할 수 있는데, '계획된 우연 기술(planned happenstance skill)'과 사회적 지지, 진로 준비행동(career planning) 등의 요인들이 진로 재설계 및 자아정체성 회복에 유의미한 영향을 미친다는 연구들이 있다(김정민, 이희수, 2023).

나아가 문화적·사회적 환경 변화 속에서 새로운 기회를 접하는 이주민과 취약계층 성인은 우연한 만남이나 경험을 자원화하여 새로운 정체성과 경력을 개발할 수 있다. 실제 평생교육 현장에서도 학습자들이 의도하지 않았던 강좌 참여나 네트워크 경험을 통해 새로운 학습 동기를 발견하고 정체성을 확장하는 경우가 흔히 관찰된다. 따라서 성인교육 프로그램은 계획된 학습경로뿐 아니라 우연적 경험을 촉진하는 요소를 설계하는 것이 필요하다(Merriam & Baumgartner, 2020).

3) 비판과 한계

계획된 우연 기술은 성인의 진로 탐색과 경력 전환을 지원하는 유용한 도구이지만, 몇 가지 한계가 지적된다. 첫째, 개인차와 환경적 요인의 제약으로 호기심, 유연성, 낙관성과 같은 성향은 개인마다 다르게 발현되며, 사회적·심리적 지원이 부족한 경우 우연을 기회로 전환하는 효과가 제한될 수 있다(Krumboltz, 2009). 둘째, 상황적 한계로 모든 우연적 사건이 긍정적으로 작용하는 것은 아니며, 때로는 혼란이나 부정적 결과를 초래할 수 있으므로 단순히 '우연을 기회로 해석하는 태도'만으로는 경제적 제약이나 구조적 진로 장벽을 해결하기 어렵다(Sears, 2010). 셋째, 이론적 한계이다. 계획된 우연기술은 진로 선택이나 창업 등에서 유용성을 입증했으나, 기존의 합리적 선택 이론이 강조하는 정보 수집과 분석의 중요성을 완전히 대체할 수는 없다(Watts, 2010).

4) 확장과 현대적 시사점

계획된 우연 이론은 불확실성이 지배하는 현대사회에서 그 중요성이 더욱 부각된다. 성인은 우연을 단순한 사건으로 경험하는 것이 아니라, 이를 탐색하고 활용하는 태도와 기술을 통해 자기주도학습과 회복탄력성을 강화할 수 있다(Krumboltz, 2009). 특히 온라인 학습, 글로벌 네트워크, 디지털 플랫폼을 통한 협업 기회는 예기치 못한 학습과 진로 탐색을 촉발하는 중요한 맥락으로 기능한다(Jackson & Tomlinson, 2020).

따라서 성인학습 프로그램은 학습자가 예측 불가능한 사건에 유연하게 대응할 수 있도록 열린 태도, 탐색 행동, 위험 감수 역량을 기를 수 있게 설계될 필요가 있다. 결국 계획된 우연 이론은 성인의 진로와 학습을 직선적이고 고정된 경로가 아니라, 끊임없이 변화하는 사회·기술적 환경 속에서 재구성되는 개방적 여정으로 재해석하도록 만든다.

학습 과제

1. 에릭슨, 해비거스트, 레빈슨의 발달 이론을 비교하여 공통점과 차이점을 제시하시오.
2. 제시된 성인기 발달 이론의 한계를 비판적으로 검토하고, 현대 한국 사회의 변화를 반영하여 보완점을 제시하시오.
3. 성인기 발달 이론을 실제 성인학습 및 상담 사례에 적용하여 개입 방안을 설계하시오.

참고문헌

김은정(2011). 새로운 생애 발달 단계로서의 성인모색기. **사회와 이론, 19,** 329-372.

김정민, 이희수(2023). 경력단절여성의 진로장벽이 진로준비행동에 미치는 영향과 사회적 지지의 매개효과. **평생교육·HRD연구 19**(1), 111-140.

이보람, 이정화(2014). 중년기 여성의 사회활동 참여경험과 몰입정도가 심리적 안녕감에 미치는 영향. **한국지역사회생활과학회지, 25**(3), 349-361.

이진구, 정일찬, 오미래(2018). 중장년 생애경력설계 프로그램 개발 연구. **평생교육·HRD연구, 14**(3), 1-30.

황남희(2020). 노년기 정보 활용 현황 및 디지털 소외 해소 방안 모색. 한국보건사회연구원.

Arnett, J. J. (2000). Emerging adulthood: A theory of development from the late teens through the twenties. *American Psychologist, 55*(5), 469-480.

Baltes, P. B., Lindenberger, U., & Staudinger, U. M. (2006). Lifespan theory in developmental psychology. In W. Damon & R. M. Lerner (Eds.), *Handbook of child psychology: Theoretical models of human development* (6th ed.). Hoboken, NJ: Wiley.

Erikson, E. H. (1950). *Childhood and society.* New York, NY: Norton.

Erikson, E. H. (1968). *Identity: Youth and crisis.* New York, NY: Norton.

Erikson, E. H. (1982). *The life cycle completed.* W. W. Norton & Company.

Gilligan, C. (1982). *In a different voice: Psychological theory and women's development.* Harvard University Press.

Havighurst, R. J. (1972). *Developmental tasks and education* (3rd ed.). New York, NY: McKay.

Helson, R., & Wink, P. (1992). Personality change in women from the late 30s to the 50s. *Psychology and Aging, 7*(1), 46-55.

Houston, J. M. (2019). *The psychology of maturity.* New York, NY: Routledge.

Jackson, D., & Tomlinson, M. (2020). Reframing lifelong learning and employability: A conceptual model. *Higher Education, 80*(3), 419–436.

Jarvis, P. (2009). *Learning to be a person in society: Learning to be me.* Abingdon, UK: Routledge.

Krumboltz, J. D. (1979). A social learning theory of career decision making. *Journal of Counseling Psychology, 25*(6), 545–574.

Krumboltz, J. D. (2009). The happenstance learning theory. *Journal of Career Assessment, 17*(2), 135–154.

Krumboltz, J. D., & Levin, A. S. (2004). *Luck is no accident: Making the most of happenstance in your life and career.* Impact Publishers.

Lachman, M. E. (2004). Development in midlife. *Annual Review of Psychology, 55*(1), 305–331.

Levinson, D. J. (1978). *The seasons of a man's life.* Alfred A. Knopf.

Levinson, D. J. (1996). *The seasons of a woman's life.* Alfred A. Knopf.

Marcia, J. E. (1980). Identity in adolescence. In J. Adelson (Ed.), *Handbook of adolescent psychology.* New York, NY: Wiley.

McAdams, D. P., & de St. Aubin, E. (1992). A theory of generativity and its assessment through self-report, behavioral acts, and narrative themes in autobiography. *Journal of Personality and Social Psychology, 62*(6), 1003–1015.

Merriam, S. B., & Bierema, L. L. (2014). *Adult learning: Linking theory and practice.* San Francisco, CA: Jossey-Bass.

Merriam, S. B., & Baumgartner, L. M. (2020). *Learning in adulthood: A comprehensive guide* (4th ed.). San Francisco, CA: Jossey-Bass.

Mezirow, J. (2000). *Learning as transformation: Critical perspectives on a theory in progress.* San Francisco, CA: Jossey-Bass.

Newman, B. M., & Newman, P. R. (2017). *Development through life: A psychosocial approach* (13th ed.). Boston, MA: Cengage Learning.

Reitzes, D. C., & Mutran, E. J. (2004). The transition to retirement: Stages and factors that influence retirement adjustment. *The International Journal of Aging and Human Development, 59*(1), 63-84.

Rowe, J. W., & Kahn, R. L. (1997). Successful aging. *The Gerontologist, 37*(4), 433-440.

Ryff, C. D. (1995). Psychological well-being in adult life. *Current Directions in Psychological Science, 4*(4), 99-104.

Schlegel, A., & Barry, H. (1991). *Adolescence: An anthropological inquiry*. New York, NY: Free Press.

Schlossberg, N. K. (1981). A model for analyzing human adaptation to transition. *The Counseling Psychologist, 9*(2), 2-18.

Schuller, T., & Watson, D. (2009). *Learning through life: Inquiry into the future for lifelong learning*. Leicester, UK: National Institute of Adult Continuing Education.

Sears, S. J. (2010). Planned happenstance theory: Fostering career resilience. *Career Development Quarterly, 59*(1), 60-64.

Settersten, R. A. (2003). Age structuring and the rhythm of the life course. In J. T. Mortimer & M. J. Shanahan (Eds.), *Handbook of the life course* (pp. 81-98). New York, NY: Kluwer Academic/Plenum Publishers.

Sokol, J. T. (2009). Identity development throughout the lifetime: An examination of Eriksonian theory. *Graduate Journal of Counseling Psychology, 1*(2), 139-148.

Stewart, A. J., & McDermott, C. (2004). Gender in psychology. *Annual Review of Psychology, 55*, 519-544.

UNESCO (2021). *Reimagining our futures together: A new social contract for education*. Paris: UNESCO.

Vaillant, G. E. (2002). *Aging well: Surprising guideposts to a happier life from the landmark Harvard study of adult development*. Little, Brown and Compan.

Watts, A. G. (2010). Career guidance and public policy. *Career Development Quarterly, 59*(1), 4-14.

Willis, S. L., & Martin, M. (2005). *Middle adulthood: A lifespan perspective*. Thousand Oaks, CA: Sage Publications.

Chapter
7

성인학습 실제

학습
개요

성인학습은 단순히 교실 안에서 지식을 습득하는 행위에 머물지 않는다. 그것은 일터와 가정, 지역사회, 그리고 개인의 삶 전체 속에서 구체적 문제를 해결하고 새로운 가능성을 탐색하는 평생교육과정으로 나타난다. 따라서 성인학습의 실제를 다룬다는 것은 곧 삶과 맞닿아 있는 학습의 장면들을 탐구하는 것이며, 이론이 어떻게 생활 속에서 살아 움직이는지를 확인하는 일이다.

학습자의 경험과 요구를 존중하는 교수 · 학습 방법, 자기주도성과 참여를 강화하는 전략, 그리고 개인적 성찰과 사회적 변화를 동시에 이끌어내는 교육적 접근이 주요 주제가 된다. 특히, 성인학습이 가진 특성이 어떻게 교육 설계와 기법에 반영되는지를 살펴봄으로써, '성인학습 이론'과 '현장의 실제'가 어떻게 유기적으로 연결되는지를 이해하게 될 것이다. 따라서 이 장에서는 성인학습자가 실제로 마주하는 다양한 학습 맥락을 살펴보고, 교수자가 어떤 방식으로 학습을 촉진할 수 있는지를 다룬다.

학습
목표

1. 에듀테크와 성인학습의 결합이 단순히 기술 도입의 교육을 넘어, 학습의 질적 향상과 평생학습 생태계 구축에 미칠 영향을 설명할 수 있다.
2. 성인교육에서 성인학습 지도원리를 반영한 교수 계획을 작성할 수 있다.
3. 교수 · 학습지도안 구성의 3요소를 사례를 들어 제시할 수 있다.

1. 에듀테크와 성인학습

오늘날 성인학습은 정보통신기술(ICT)의 발전과 더불어 전례 없는 변화를 겪고 있다. 특히 교육과 기술을 융합한 에듀테크(EduTech)는 학습의 접근성과 효과성을 높이며 성인학습의 새로운 가능성을 열고 있다(김지율, 2024). 또한 에듀테크는 단순히 학습 전달의 도구적 수단을 넘어, 학습자 맞춤형 설계와 경험 중심 학습을 가능하게 하는 교육혁신의 핵심 요소로 부각되고 있다(Clark & Mayer, 2016).

성인학습은 아동·청소년의 학습과 달리 학습자의 풍부한 경험을 자원으로 삼으며, 학습 동기가 삶과 직업 현장의 요구와 밀접히 연결되어 있다는 특성을 가진다(Knowles, Holton, & Swanson, 2015). 따라서 성인학습자는 자기주도적으로 학습을 기획하고 조정하려는 경향이 강하다. 에듀테크는 이러한 성인학습의 특성과 긴밀히 맞물려, 학습자 데이터 분석을 통한 개인화 학습 경로 제시(Siemens, 2013), AI 기반 맞춤형 피드백 제공, 메타버스와 VR을 통한 체험적 학습 환경 조성 등을 가능하게 한다.

또한 급변하는 기술 혁신과 직업 세계 변화 속에서 성인학습자는 지속적인 역량 개발을 요구받고 있다. 에듀테크는 시간·공간의 제약을 극복하게 하여 학습의 연속성을 보장하며, 개인의 학습 여정을 데이터 기반으로 기록·분석함으로써 평생학습의 디지털 포트폴리오 구축을 지원한다(김진희, 2021). 따라서 에듀테크는 성인학습을 단순한 지식 습득의 차원을 넘어, 개별화·체계화·확장화하는 새로운 패러다임으로 자리 잡고 있다.

1) 에듀테크의 개념과 특성

에듀테크(EduTech)란 정보기술(IT)과 교육을 결합한 용어로, '교육(Education)'과 '기술(Technology)' 두 단어를 합성한 용어이며 '에듀테크(Edu-Tech)'로 정의된다.

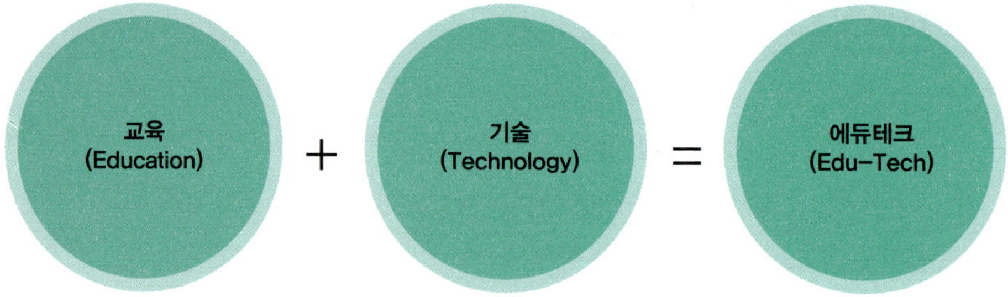

[그림 7-1] 에듀테크의 정의

에듀테크의 가장 큰 특성 중 하나는 '데이터화(Datafication)'와 '디지털화(Digitization)'이다. 방대한 아날로그적 지식, 정보, 자료를 디지털화하면서 언제 어디서나 접근할 수 있도록 데이터화한 것이다.

에듀테크는 학습의 특성을 충족시키는 도구로서, 다음과 같은 기능을 제공한다.

① 맞춤형 학습 제공: AI와 빅데이터 기반 학습분석을 통해 학습자의 수준과 관심사, 학습 속도에 맞춘 콘텐츠 제공이 가능하다. 특히, 어댑티브러닝(Adaptive Learning) 적응학습 시스템은 개인별 학습 경로를 제시하여 자기주도학습을 지원한다(Clark & Mayer, 2016; Siemens, 2013).

② 시공간 제약 극복: 온라인 학습, 모바일 러닝, MOOC 등 다양한 플랫폼을 통해 학습자는 시간과 장소에 구애받지 않고 학습할 수 있다(이재경, 2020).

③ 체험적 학습 환경 조성: VR·AR, 시뮬레이션, 메타버스 등 기술을 활용한 학습은 현실과 유사한 체험을 제공함으로써 실무적 역량과 문제 해결 능력을 강화한다(김진희, 2021).

④ 학습 데이터 기반 관리: 학습자의 진도, 평가, 참여도 데이터를 수집·분석하여 피드백을 제공하고, 학습자가 학습 전략을 스스로 조정하도록 지원한다. 이를 통해 평생학습의 데이터 기반 기록, 즉 디지털 포트폴리오 구축이 가능하다.

2) 에듀테크와 성인학습 접점

3장에서 살펴본 것과 같이 성인학습은 아동·청소년 학습과 달리 다음과 같은 특징을 가진다.

성인학습자는 경험 기반 학습으로 직무, 사회적 활동, 개인적 경험 등 풍부한 경험을 학습의 자원으로 활용한다. 또한 성인학습자는 자기주도성으로 자신의 학습 목표와 전략을 스스로 설정하고, 학습 과정에서 스스로 조정하려는 경향이 강하다.

그리고 성인학습자는 학습을 통해 직무 능력 향상, 생활 문제 해결, 사회적 역할 수행 등 구체적 목적을 달성하고자 한다. 성인학습자는 시간과 공간의 제약 속에서도 학습을 이어가야 하는 성인학습자는 이동 중, 직장 내, 가정 등 다양한 환경에서 학습할 수 있는 유연성을 필요로 한다.

에듀테크와 성인학습의 결합은 단순히 기술을 도입한 교육을 넘어, 학습의 질적 향상과 평생학습 생태계 구축을 가능하게 한다. 앞으로 성인학습과 에듀테크 연구는 학습 경험의 효과성 검증, 학습 데이터 활용 방안, 실무 적용 사례 확대 등 다각적 접근을 필요로 한다.

이렇듯 성인학습의 특성과 에듀테크의 기능은 서로 맞물리며, 에듀테크는 성인학습자의 개인화·체험·실용·유연성 요구를 충족시키며, 성인학습과 HRD 전략에서 핵심적인 역할을 수행하게 된다.

〈표 7-1〉 성인학습의 특징과 에듀테크 기능

구분	성인학습 특징	에듀테크 기능
개인화	자기주도학습	AI 추천, 맞춤형 콘텐츠
경험 기반	실무 · 체험 중심	VR/AR, 시뮬레이션, 메타버스
시간 · 공간 유연성	이동 · 직장 내 학습 가능	모바일 학습, MOOC
학습 관리	학습 진도 · 성과 조정	LMS, 학습 데이터 분석

2. 인공지능 활용의 성인교육 방법

21세기는 인공지능(AI)의 발전으로 성인학습 환경과 교육방법에 혁신적 변화가 일어나고 있다. AI는 학습자의 학습 행동과 성과를 실시간으로 분석하고, 맞춤형 학습 경로 제공, 학습 진단, 피드백 제공, 학습 결과 예측 등 다양한 기능을 수행한다(Chen, Chen, & Lin, 2020). 성인학습자는 경험 기반 학습과 자기주도학습, 실용성을 중시하는 특성을 지니므로(Knowles, Holton, & Swanson, 2015), AI를 활용한 교육방법은 이러한 성인학습의 특성과 긴밀히 맞물려 학습 효율과 만족도를 동시에 높일 수 있다.

1) AI 활용 성인교육의 핵심 특징

성인교육에서는 학습자의 상황과 교육방법에 따라 학습자의 만족도와 교육성과는 다르게 나타날 수 있다. 여기에서는 성인교육에서 AI를 활용한 핵심 특징 몇 가지를 살펴본다.

① 개인화 및 맞춤형 학습 경로 제공: AI는 학습자의 선호, 수준, 학습 속도, 성취 데이터를 분석하여 최적화된 학습 경로를 제공한다. 어댑티브러닝(Adaptive Learning) 적응학습 추천 알고리즘 기반 학습 설계는 성인학습자가 자신의 학습 목표와 수준에 맞춰 학습을 진행할 수 있도록 지원한다.

② 실시간 피드백 제공: AI 기반 튜터, 챗봇 등은 학습자가 질문을 제출하면 즉시 답변을 제공하고, 학습 진행에 따라 보충 자료나 학습 과제를 추천한다. 이를 통해 학습자는 자신의 이해도를 스스로 점검하고 학습 전략을 조정할 수 있다.

③ 체험적·시뮬레이션 기반 학습 강화: VR·AR, 메타버스와 결합한 AI 학습 환경은 성인학습자가 직무 현장, 문제 해결 상황, 의사결정 훈련 등 현실과 유사한 경험을 안전하고 효율적으로 수행하도록 돕는다. 이러한 체험적 학습은 성인학습자의 학습 몰입도와 실무 역량 향상에 기여한다.

④ 데이터 기반 학습 성과 분석: AI는 학습자의 참여도, 진도, 평가 결과, 행동 패

턴 등을 분석하여 맞춤형 피드백을 제공하고, 장기적 학습 전략 수립과 평생학습 포트폴리오 구축을 지원한다. 이를 통해 성인학습자는 자기주도성을 유지하면서도 보다 효과적인 학습 계획을 실행할 수 있다.

2) AI 활용 성인교육 방법 적용 사례

여기에서는 성인교육에서 AI를 활용한 적용 사례를 살펴본다.

① 직무 맞춤형 학습: 많은 성인학습이 이루어지는 기업 HRD에서는 AI를 활용해 직원의 역량과 직무 분석 데이터를 기반으로 맞춤형 교육 콘텐츠를 제공한다. 예를 들면, AI 기반 역량 진단, 개인 맞춤형 학습 콘텐츠 추천 그리고 학습 결과 분석 및 피드벡 제공을 한다.

② 가상 환경 실습: 실습교육 중 위험하거나 비용이 높은 실습을 AI와 VR·AR을 활용해 가상 환경에서 수행 가능하다. 예를 들면 위험적 실험, 의료 시뮬레이션, 공장 설비 운영 등을 들 수 있다.

③ 자기주도학습 촉진: AI 분석 결과를 바탕으로 학습자가 학습 목표, 진도, 학습 전략을 조정하고, 개인화된 피드백과 추천 학습 자료는 학습 동기와 자기효능감을 동시에 강화한다.

④ 협력 학습 및 사회적 상호작용: AI 기반 플랫폼에서 학습자 간 토론, 공동 과제 수행, 피드백 교환이 가능하며, 사회적 구성주의 관점의 학습 경험을 확대할 수 있다.

이렇듯 AI를 활용한 성인교육은 단순한 정보 전달을 넘어, 학습자의 필요와 맥락을 실시간으로 분석하고 맞춤형 학습 경험을 제공하는 방식으로 진화하고 있다. 성인학습자에게 AI 기반 교육방법은 자기주도성, 실용성, 경험 기반 학습을 강화하며, 평생학습과 직무 역량 개발의 전략적 핵심 요소가 된다.

다만, AI 학습 데이터가 특정 성별이나 연령대 중심으로 수집된 자료라면 인공지능의 성능을 심각하게 훼손할 수밖에 없다. 다시 말해 방법론적 다양성을 충분히 확보하지 않으면 AI가 내놓은 결과물은 정확도에서 타격을 받기 마련이다. 그만큼 AI 성능을 높이기 위해서라도 학습 데이터의 다양성을 확보하려는 노력이 필요하다(강정한, 곽진선 외, 2024).

3. 교수 전략

성인교육을 수행하는 교수 전략 가운데 중요한 것은 교수자의 교수 계획과 교수·학습지도안 개발이다. 따라서 여기에서는 교수 계획과 교수·학습지도안 중심으로 살펴보고자 한다.

1) 교수 계획

교수 계획이란, 교육과정에 설정된 학습 내용을 어떻게 실제 교육에 옮기는가에 대한 계획이다. 곧 학습의 실패를 예방하기 위한 사전 계획 활동이며, 수업 목표의 성공적인 달성을 위하여 수업에 관련된 여러 가지 요소, 즉 수업 목표, 수업 내용, 수업 방법과 활동, 시간, 교육 설비 등을 체계적으로 조직하는 수단이다.

교수자의 성실한 교수 계획은 훌륭한 강의 진행과 아울러 학습자의 학습 성과를 최대한으로 높일 수 있다. 특히, 성인교육에서는 성인학습자의 특성을 반영한 교수 계획이 필수적이다. 성인교육의 교수 계획은 단순한 지식 전달을 넘어서 학습자의 경험과 필요를 존중하고, 실무와 생활에 직접 적용 가능한 역량을 개발하는 데 초점을 둔다. 성인학습자는 직무, 사회적 활동, 개인적 경험 등 다양한 배경을 가지고 있으며, 이러한 경험을 학습의 자원으로 활용한다. 또한 성인학습자는 자기주도적 학습을 선호하며, 학습이 실용적이고 목적성 있는 문제 해결과 연결될 때 높은 동기와 몰입을 나타낸다(Knowles, Holton, & Swanson, 2015).

이러한 교수 계획을 통해 성인학습자는 자기주도학습 능력과 문제 해결 능력을 향상시키고, 실무 및 생활에 직접 활용할 수 있는 실용적 역량을 개발할 수 있다. 학습 참여와 몰입도 역시 높아지며, 협력 학습을 통해 사회적 학습 경험을 확대할 수 있다. 또한 학습 데이터 기반 평가와 피드백을 통해 지속적인 학습 전략 수립과 평생학습 기반 구축이 가능하다.

따라서 성인교육 교수 계획은 학습자의 경험과 필요를 존중하면서 자기주도성과 문제 해결 능력을 동시에 개발하는 방향으로 설계되어야 한다.

(1) 교수 목표 설정

설계의 첫 단계는 교수 목표를 설정하고 기술하는 것이다. 교수 목표란 교육 후에 학습자가 알아야 할 지식, 기능, 태도, 행동 등을 말할 수 있는데, 교수 목표가 바로 세워지지 않으면 강의에 중심점이 없기 때문에 교수자·학습자 모두에게 혼란을 가져올 수 있다.

① 강의 목표를 설정할 때의 고려사항

- 3P 분석 결과를 철저히 반영한다.
- 학습자의 관심사를 파악한다.
  - 학습자의 주요 관심사가 무엇인지를 파악하고 그것을 강의에 적극 반영한다.
- 주어진 강의시간(단시간, 장시간)에 따라 다르게 설계한다.
- 다른 강의와의 관계도 고려한다.
  - 내가 해야 할 강의 전후에 누가 어떤 주제로 강의하는지를 알아야 강의 흐름을 파악할 수 있다.
- 학습자 특유의 논리와 전달하고자 하는 메시지를 분명히 고려한다.

② 교수 목표 기술 방법

목표란 교육 후에 학습자가 알아야 할 지식, 기능, 태도, 행동이기 때문에 교수자의 입장에서 기술하는 것이 아니라 학습자의 입장에서 기술되어야 한다. 예를 들면, 교수 계획의 단계에 대해서 '설명한다'가 아니라 교수 계획의 단계에 대해서 '말할 수 있다'로 하여야 한다. 즉, '설명한다'는 교수자의 입장에서 하는 것이고 '말할 수 있다'는 학습자의 입장에서 기술한 것이다. 또 교안의 구성요소에 대해서 '설명한다'가 아니라 교안의 구성요소에 대해서 '쓸 수 있다'는 것처럼 학습자의 입장에서 기술되어야 한다.

또한 목표는 막연하게 기술되는 것이 아니라 구체적으로 기술되어야 한다. 구체적으로 기술된다는 것은 행동 목표로서 목표안에 조건과 기준이 포함되고 행위 동사로서 기술되어야 한다는 것이다. 예를 들어, 식물에 대한 학습에서 '식물에 대해서 안다'로 목표를 기술해서는 안 되고, 자연도감을 보지 않고(조건) 암술과 수술의 차이점에 대해서 세 가지 이상(기준) 설명할 수 있다(행위동사)로 기술되어야 한다. 이렇게 교육 목표를 행동 목표로 기술하는 것은 목표의 역할이 평가의 기준이 되고 교육 목표 후에 열거되는 여러 가지 교육 행위에 대한 방향을 제시해 주기 때문이다. 교육 성과란 교육 목표에 대한 달성도라고 이야기할 수 있다(이복희, 김차순 외, 2023).

또한 하나의 문장은 하나의 행위동사로서 기술되어야 한다. 예를 들어, 개념을 알고 평생교육의 종류에 대해서 설명할 수 있고, 평생교육의 중요성에 대해서 알 수 있다가 아니라, 하나, 평생교육의 개념에 대해서 설명할 수 있다. 둘, 평생교육의 종류에 대해서 말할 수 있다. 셋, 평생교육의 중요성에 대해서 쓸 수 있다와 같은 식이다. 이렇게 하나의 목표 문장에는 하나의 동사가 나와야 한다.

문장 구조	기술 or 이론 및 규준 or 장비	+	을 사용하여 or 을 활용하여 or 에 따라	+	구체적인 업무 or 능력	+	을 할 수 있다. or 을 담당할 수 있다.
예시	스프레드시트 프로그램		을 사용하여		금전출납부를 작성		할 수 있다.

[그림 7-2] 목표기술 방법 예시

(2) 내용 선정 및 배열

설계의 두 번째 단계는 교수 내용을 선정하고 배열(조직)하는 것이다.

① 내용 선정 및 관련 자료 수집

학습목표를 달성하기 위하여 교수자는 필요한 교수 내용과 그와 관련된 예시문, 기타 자료를 수집하여 분석하여야 한다. 이를 위하여 교수자는 기존의 교재 및 각종 지침서, 참고도서를 참조할 수 있으며 아울러 각종 학술지, 잡지 및 전문서적들을 읽고 분석·정리하여야 한다. 또한 교수 내용에 대하여 잘 알고 있는 현장 전문가들로부터 자문을 얻는 것도 필요하다. 일단 내용과 관련된 자료가 수집되면 그 내용의 정확성과 최신성을 검토하면서 학습자의 요구와 학습 목표에 맞는 최종 내용을 선정한다. 학습 목표를 달성하기 위한 내용에 있어서는 먼저 목표를 달성하는 데 기여를 많이 할 수 있는 내용을 선정하여야 한다. 또한 학습자가 학습을 할 수 있는 내용이어야 한다.

② 교수 내용의 배열(조직)

교수 내용의 배열이란 내용상의 특성 및 학습자의 특성에 따라 교수자가 가르쳐야 할 내용의 순서를 정하는 일이다. 강의에 있어서는 강의 내용을 선정하는 것도 중요하지만 선정한 내용을 어떤 식으로 배열하여 제시하는가도 중요하다. 일반적으로 쉬운 내용에서 어려운 내용 순으로, 역사적 사건의 경우 오래된 내용부터 최근 내용 순으로, 원론에서 각론 순으로 한다. 학교에서도 가르칠 과목을 정하는 것도 중요하지만 그 정한 과목을 어떤 식으로 제시할 것인가 즉, 1학년 1학기에 들어갈 과목과 2학년 2학기에 들어가야 할 과목의 순서가 잘 배열되는 것도 중요하다.

(3) 교수 방법

교수 방법의 종류는 다양하나 강의에 있어서 최고의 교수 방법은 없다. 다만 최적의 교수 방법만이 있을 수 있다.

내용, 교수자, 학습자, 목적, 환경 등이 최적의 교수 방법에 영향을 주는 요소들이다. 내용이 주로 지식을 전달하는 것이면 아직도 강의식 교육이 효과적일 수 있고 기능을 전달하는 것이면 시범실습식이 적합하다. 또한 태도의 변화를 요하는 내용이라면 토의식이 적합할 것이다.

학습자의 대상과 환경도 교수 방법에 영향을 미칠 수 있다. 즉, 그 기관의 성격, 분위기도 영향을 준다는 이야기이다.

(4) 매체 및 보조자료 선정

교수 방법이 정해지면 교수 방법을 실행하기에 필요한 각종 교수 자료 및 매체들을 수집하거나 개발하여 강의 보조자료로 이용한다. 교수 현장에서 사용될 각종 자료들은 학습 목표와 내용에 맞게 논리적으로 구성되고 학습자의 수준을 고려하여 흥미로우면서도 명확하고 구체적으로 개발되어야 한다.

교수법 선정에 있어서와 마찬가지로 매체를 선정할 때도 최고의 매체는 없고 다만 최적의 매체만이 있을 수 있다.

팬데믹 이후 학습자들의 디지털 서비스 접근성이 크게 확대되었다. 디지털 접근은 MZ세대뿐만 아니라 중·장년층의 활용 증가율이 높아지고 있다(서진영, 2022). 따라서 교수자는 매체나 보조자료 활용 계획에서도 이에 대한 고려가 필요하다.

(5) 평가 계획

실제로 평가는 강의 후에 이루어지지만 평가 계획은 설계 단계에서 수립되어야 한다. 평가는 커크패트릭(Kirkpatrick)이 주장한 4단계 평가 방법을 사용하여 설명하고자 한다. 1단계 평가는 반응평가로 학습자의 교육에 대한 만족도를 조사하는 것이다. 교육에 대한 만족도가 높으면 강의 효과가 있다고 보는 것이다. 2단계 평가는 학습평가로 의도하였던 지식, 기능, 태도가 얼마나 습득되었는지를 평가하는 것이다(학교에서 하는 평가는 일반적으로 학습평가라고 볼 수 있다). 3단계 평가는 행동평가로 학습하였던 내용대로 행동이 변화가 되었는지를 평가하는 것이다. 4단계 평가는 기여도 평가인데 학습 후 조직이나 기관에 얼마나 기여하는가 하는 것에 대한 평가를 말한다(배호순, 2008). 즉, 평가는 준비 단계인 설계에서 어느 단계까지 어떤 방법으로 평가할 것인가가 제시되어야 한다.

2) 교수 · 학습지도안

교육에서 교수·학습지도안은 수업 목표 달성, 학습자 참여, 학습 성과 극대화를 위해 필수적인 도구다. 특히 성인학습자는 경험과 필요가 다양하고 자기주도적 학습을 선호하므로, 지도안은 학습자의 참여와 실습 중심 활동을 명확하게 구조화해야 한다. 지도안은 일반적으로 도입, 전개, 종결 단계로 나눌 수 있으며, 각 단계에서 학습자 활동, 교수자 활동, 자료/도구, 평가와 피드백을 구체적으로 계획해야 한다.

(1) 교수 · 학습지도안[1] 작성의 의의

교수자와 학습자 간 학습활동의 기반이 되는 학습지도안으로, 교수 활동의 단계 및 내용을 자세히 기록하여 놓은 것이다. 교수자는 교안을 작성함으로써 학습 내용을 빠짐없이 교수할 수 있고 교수 활동의 일관성을 유지할 수 있다.

1) 본 절에서는 교수 · 학습지도안을 '교안'으로 명칭하여 기술한다.

① 구체성

교안은 구체적으로 작성되어야 한다. 아무리 암기력이 뛰어난 사람이라 할지라도 교수할 내용이라면 교안 속에 전부 기록하여야 한다. 사소한 내용이라든지, 몇 번씩이나 사용한 적이 있어 충분히 기억하고 있는, 예를 들어 사용할 이야기들까지 귀찮게 교안에 적을 필요가 있는가 하고 말하는 교수자도 있지만, 일단 그 시간에 강의할 내용이라면 모조리 사전 기입함으로써 충실하고 여유 있는 강의를 할 수 있다.

② 명확성

교안은 명확하게 볼 수 있도록 깨끗하여야 한다. 교수자 자신이 교수 활동 중 교안을 쉽게 보고 식별할 수 있도록 글씨를 또박또박 크게 작성하여야 한다.

③ 실용성

교안은 교수 활동에 실질적으로 사용될 수 있도록 작성되어야 한다. 학습 내용의 배열이 교수 활동을 효과적으로 수행하도록 이루어져야 하며 교안 내에 포함되어 있는 내용은 교수 활동에서 모두 전달되는 것을 전제로 하기 때문에 교수 활동 실시 순서대로 작성하여야 한다.

④ 평이성

교안은 쉽게 작성되어야 한다. 학습자의 수준을 고려하여 모호한 언어의 사용을 피해야 하며, 이해하기 어려운 용어나 내용을 기록함으로써 교수자 자신이 학습 진행 중 당황하는 모습을 보인다면 학습자들부터 신뢰를 상실하는 일이 될 수 있다.

⑤ 논리성

교안은 이론적이고 체계적으로 작성되어야 한다. 교안의 내용 서술은 곧 강의와 마찬가지다. 그러므로 객관적이고 보편타당성이 있어야 하며 체계적이어야 한다.

(2) 교수 · 학습지도안의 구성요소

교안은 [그림 7-3]과 같이 도입, 전개, 종결 3단계로 구성된다.

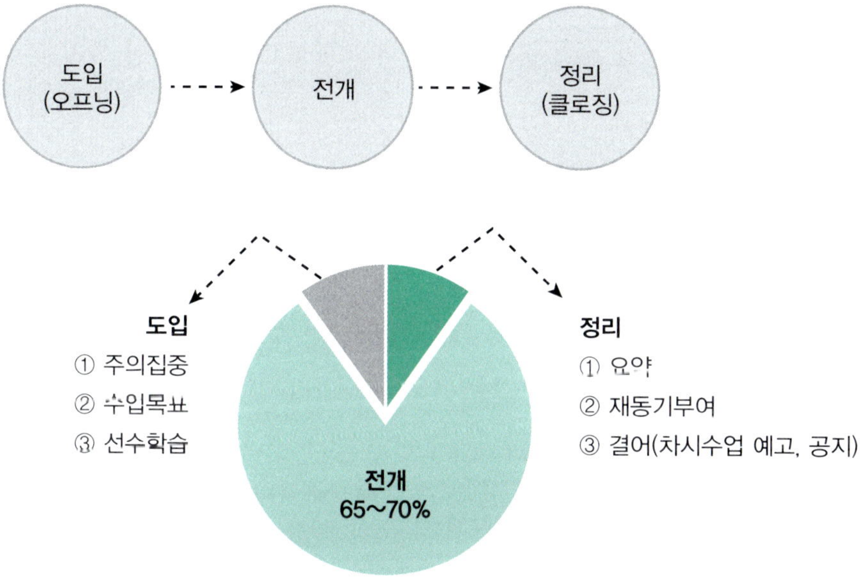

[그림 7-3] 교안의 구성요소

① 도입 단계: 학습 목표 안내와 동기 유발

도입 단계에서는 학습자가 수업 목표와 자신의 학습 필요를 명확히 이해하도록 돕는다. 성인학습자는 학습이 실생활이나 직무에 어떻게 적용될 수 있는지에 관심이 많기 때문에, 학습 동기부여가 매우 중요하다.

교수자는 수업의 전체 목표와 기대 성과를 안내하고, 학습자에게 자신의 학습 목표와 경험을 공유하도록 유도한다. 학습자는 자신의 경험을 기반으로 학습 필요를 탐색하고, 동료와 간단한 토론을 통해 학습 참여 의지를 형성한다.

이 과정에서 AI 기반 학습관리 시스템(LMS)을 활용하면 학습자의 이전 학습 기록과 직무 관련 데이터를 분석하여 맞춤형 학습 목표를 제시할 수 있다. 예를 들어,

학습자가 이전에 수행한 과제나 평가 결과를 AI가 분석하여 "이번 수업에서는 이 부분을 집중적으로 학습하면 효과적이다"와 같은 안내를 제공할 수 있다.

자료와 도구로는 PPT, 학습 목표 안내 자료, 학습자 프로필 데이터가 활용되며, 학습 참여 관찰과 질문 응답을 통해 초기 동기와 이해도를 평가할 수 있다. 이 단계의 기대 효과는 학습자가 수업 목표를 명확히 이해하고, 학습 참여 의지가 형성되는 것이다.

② 전개 단계: 학습 활동 수행과 개념 적용

전개 단계에서는 학습자가 실제 문제를 탐색하고 학습 내용을 적용하도록 다양한 활동을 설계한다. 성인학습자는 경험 기반 학습과 문제 중심 학습에 높은 몰입도를 보이므로, 교수자는 사례 분석, 소그룹 프로젝트, 문제 해결 과제 등을 활용한다.

교수자는 학습자가 수행할 활동을 안내하고, 필요 시 개입하여 피드백을 제공하며 학습 과정 전체를 모니터링한다. 학습자는 제시된 사례를 분석하고, 팀별로 문제 해결 전략을 토론하며, 실제 프로젝트나 실습을 수행한다.

AI·에듀테크는 전개 단계에서 학습자 맞춤형 피드백과 학습 지원에 핵심 역할을 한다. 예를 들어, VR·AR 기반 실습을 통해 실제 상황과 유사한 환경에서 문제 해결을 경험하게 하거나, AI 튜터가 학습 진행 데이터를 분석하여 실시간 피드백을 제공한다. 또한 온라인 협업 플랫폼을 통해 학습자 간 상호작용과 공동 과제를 지원할 수 있다.

학습 성과는 문제 해결 능력, 프로젝트 수행 능력, 협력 학습 참여도 등을 관찰하고 평가한다. 이 단계의 기대 효과는 학습자가 학습 내용을 실무와 생활 문제에 적용하며 문제 해결 능력과 협력 능력을 강화하는 것이다.

③ 종결 단계: 성과 공유와 지속 학습 전략

교안의 내용 구성을 맺게 되는 것이 종결 단계이다. 종결 단계는 총 학습시간의 약 10%를 점유한다.

종결 단계는 지식을 종합하는 단계이다. 따라서 전개 단계에서 설명하고 검증한 사실들을 요약하는 단계이며, 다시 동기부여를 하고 결어로서 마치는 단계이다. 강의의 마지막 단계인 결론 단계에서는 먼저 내용 요약을 하여야 한다. 전개 단계에서 설명된 많은 내용 중 특히 강조할 만한 내용만 간추려서 강조하면 된다. 이때 주의할 것은 전개 단계에서 언급되지 않은 새로운 사실을 유발해서는 안 된다. 새로운 내용을 언급하면 학습자들의 혼란만 가중시킨다.

- **도 입** : ㉮ 주의 단계(Attention)
  - ㉯ 동기부여(Motivation) : 긍정적 동기부여, 부정적 동기부여
  - ㉰ 선수학습 회상
- **전 개** : 본론
- **종 결** : ㉮ 복습
  - ㉯ 재동기부여
  - ㉰ 종결

학습 과제

1. 에듀테크가 성인학습에 미치는 긍정적 효과(접근성, 개별화, 학습분석)와 한계(디지털 격차, 학습 몰입 저하 등)를 분석하시오.
2. AI 기반 교육 방법이 성인학습자의 학습 동기와 학습 효율성 향상에 어떻게 기여하는지 제시하시오.
3. 교수 · 학습지도안의 3요소(도입, 전개, 종결)는 성인학습 수업에서 각각 어떤 교육적 의미와 역할을 가지는지 토론하시오.

참고문헌

강정한, 곽진선, 권오성, 김지희, 배순민, 안현실, 이건명, 이상욱, 이혜숙, 조원영(2024). **AI, 편견을 넘다.** 롤러코스터.

김종표, 이복희, 최세이(2019). **명강의 실전교수법.** 양서원.

김지율(2024). 에듀테크 활용 수업을 기반으로 한 미래교육 활성화 방안: 2022 개정교육가정을 중심으로. 중앙대학교 교육대학원 석사학위논문.

김진희(2021). 에듀테크 기반 평생학습의 방향. **평생교육학연구, 27**(2), 45-68.

배호순(2008). **교육프로그램 평가론**. 원미사.

이복희, 유인숙, 이소희, 장나리, 최세이(2024). **평생교육론**. 양성원.

이복희, 김차순, 박수진(2023). **평생교육방법론.** 양성원.

이재경(2020). 디지털 전환 시대의 성인학습과 에듀테크. **성인교육학회지, 23**(3), 1-20.

Chen, L., Chen, P. & Lin, Z. (2020) Artificial Intelligence in Education: A Review. *IEEE Access, 8,* 75264-75278.

Clark, R. C., & Mayer, R. E. (2016). *E-learning and the science of instruction: Proven guidelines for consumers and designers of multimedia learning.* Wiley.

Knowles, M. S., Holton, E. F., & Swanson, R. A. (2015). *The adult learner: The definitive classic in adult education and human resource development.* Routledge.

Siemens, G. (2013). Learning analytics: The emergence of a discipline. *American Behavioral Scientist, 57*(10), 1380-1400.

Chapter

8

성인학습 상담의 기초

학습 개요

성인학습 상담은 성인이 학습 과정에서 직면하게 되는 다양한 문제와 어려움을 함께 탐색하고, 단순히 문제를 해결하는 것만이 아닌 자기주도적인 과정을 통해 자아정체성을 확립하고 성장의 기반을 마련하여 삶과 통합한다는 점에서 그 의미가 크다. 이에 성인학습 상담자는 학습자의 삶을 통한 경험과 학습 과정을 존중하고 이해하는 것을 바탕으로 학습이 지속될 수 있도록 동기를 촉진하고, 삶과 연결이 되어 통합되도록 지원한다. 이러한 과정은 성인학습자로 하여금 학습을 통해 지식 습득과 자기 개발뿐 아니라 삶의 질이 향상되는 과정으로 경험하게 만든다. 이러한 경험은 학습의 지속성을 강화할 뿐만 아니라 끊임없이 변화하는 사회적 요구에 능동적으로 참여하고 대응할 수 있도록 돕는 평생학습을 실현하는 장으로서의 교육적 기능을 가진다.

학습 목표

1. 성인학습 상담의 기초 개념과 교육적 의미를 연구하고, 평생학습에서의 성인학습 상담의 중요성을 설명할 수 있다.
2. 성인학습자의 삶에서의 다양한 경험과 개인적인 특성에서 발생할 수 있는 학습 내에서의 다양한 문제를 이해하고 분석하는 능력을 기른다.
3. 학습자의 자기주도성과 지속성 확보를 위한 상담 지원방법을 습득한다.
4. 성인학습 상담의 단계별 접근 방법을 활용하여 성인학습자의 학습과 삶을 유기적으로 연결할 수 있는 역량을 강화한다.

1. 성인학습 상담의 정의와 성인학습에서의 의의

1) 성인학습 상담의 개념

상담이란 체계적이고 전문적인 과정을 쌓은 상담 전문가가 자신의 임상 경험과 기술, 그리고 전문지식과 이론을 바탕으로 내담자가 겪고 있는 심리적 문제와 더불어 일상에서 느끼는 어려움과 고통을 깊이 이해하고 공감하여 해결해 나갈 수 있도록 돕는 상호작용적인 대화 과정이다.

상담에서 이루어지는 상호작용적인 대화 과정은 현실적이고 합리적인 방식으로 이루어지는데, 이는 상담사가 교육하듯이 알려주는 전문적이고 현실적인 조언을 말하는 것이 아니다. 내담자가 경험한 현상학적인 내면을 포함하여, 현재 처한 생활환경 등 내부 및 외부의 상황 및 자원을 통합적으로 탐색하고, 내담자가 자각하고 인식하여 스스로 실행하여 해결할 수 있는 방안을 찾아가는 과정을 뜻한다.

상담은 현재 직면한 문제의 해결만을 목표로 하지 않는다. 내담자에게 전인적 성장이 이루어질 수 있도록 하기 위해서 심리적·정서적인 측면뿐 아니라 신체적·사회문화적 차원까지 균형 있는 발달이 이루어지도록 한다. 더불어 내담자가 어려운 현실적 상황이 발생하게 되었을 때에도 자신의 감정을 주도적으로 관리할 수 있으며, 타인이나 사회 안에서의 관계에서 건강한 상호작용을 형성하여 책임감 있는 행동을 실천하는 역량을 향상할 수 있도록 돕는 과정이다.

또한 상담은 내담자가 앞으로 살아가면서 겪게 될 수 있는 다양한 상황 속에서의 어려움과 문제에 대비할 수 있도록 지속적인 발달과 성장을 지원한다. 이를 위해 상담자는 내담자가 지속적인 자기성찰을 하게 하고, 건강하게 적응할 수 있도록 하는 대화를 통해 자기효능감을 증진하고 회복탄력성 및 문제 해결력 등 역량을 향상시키며, 그 안에서 긍정적인 자아정체성을 확립할 수 있도록 돕는다.

이러한 과정을 통해 확립된 자아정체성과 역량은 지속적으로 변하는 새로운 환경 속에서도 자기주도적으로 학습하고 적응하여 도전하게 만들며, 회복탄력성과 유연성을 통해 지속적인 성장이 일어날 수 있는 기반이 된다.

평생교육의 맥락에서 성인학습 상담은 학습 목표를 달성하게 도울 뿐만 아니라 학습자의 삶을 이해하고 잠재력 발견을 통한 자아정체성을 확립하여, 학습자의 일상에서 학습과 삶을 균형 있게 설계하고 실천하여 지속적인 성장을 할 수 있도록 하는 핵심적인 체제이다(최윤정, 2025). 학습자는 성인학습 상담을 통해 명확하고 현실적인 학습 목표를 설정하게 되고, 목표를 이루기 위한 구체적이면서도 실현 가능한 경로를 설계하게 된다. 이러한 과정은 예측할 수 없이 급변하는 일상의 생활 환경과 사회 속에서도 학습에 대한 동기를 잃지 않고 지속하게 할 수 있는 힘을 얻게 한다.

특히 평생교육에서 상담에서의 주요한 점은 학습자의 기존 경험과 요구를 심층적으로 분석하여 학습을 중도에 포기하거나 단절되지 않도록 심리적인 지지를 하면서도 적절한 시기에는 전략적 개입이 이루어져야 한다는 것이다(최윤정, 2025). 또한 학습을 하는 과정에서 발생할 수 있는 심리적 문제나 방어, 환경적인 장애요소들을 파악하고, 이를 극복해 나갈 수 있도록 학습자 개개인의 특성에 맞는 해결책을 함께 모색할 수 있어야 한다. 이러한 과정은 학습이 목표한 바를 이루면 한 번의 경험으로 끝나는 것이 아닌, 지속적인 자기성장이라는 과정을 통해 전 생애에 걸쳐 이루어지는 지원체계임을 알 수 있게 한다.

결국 성인학습 상담은 평생교육의 현장에서 학습자가 학습을 삶의 일부로 여기며 삶에 통합할 수 있도록 하여 학습자의 지속적인 성장뿐만 아니라 삶의 질을 향상시키는 핵심적인 역할이므로 반드시 수행되어야 하는 전문적 기능이라 할 수 있다.

전통적으로 심리상담은 내담자의 잘못된 생각이나 감정, 행동의 패턴 등을 자각하고 파악하면서 심리적 고통이나 정서적인 문제를 트라우마나 원인 분석에 집중하면서 보다 잘 기능하여 현실에 적응하도록 하는 데 집중하였다. 그러나, 성인학습 상담에서의 상담은 학습자의 목표 달성을 위해 학습을 지속시키고 자아실현을 돕는 역할을 수행한다. 미국심리학회(APA) 역시 상담의 특성에 대하여 사회적인 맥락을 기반으로 개인적인 역량과 직업적 능력을 강화하며, 교육적인 관심사를 다루는 활동이라고 정의하였다. 이러한 정의는 상담의 역할에 대하여 심리적인 치료 영역을 넘어서서 평생학습과 맥락을 같이하는 교육적 역할로 개인의 전인적 성장과 발달, 그리고 예방적인 차원에서의 역할의 중요성을 함께 보여준다.

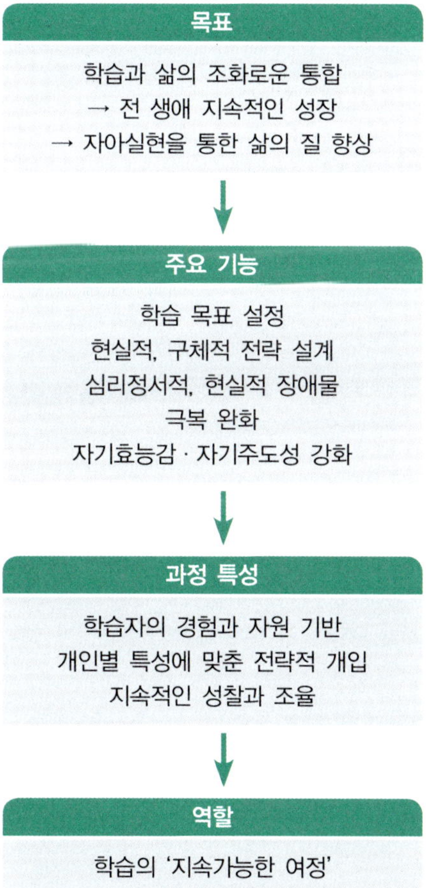

[그림 8-1] 성인학습 상담 개념 구조도

결국 성인학습 상담이라 함은 학습자가 삶과 학습을 균형 있게 통합하여, 변화할 수 있는 환경 속에서도 지속적으로 성장을 할 수 있도록 지원하는 전반적인 과정이다. 이는 단순히 학습에서 발생하는 문제를 해결하는 것이 아니라, 학습자 개인의 경험과 자원을 밑바탕으로 실현 가능한 목표를 설정하고, 지식의 습득을 통한 능력개발과 개별적인 전략을 통해 학습 과정에서 나타날 수 있는 장애물을 극복하고 완화할 수 있다. 또한, 학습자의 자기효능감과 자기주도성을 향상시켜 사회적·문화적인 경쟁력을 높이고 이를 통한 자아실현과 삶의 질 향상은 행복을 추구하는 여정이 된다(Mezirow, 1981). 이는 성인학습 상담의 핵심적 가치라 할 수 있다.

〈표 8-1〉 심리상담과 성인학습 상담 비교

	심리상담	성인학습 상담
목표	심리 치유, 정서의 조절	학습 지속성, 자기성장
핵심 과제	과거 부정적 경험, 심리적 문제	자기개발 및 성장
문제대상	우울이나 불안, 이슈, 트라우마 등	학습 동기, 자기효능감, 학습 목표 등
접근 방식	문제 중심(치료)	성장 중심
상담자 역할	치료자	촉진자, 멘토, 코치
개념	심리 안정, 정서 회복, 원인 발견, 문제 해결	학습 성과, 자기주도성, 전인적 발달
기본 이론	정신분석, 인지행동, 인간 중심 등	자기주도학습, 경험학습, 코칭 등
성과	심리문제 감소, 현실 적응력 향상	학습 목표 달성, 정체성 확립, 역량 강화

2) 성인학습 상담의 필요성

성인은 청소년과 달리, 전 생애에 걸쳐 개개인만의 고유하고도 많은 경험을 가지고 있으며 가정에서의 역할, 직장 내에서의 역할, 지역사회나 종교 등 단체에서의 역할 등 복합적이면서도 다양한 역할을 동시에 함께 수행하여야 한다. 이러한 경험과 역할을 통해 형성된 학습 동기는 보다 개인적이면서도 실질적이고도 현실적인 목표를 추구한다. 이에 성인의 학습 목표는 단순히 지식을 배우고 쌓아가는 것이 아닌 개인의 현재 삶과 밀접하게 연결된 문제 해결이나 업무상 요구되는 역량 보완, 또는 개인적인 성취나 자아실현 등 보다 구체적이면서도 개별적인 특성을 가진다 (Merriam & Baumgartner, 2020).

그러나 이러한 긍정적인 측면과 다른 측면으로 성인학습자의 많은 경험과 역할은 학습을 하는 과정에서 보다 넓은 문제 요인을 내포하게 되며, 학습을 계획하고 해나가는 데 있어 실질적인 장애로 작용하기도 한다. 살아온 세월만큼 오랜 시간 동안 형성되어 온 과거 경험은 개인의 심리적 특성을 형성하여 학습에서 주요한 자기효능감이나 자신감에 영향을 주며, 이는 자신이 정의하고 있는 자아정체성과 신념, 가치관이나 태도 등의 근본적인 바탕을 이루게 된다. 이렇게 확립된 복잡한 요인은 학습을 새로이 시도할 때 심리적인 방어기제로 작동될 수 있다.

이러한 방어기제나 신념은 학습을 시작하고 진행하는 과정에 있어서 새로운 정보를 받아들이거나 학습 방법을 습득하는 데 방해 요소로 영향을 미칠 수 있다. 특히나 학습에 대해 과거에 실패한 경험이 있다면, 이는 정서적으로 학습에 저항을 일으키게 되고 변화에 대한 두려움으로 작동하여 자아효능감과 학습지속력 역량을 향상시키는 데 부정적인 요소로 영향을 미치게 된다.

이에 성인학습 상담은 학습자의 내적 장애 요인을 인식하고 파악하여 이를 완화하고, 긍정적인 자아정체성 확립을 통해 학습에 대한 효능감을 회복할 수 있는 역할을 수행하여야 한다. 상담 과정에서 상담자는 학습자가 자신의 부정적인 신념이나 고착화된 사고 패턴을 스스로 성찰할 수 있도록 탐색하고, 긍정적이고 발전적인 재해석을 통해 학습 태도와 신념을 합리적으로 재구성할 수 있도록 돕는다(양원영, 배철우 외, 2025). 예를 들어, “나는 학습에 전혀 소질이 없다”라는 신념을 가진 학습자가 있다면 그렇게 소질이 없다고 느끼게 만들었던 과거의 경험을 상담사와 함께 재해석하고, 성장과 성취의 경험을 탐색하고 발견함으로써 자기효능감과 정체성을 회복하는 것이다. 이는 단순히 심리적인 지지를 넘어 학습자가 기존에 인식하지 못했던 내적 자원을 발견하고 학습에 대해 새로운 관점으로 바라볼 수 있도록 재구성하는 것이다.

더불어 성인의 경우 대체적으로 학교라는 울타리에서 학습을 하는 청소년과 달리 일상적인 생활에서 학습에 직접적으로 영향을 주는 피할 수 없는 변수는 상당히 복합적이다. 실질적인 시간 부족 및 관리뿐 아니라 경제적인 한계와 가족 내에서 발생할 수 있는 갈등과 역할의 책임, 그리고 업무와의 병행으로 오는 심리적·신체적 피로감 등 이러한 모든 요소는 학습에 부정적인 영향을 미칠 수밖에 없다.

또한, 성인의 학습은 삶에서 예상하지 못했는데 맞이하게 된 변화, 직업에서의 업무 전환이나 자아실현 등 직접적으로 삶과 밀접하게 연결이 되어 있다. 구체적으로 직장 내에서 갈등을 겪는다든가 가정에서의 역할로 인한 돌봄 또는 실질적인 시간의 부족 등으로 학습을 계속해 나가는 데 어려움이 크다.

이렇듯 성인학습자가 학습을 지속하고 수행하고자 하는 과정에는 심리적·정서적인 내적 요인과 더불어 일상에서의 환경과 사회적 배경인 외적 요인 등 복합적인 요인들이 나타나게 된다(Mezirow, 1981). 이러한 복합적인 내적·외적 요인은 학습자의 성취 결과뿐 아니라 학습참여도나 학습지속성 등 전반적인 학습 과정에 밀접한 영향이 있으므로, 성인학습 상담을 통해 종합적으로 요인을 파악하고 분석하여 학습자에게 나타날 수 있는 장애물뿐 아니라 강점 및 자원을 명확하게 인식하여 이를 극복하고 조율할 수 있도록 실행 전략을 세워야 한다.

평생학습 시대에서의 급변하는 사회변화에 적응을 해야 하는 성인은 정체성의 혼란과 더불어 다양한 문제를 만나고 경험할 수밖에 없다. 상담은 이러한 경험을 그 순간순간 발생하는 문제를 해결하는 단순한 차원이 아닌, 그러한 어려움과 경험 안에서도 새로운 자원과 가능성을 발견하는 학습의 기회로 전환시킬 수 있다. 예를 들면, 사업을 하다 실패했을 경우 이를 좌절로만 여길 것이 아니라, 새로운 역량 개발을 하게 한 기회로 구성하거나 새로운 사업을 다시 시작하게 될 경우 기존과 달리 위험을 탐지하고 관리하는 역량을 키운 학습의 경험으로 재해석할 수도 있다. 또 다른 예로는 직장 내에서 경험하게 된 왕따나 소외감을 리더십을 학습하고 향상시키는 기회로 가져가는 것이다. 이러한 상담 과정을 통해 학습자는 기존에 자신이 알지 못했던 재능이나 강점을 발견하거나 새로운 관점을 학습할 수 있게 되며, 이를 바탕으로 현재의 문제를 극복하고 학습하게 된 성장을 기반으로 새로운 진로로 전환하거나 삶의 방향을 재구성할 수 있게 되기도 한다(김동일, 이미나 외, 2022).

결국 성인학습 상담은 성인학습자가 학습과 삶을 연결하고 통합할 수 있도록 하는 매개체로서, 자기주도적 성장을 촉진하는 동시에 지속적으로 학습을 가능하게 하는 문화를 형성하는 데 기여한다(Merriam & Baumgartner, 2020). 이는 성인에게 학습이 곧 삶의 확장이자 사회적 기여로 이어지는 평생학습의 궁극적인 목표인 지속 성장의 과정임을 보여준다.

2. 성인학습 상담의 목표

성인의 전 생애 학습 과정을 지원하고, 학습자가 자신의 삶을 능동적이면서도 주체적으로 설계하여 재구성해 나갈 수 있도록 이끌어주는 성인학습 상담의 목표는 크게 세 가지로 나눌 수 있다.

첫째, 자기이해와 학습에 대한 설계의 능력 촉진이다. 성인은 개인이 살아온 삶에 여러 가지 경험과 사회적인 배경 등이 복잡하게 있는 만큼, 학습의 목표도 개인의 상황과 배경에 따라 복합적이면서도 각 역할에 따라 이해가 서로 충돌되기도 한다. 이에 상담자는 학습자의 현실적인 상황을 고려하면서도 학습자의 자원과 특성을 탐색하여, 자기이해를 바탕으로 학습에 대한 의미를 부여하고 내적 동기를 강화하여 현실적인 학습을 설계하고 방향을 체계적으로 설정할 수 있도록 돕는다.

둘째, 학습 동기 향상과 학습지속성 촉진이다. 앞에서 언급했던 바와 같이 성인은 학습 과정에서 직장, 가정, 사회, 경제적 부담 등 다양한 역할을 동시에 병행해야 하는 현실적인 상황으로 인하여, 학습에 도전하지 못하거나 한 번의 경험으로 끝나게 되는 경우가 많다. 따라서 성인학습 상담은 학습을 중도에 포기하지 않고, 지속적이면서도 장기적으로 유지하며 학습에 대한 내적 동기를 스스로 유지하고 관리할 수 있도록 학습에 대한 의미를 탐색한다. 학습자 개인의 학습에 대한 가치가 무엇이며, 이러한 학습이 삶에 어떤 의미로 연결되고 구축되는지 구성하여 학습을 통해 얻게 되는 경험을 개인의 성장과 발전을 기반으로 한 삶의 모습으로 통합하도록 이끈다. 이를 통해 학습자는 학습이 일시적인 지식 추구나 문제 해결의 수단이 아닌, 자기주도적으로 삶을 재구성하며 성장하고 발전 가능하게 하는 지속적인 자원으로 인식하게 된다.

셋째, 성인학습 상담은 개인과 사회의 통합적 성장을 지원한다. 평생학습은 개성화를 통한 개인의 성장이 사회적인 관계 안에서 이루어져야 그 의미가 완성된다(염희영, 2023). 학습자는 성인학습 상담을 통해 학습을 지속하면서 개인적인 역할과 역량 개발을 위해 성장하고, 사회적인 변화에 적응하게 되는 힘과 자원을 키우게 된다. 이러한 발전은 사회라는 공동체 안에서 건강하게 상호작용하여 범사회적인 역할과 역량도 함께 동반된다. 이는 평생교육의 '함께 배우고 성장하는 학습사회'를 함께 지향하는 것이다.

3. 성인학습 상담의 원리와 과정

1) 성인학습 상담의 기본 원리

성인학습 상담은 평생교육의 맥락에서 학습자가 지속적인 자기주도적 성장을 이루면서 학습을 삶과 통합하여 근본적으로는 삶의 질을 향상시킬 수 있도록 돕는 전문적인 과정이다. 이는 전통적인 심리상담의 목적인 치유와는 차이가 있으나 심리

상담의 기본적인 원리를 따르며, 성인의 학습적 특성을 존중하고 평생교육 철학을 바탕으로 발달적·통합적 과정과 예방적 접근을 함께 지향한다는 점에서 그 의의가 크다(양원영, 배철우 외, 2025). 따라서 성인학습 상담을 효과적으로 진행하기 위해서는 성인학습 상담의 기본적인 원리에 대한 이해가 필요하다.

(1) '신뢰 형성 관계'의 원리

성인학습 상담에서도 일반적인 심리상담과 마찬가지로 가장 중요하게 기본적인 바탕이 되어야 하는 원리는 신뢰 형성이다. 이는 심리적으로 안전함을 느끼고 윤리적인 가치가 기본이 되어야 한다. 상담이 효과적으로 진행되기 위해서는 상담자에 대한 신뢰와 서로 간의 관계가 가장 큰 영향을 미치므로, 학습자에게 안정적이면서도 심리적으로 편안한 환경 및 관계를 조성하여 학습자의 생각이나 마음을 온전하게 표현할 수 있도록 해야 한다.

이를 위해서는 상담을 통해 알게 된 학습자의 개인정보뿐 아니라 개인적인 과거 경험과 개인과 관련한 모든 이야기는 반드시 비밀이 보장되어야 하는 것이 기본이다. 또한 상담은 단순한 상담 기술이나 스킬을 활용하는 것이 아니라, 학습자와 학습자의 삶에 대한 경청을 바탕으로 한 공감과 진정성 있는 태도로 진솔하면서도 투명한 대화를 하여야 한다.

또한 학습자 개인의 삶의 경험을 통해 형성된 삶의 방식이나 관점 또는 방식에 대해 수용적인 이해와 공감으로 상호 존중하는 관계를 지속하여야 한다. 이러한 신뢰를 바탕으로 한 관계의 형성은 성인학습 상담의 지속성뿐만 아니라 전체 상담의 결과 및 효과성에 주요하게 작용하는 필수적인 요소이다.

(2) '학습자 중심'의 원리

성인학습 상담에서 가장 기본적으로 이루어져야 하는 원리는 '학습자 중심'의 원리이다. 성인학습자는 자신만의 다양한 경험과 풍부한 자원을 지닌 존재이면서도 자신의 삶과 학습을 주도적으로 이끌어 나아갈 수 있는 잠재력을 가지고 있다. 성인학습 상담자는 이러한 성인학습자의 특별성을 존중하고, 성인학습 상담에서의 주도권도 성인학습자 스스로에게 있음을 항상 인식하고 유념하여야 한다. 즉 성인학습 상담은 상담자의 주도로 교육하고 멘토링하는 것이 아닌, 학습자가 자신이 가진 삶의 문제를 해결하고 스스로 선택하며 배움과 깨달음을 삶에 연계하여 발전해 가는 학습의 과정을 촉진하는 장(場)이다. 여기서 성인학습 상담자의 역할은 '촉진자'로서의 의의를 지닌다(Knowles, 1975).

(3) '자기주도성 존중'의 원리

성인학습 이론(Andragogy)에 의하면, 성인은 학습의 과정에서 자기주도적인 성향을 지닌다. 외부에서 주어지는 것에 그대로 따라가는 수동적인 모습으로서가 아닌 학습자가 스스로 목표를 설정하고, 학습 방법을 설계하고 그 과정을 관리하면서 성취를 점검하는 등 능동적인 주체의 모습을 가지고 있다. 이에 성인학습 상담자는 성인학습자가 학습에 대한 계획 수립, 실행 점검, 성과 평가 등을 스스로 할 수 있도록 돕는 촉진자로서 자율성을 존중하는 자기주도성의 원리를 존중해야 한다(Knowles, 1975). 이는 상담적인 지원을 넘어서서 학습자가 '학습의 주체자로서 자기결정권을 구현하는 과정'을 확립하는 데 주요한 요인으로 작동한다(Schiller, 2023).

(4) '통합적 성장지향'의 원리

성인학습 상담은 목표한 학습의 성취로만 단편적으로 진행되지 않는다. 전인적인 발달을 목표를 지향하기 때문에 심리적 영역과 더불어 인지적·사회적인 영역까지 포괄한다(김동일, 이미나 외, 2022). 이러한 원리는 듀이(Dewey)의 경험학습 철학이나 메지로우(Mezirow)의 변혁적 학습 이론의 맥락과도 일치한다. 학습을 통해 개인의 정체성을 재구성하면서도 사회적인 역할 확립도 포함하고 있다. 성인학습 상담자는 학습자가 학습을 수행하는 과정을 통해 정체성을 재정립하고, 사회적인 관계 안에서 의미 있는 역할을 확립하여 수행하도록 도모하여 삶과 학습의 통합적 성장을 구현하도록 지원한다.

(5) '경험 존중과 재구성'의 원리

콜브(Kolb)의 경험학습 이론에 따르면, 성인은 개인의 경험을 반성(reflection)하고 개념화(conceptualization)하여 적용(application)하는 순환적인 과정 속에서 학습이 이루어진다. 따라서, 성인의 삶에서의 경험은 단순한 어떠한 과정을 거친 것이 아니라 학습자의 주요한 자원이 되면서도 학습을 해 나갈 수 있는 동력으로 작동하게 된다. 이에 성인학습 상담은 학습자가 과거의 경험을 이전과 미찬가지로 의미 없이 반복하는 것이 아니라, 학습을 통해 발전적으로 반성(reflection)하고 이를 내면화하여 재구성(reconstruction)하게 한다. 이러한 재구성으로 삶에 새로운 의미를 도출하고 적용할 수 있도록 돕는다. 특히 과거의 실패 경험으로 인한 학습에 대한 비합리적 신념이나 부정적인 패턴을 발견하고 재구성하여, 긍정적 자원으로 전환할 수 있도록 하는 과정은 성인학습 상담에서 주요한 역할이다.

(6) '예방적 · 발달적 접근'의 원리

성인학습 상담은 현실적으로 맞이하게 된 문제를 해결하는 것에 국한되지 않고, 예방적(preventive) 차원과 발달적(developmental) 차원을 동시에 내포하고 있다. 이는 성인이 살아가면서 직면하게 될 수 있는 학습적인 과제와 심리적인 문제를 사전에 예측하고 예방하며, 지속가능한 성장과 발달을 위해 설계하도록 지원하는 원리이다. 이를 통해 성인학습 상담은 성인학습자의 자기효능감, 회복탄력성, 자기조절 및 문제 해결 능력 등을 구조적이면서도 체계적으로 강화하고 향후 미래의 학습에 대한 도전을 효과적으로 대응할 수 있도록 한다(Merriam, S. B., & Bierema, L. L., 2014).

2) 성인학습 상담의 단계

성인학습 상담은 성인학습자가 문제 해결을 넘어서서 자기주도적이고 지속적인 성장을 이룰 수 있도록 도모하는 평생학습적 지원 체계의 일부이다. 따라서 성인학습 상담의 단계는 전통적인 상담 구조를 기반으로 성인학습의 특징과 다원적 요구를 반영하여 체계적이면서도 점성적인 과정으로 구성되어야 한다. 이를 위해 관계 형성 단계를 시작으로 학습문제 탐색, 학습 목표 설정 그리고 학습상담의 개입을 거쳐 마지막으로 종결 및 평가의 다섯 단계로 구성할 수 있다(양원영, 배철우 외, 2025).

(1) 관계 형성 단계

성인학습 상담에서 이루어져야 하는 관계 형성은 친밀감을 만드는 관계뿐 아니라, 상담자가 학습자의 삶과 학습을 이해하고 존중하여 상담의 기반을 마련하는 과정 중 가장 주요한 단계이다. 이 단계에서는 학습자가 상담자에 대해서나 상담이라는 상황에 대하여 안전하다고 인식되어야 자신의 삶과 연관이 된 학습에 대한 경험과 어려움을 망설이지 않고 솔직하게 드러낼 수 있게 되고, 이것은 학습자의 학습 과정을 도울 수 있는 장을 마련하게 되는 것이다. 공감과 존중을 바탕으로 신뢰감을 조성하고 그 안에서 관계를 형성하는 것은 상담을 효과적으로 진행하기 위한 필수 조건이다. 또한 이러한 관계의 형성으로 정서적인 교감뿐 아니라, 학습자에게 실질적으로 요구되는 학습 성과와 학습 상황을 구체적으로 설계하는 과정까지 확장되어야 한다.

상담자는 학습자의 심리적 요소뿐 아니라 실제 생활하고 있는 환경적인 요소와 직업, 사회적 관계 등 학습에 다양하게 영향을 미칠 수 있는 요소들을 종합적으로 탐색할 수 있어야 한다. 예를 들면, 프리랜서와 자영업자의 학습 환경은 전혀 다를 수 있으며, 학습에 대한 동기와 학습 시간 패턴은 차이가 있음을 고려하여야 한다. 관계 형성 단계에서의 이러한 현실적인 상황과 조건에 대하여 세밀하게 탐색하는 것은 학습자의 학습 목표 설정이나 추후 상담의 개입 전략 등 현실적인 실행 과정을 설계하는 데 영향을 미치게 된다. 따라서 상담자는 학습자의 종합적인 상황을 구체적으로 이해하고 어떠한 판단이나 평가 없이 학습자의 삶을 있는 그대로 이해하고 존중하며 경청하는 자세를 유지하여야 한다.

더불어 관계 형성 시 또 하나의 주요한 요소는 학습자가 아직은 인식하지 못하고 있으나 이미 잠재되어 있는 자원과 강점을 발견하는 시작의 기틀이 마련되어야 한다는 것이다. 대부분의 성인학습자들은 과거 경험에서 학습에 대한 실패를 겪었거나, 자신을 비난하거나 후회하는 습관 때문에 스스로가 지니고 있는 가능성과 강점을 인식하지 못하고 제한하는 경우가 많다. 이에 상담자는 작은 성공의 경험부터 업무적으로 이룬 성취나, 일상 속에서 쉽게 발휘되었던 능력 등을 학습자가 찾을 수 있게 하고, 이를 반영해 주면서 학습자가 자신의 자원을 깨달아 현재에 활용할 수 있도록 돕는다. 예를 들어, 학습에 대해 반복적으로 실패를 경험하였더라도 지금까지 포기하지 않고 학습에 도전하려고 하는 학습자의 끈기과 인내심은 추후 학습을 지속하는 힘의 주요한 자원이 될 것이다.

또한 관계 형성 단계에서는 학습자가 학습에 대한 의미를 어떻게 부여하고 있는지 탐색하는 과정이 필요하다. 대체로 성인학습자의 학습에 대한 의미는 지식을 습득하는 것뿐만 아니라, 직장에서의 요구에 의한 역량 강화나 자아정체성의 변화, 진로 변경의 고민 등 삶의 질과 밀접하게 연결된 경우가 많다. 상담자는 학습자가 과거의 경험을 통해서 무엇을 알게 되었고, 어떤 배움이 있었으며, 어떤 가치를 가지게 되었는지 학습자가 느끼고 경험한 것을 그대로 존중하되, 그 의미에 대하여 발전적으로 재구성을 할 수 있도록 촉진한다. 이를 통해 학습자는 자신의 학습에 대한 의미를 재정의하게 되며, 그러한 의미는 학습 목표나 학습 과정을 유지하는 심리적인 기반의 역할을 하게 된다.

결국 성인학습 상담에서 이루어지는 관계 형성은 상담자가 자신의 가치나 신념으로 학습자의 경험을 판단하지 않으며, 학습자를 있는 그대로 수용하며 그 바탕에는 존중이 존재하는 과정에서 출발한다고 할 수 있다. 이와 함께 학습자의 잠재된 자원과 강점을 발견하여 학습 목표와 과정에 연결하여 학습자가 자기주도적인 성장을 할 수 있도록 촉진하는 전문적인 과정이다(Knowles, et al., 2015).

(2) 학습문제 탐색 단계

성인학습 상담에서 학습문제 탐색 단계는 학습자가 직면한 어려움을 단순히 진단하는 것이 아니라, 그 어려움을 형성하게 된 배경과 의미를 다양한 각도로 바라보고 이해하여 재구성하는 과정이다. 이 단계에서 상담자는 학습자가 호소하는 것을 그대로 수용하는 데서 출발하되, 그 안에 내재되어 있는 다양한 심리적인 요인과 사회적 맥락을 통합적으로 분석하여 학습자의 경험을 전반적으로 점검해 보는 것을 목표로 한다. 즉, 학습문제 탐색 단계는 문제 자체의 원인 탐색과 더불어 그 문제를 문제로만 바라보지 않고, 성장의 기회로 전환할 수 있는 가능성도 함께 발견하는 과정이라 할 수 있다(최윤정, 2025).

상담자는 학습자가 겪고 있는 어려움에 대해 표면적이 아닌, 학습자의 생활 여건이나 직업적인 과제, 가족 간의 문제라든가 사회적인 관계까지 입체적으로 탐색한다. 예를 들어, "학습에 집중할 수 없다"고 말하는 경우에 이는 단순히 주의력에 문제가 생긴 것이 아니라, 직장 내 업무 변화로 자기효능감이 저하되었다든가 가족의 생계 문제로 불안이 상승되고, 학습 방법의 실패가 반복되면서 과거의 부정적 신념이 도출된 결과일 수도 있다. 따라서 상담자는 단편적으로 드러난 문제에 대한 원인을 찾기보다는 문제를 둘러싸고 있는 다양한 맥락적인 요소를 분석하고, 학습자가 자신의 문제를 객관적이면서도 새로운 관점으로 바라볼 수 있도록 한다.

이러한 과정은 학습자의 과거 경험을 재해석하게 하는 과정이기도 하다. 성인은 학습 과정에서 풍부하게 경험한 것들을 자원으로 활용할 수 있는 강점을 가지고 있지만, 때로는 그 경험이 자신을 제한하게 하거나 부정적으로 고정된 신념으로 나타나기도 한다. 상담자는 학습자가 과거 경험이 현재의 학습과 어떻게 연관되는지 탐색하고, 삶에 부정적으로 작용한 것으로 인식하고 있는 경험들을 성장을 위한 자원으로 전환할 수 있도록 돕는다. 예를 들면, 시험에서 반복적으로 떨어졌을 경우에 이것은 실패만을 의미하는 것이 아니라, 자기 조절력을 향상시키고 학습의 새로운 방법을 도전할 수 있는 기회로 전환될 수 있다.

특히 학습문제 탐색 단계에서 상담자는 학습자의 문제를 학습자의 장애물이나 한계점으로만 보지 않으며, 학습자가 문제라고 표현한 곳에서도 성장의 기회를 발견할 수 있도록 촉진하는 것이 중요하다. 결국 학습문제 탐색 단계는 학습자의 삶을 심층적으로 이해하고, 문제를 자원으로 탈바꿈할 수 있는 토대가 되는 과정이다.

학습자는 이 단계에서 자신의 문제를 진단받는 것이 아니라, 스스로 문제를 성찰하고 기회로 만들어 새로운 가능성을 발견하는 주도적인 존재로 자리 잡게 된다. 또한 상담자는 이 과정에서 목표 설정 단계와 상담 개입 단계를 더욱 구체화하고, 실질적인 전략을 수립할 수 있는 근거를 마련하게 된다. 따라서 학습문제 탐색은 단순한 문제 점검이 아닌, 성인학습 상담의 전체 과정 중에서 학습자가 주도적 성장의 방향성을 확립하게 되는 전환점이라 할 수 있다.

(3) 학습 목표 설정 단계

성인학습 상담에서 목표 설정 단계는 학습자의 학습에 대한 필요성과 인식하고 있는 학습문제를 파악하여, 현실적인 학습 방향과 방법을 탐색하고 이를 어떻게 실행할지 설계하는 과정이다. 그러나 이 단계는 학습자가 바라는 바에 대한 비현실적인 희망을 표현하는 과정은 아니다. 현재 상황과 맥락을 고려하여 장애요인을 파악하고 학습자의 자원 및 상황 등을 점검하면서, 현실적으로 달성 가능한 목표로 체계적인 설정을 하는 단계이다. 이러한 구체적 목표 설정과 달성은 학습자의 자기주도적인 학습의 지속성을 강화시킬 뿐만 아니라, 추후 상담의 결과에 영향을 결정짓는 지점이 되기 때문에 반드시 점검되어야 하는 과정이다.

성인학습자는 성인의 특성상 직업, 가정, 사회 관계 등에서 다양한 역할을 병행해야 하기에 목표 설정 또한 단순히 성취라는 개념보다는 다차원적인 역할과 구조를 반영하여 설정하게 된다(양원영, 배철우 외, 2025). 예를 들어, 한 성인학습자는 중장년 이후의 진로를 위한 전문성 강화로 자격증을 그 목표로 삼을 수 있다. 그러나 현재 가족 내에서의 육아와 엄마로서의 역할 수행, 오랜 경력 단절로 인한 자신감 저하 등과 같이 현재 병행되어야 하는 역할과 상황이 목표와 충돌될 수 있다. 상담자는 이러한 목표가 현실과 서로 충돌하지 않고 균형을 이루어 나아갈 수 있는 과정을 수행하도록 도와야 한다.

또한 목표 설정 과정에서 고려되어야 하는 점은 학습자가 능동적으로 참여할 수 있게 하는 것이다. 성인학습 상담자가 직접적으로 목표를 대신 설정해 주거나 주도적으로 이끌어 가는 방식은 성인학습자의 자율성과 참여감에 방해가 된다(Schiller, 2023). 상담자는 의도가 담기지 않은 개방형 질문과 학습자를 성찰하게 만드는 질문을 활용하여 학습자 스스로가 학습에 대한 의미와 중요성을 발견하고 이것을 언어화하여 인식하도록 돕는다. 예를 들어, “앞으로 배우고 싶은 것이 무엇인가요?”라는 질문보다는 “배움은 당신이 원하는 삶에 어떤 기여를 할 수 있나요?”와 같은 질문으로 학습자가 목표를 더 깊이 탐색하고 스스로 설정하도록 촉진하는 것이다.

궁극적으로 학습 목표 설정 단계에서는 학습의 계획을 단순하게 설계하는 것을 넘어, 성인학습자의 삶이라는 현실 속에서 성장과 학습이 조화롭게 이루어지도록 설계하는 과정이다. 따라서 목표 설정은 단순한 학습의 이정표가 아니라, 학습자의 능동성을 기반으로 자기주도적인 학습을 통해 자신의 미래를 설계하고 환경의 변화에 주체적으로 대응할 수 있도록 돕는 과정이라 할 수 있다(Schiller, 2023).

(4) 학습상담 개입 단계

성인학습 상담에서의 개입 단계는 학습자가 설정한 목표를 이루기 위한 학습 방법과 학습 활동, 학습 과정 등이 현실적인 요소나 환경적인 변화와 조화롭게 연결되게 하는 과정이다. 개입의 단계이지만 여기서 놓치지 말아야 할 점은 상담자의 전문적 지식이나 조언을 충고하는 것이 아니라, 학습자 스스로가 자신의 구체적인 상황을 고려하여 실천할 수 있는 전략을 수립하고 실행할 수 있도록 촉진해야 한다는 것이다. 따라서 개입이라 함은 해결책을 주는 것이 아닌, 학습자가 자신의 삶과 상황을 반영하여 학습 과정을 재구성하고, 현실적으로 대처 가능한 계획을 세워 나가도록 돕는 과정인 것이다. 이에 학습상담 개입 단계는 학습자 스스로가 찾아내는 참여적 개입 방식이라 할 수 있다(Knowles, Holton, & Swanson, 2015).

또한 이 단계에서는 학습자 개인이 지니고 있는 개인적 자원과 더불어 학습자가 소속된 곳에서의 사회적 자원을 탐색하여 이러한 자원을 학습에 어떻게 활용하고 연결할 수 있을지 탐색하는 과정이 필요하다. 직장에서 업무로 인하여 습득하게 된 전문성을 학습에 연결하거나, 가족들의 지지를 활용하여 동기를 촉진하는 방식 등이 이에 속한다. 학습자가 인식하지 못했던 주변의 자원과 자신의 강점을 학습에 활용하게 되면, 학습이란 것이 힘들게 수행해야 하는 과제가 아닌 일상 속에서 삶과 함께 성장하는 경험의 과정이 될 수 있다. 이는 학습을 삶의 일부분으로 통합이 되게 할 뿐만 아니라, 학습 지속성을 유지할 수 있게 하는 의미를 지니게 한다.

개입 단계에서 상담자는 주기적으로 학습이 어느 정도 진행되고 있는지 학습 상황을 점검하기도 하고, 필요시 학습 방법을 수정하거나 조율하여 학습자가 처한 어려움으로 중도에 포기하지 않고 지속해 나갈 수 있도록 한다. 특히 이 과정이 수립되어야 하는 주요한 이유는 학습자가 계획대로 이루어지지 않았을 때 이를 실패로 인식하지 않고, 학습 방향과 과정을 수정하는 성찰의 과정 또한 학습의 기회임을 알 수 있게 되기 때문이다.

궁극적으로 학습상담 개입 단계에서는 학습자 스스로가 삶과 학습을 현실적으로 균형 있게 연결하게 되면서 자기주도성을 향상하게 되는 단계라 할 수 있다. 이 과정에서 성인은 학습의 경험을 통해 자신의 긍정적인 변화를 실질적으로 체감하게 되며,

이러한 경험은 결과적으로 학습과 삶을 통합하게 하는 요소로 작동한다. 즉, 개입 단계는 평생교육적 관점의 지속적인 성장과 학습을 추구하게 하는 핵심 단계라 할 수 있다.

(5) 종결 및 평가 단계

성인학습 상담에서 종결과 평가 단계는 단순히 상담을 끝내야 하는 시점에서 이루어지는 형식적인 절차가 아니다. 종결 및 평가 단계에서는 학습자가 상담을 통해 깨닫게 된 긍정적인 경험의 재구성과 자신의 학습 성장 과정, 발견하게 된 강점과 자원 등을 탐색하고 이러한 성과들을 이후의 삶에서 학습과 어떻게 연결할 수 있을지 정리하는 과정이다.

이 단계에서 상담자는 학습 목표의 달성 여부와 더불어 심리적인 변화나 자아정체성의 변화, 문제 해결 능력 향상, 일상에서의 긍정적인 변화 등 학습자의 성장과 성과들을 다양한 부분에서 학습자와 함께 탐색하고 점검한다. 이러한 점검은 학습자가 상담을 통해 얻게 된 성장과 성취를 확인하는 데 그치지 않고 추후 삶에서 어떤 방식으로 성장과 학습을 지속할 수 있을지 스스로 구체화할 수 있는 자원이 된다(Merriam & Baumgartner, 2020).

평가는 단순하게 성과를 점검하기만 하는 과정이 아니다. 특히나 성인의 경우에는 자신의 경험들을 삶에서 다양한 자원으로 활용할 수 있으므로, 종결 단계에서는 삶에 적용하고 성장을 도모할 수 있는 자원이 될 수 있도록 학습경험을 발굴하는 시간이다. 이를 통해 학습자가 발견한 자원과 긍정적인 변화를 직장과 가정, 사회관계 등 학습자의 삶의 전 영역에 확장시킬 수 있는 구체적 방안을 찾게 된다.

또한 종결과 평가 단계에서는 상담자와 학습자가 서로 피드백하는 시간을 갖는다. 먼저 학습자는 그동안의 과정에서 의미 있었던 경험이나 발견을 이야기하면서 이러한 가치를 내면화하게 되고, 상담자는 학습자가 보인 노력이나 느껴지는 변화를 긍정적으로 피드백하여 자기효능감을 촉진시킬 수 있다. 여기서 주의할 점은 이러한 상호 피드백 또한 상담자의 일방적인 결과 평가가 아니라, 학습자와 함께 협력하여 학습에서 이룬 성과와 학습의 의미를 함께 정리하는 것이다.

결국 종결 및 평가 단계는 표면적으로는 상담을 마무리하는 것처럼 보일 수 있지만, 실제로는 학습과 통합이 된 새로운 삶을 시작하는 단계라 할 수 있다. 학습자는 상담을 통한 긍정적인 많은 변화와 발견을 원동력으로 삼아 상담이 종결된 이후에는 독립적·주체적으로 학습이 가능해지며, 이는 평생학습이라는 과정의 자기주도적 성장을 지속적으로 이루게 된다. 따라서 종결과 평가는 끝이 아니라, 성인학습자가 학습과 삶을 통합하여 지속적인 성장의 길로 나아가는 시작이라 할 수 있다.

학습 과제

1. 성인학습 상담의 개념과 필요성을 설명하고, 기존의 전통적인 상담 이론과 성인학습 상담이 가진 교육적인 의의를 비교분석하시오.
2. 성인학습 상담의 다섯 가지 단계별로 실제 사례 적용 시의 효과와 한계를 비판적으로 성찰하시오.
3. 실제 사례에서 성인학습자의 과거 경험과 현실적인 상황 및 사회적 맥락을 반영하여 지속가능한 상담 학습 모델을 구조화하시오.

참고 문헌

김동일, 이미나, 임형택(2022). **성인교육을 위한 성인학습 및 상담.** 동문사.

양원영, 배철우, 이석진, 김정희, 김미자(2025). **뉴노멀, 초연결, 플랫폼시대의 성인학습 및 상담.** 동문사.

염희영(2023). 평생교육 심신통합 코칭프로그램에 참여한 암 환자의 전환학습 경험탐색. 백석대학교 기독교전문대학원 박사학위논문.

최윤정(2025). **성인학습 및 상담.** 학지사.

Knowles, M. S. (1975). *Self-directed learning: A guide for learners and teachers.* New York, NY: Cambridge Adult Education.

Knowles, M. S., Holton, E. F., III, & Swanson, R. A. (2015). *The adult learner: The definitive classic in adult education and human resource development*(8th ed.). Routledge.

Merriam, S. B., & Baumgartner, L. M. (2020). *Learning in adulthood: A comprehensive guide* (4th ed.). Jossey-Bass.

Merriam, S. B., & Bierema, L. L. (2014). *Adult learning: Linking theory and practice.* Jossey-Bass.

Mezirow, J. (1981). A critical theory of adult learning and education. *Adult Education Quarterly, 32*(1), 3-24.

Schiller, J. (2023). Developing older adults' learner autonomy through one-to-one learning counselling. *International Journal of Educational Research, 122,* 102-208.

Chapter

9

상담 이론

학습 개요

이 장에서는 성인학습 상담에서 활용되고 있는 주요 상담 이론에 대해 알아본다. 성인학습 상담자가 학습자의 특성을 분석하고 효과적인 상담 개입을 설계할 수 있도록 주요 상담 이론의 핵심 개념과 상담 과정, 주요한 상담 기법 등을 살펴보도록 한다. 분석심리학, 인지행동주의, 코칭, 그리고 AI와 디지털 상담 이론을 바탕으로 성인학습 상담 현장에서 어떻게 학습자의 자기이해 및 학습에 실질적인 도움을 줄 수 있는지 그에 대한 실천적 적용을 위한 토대를 제공한다.

학습 목표

1. 성인학습 상담의 배경이 되는 주요 상담의 이론적 배경을 이해할 수 있다.
2. 상담 이론의 핵심 개념을 설명할 수 있으며, 성인학습자의 심리적 특성을 어떻게 학습의 맥락에 적용할 수 있는지 파악할 수 있다.
3. 상담 과정과 기법을 익히고, 성인학습 상담 현장에서 실제적으로 적용 가능한 상담 전략을 설계할 수 있다.
4. 상담적 개입을 통해 성인학습자의 자기이해와 학습 동기, 그리고 자기주도성 강화를 지원할 수 있는 방법을 모색할 수 있다.
5. 각 상담 이론의 특성을 이해하고 통합하여, 성인학습 상담자의 전문성을 확장하고 현장 적용 역량을 향상시킬 수 있다.

1. 분석심리학 상담 이론

1) 분석심리학의 이론적 배경

분석심리학은 칼 구스타프 융(Carl Gustav Jung, 스위스 정신과 의사)이 인간의 정신과 발달이 어떻게 이루어지는지 좀 더 통합적으로 분석하기 위해 세운 이론으로 실제적인 체험을 바탕으로 한 심리학설이란 특징이 있다(이부영, 2019).

융은 어린 시절부터 감수성이 높고 내적 감각이 열려 있는 기질이었다. 소년기부터 신의 본체에 관한 의문을 갖고 있었는데 어린 융에게 하느님과 예수님은 절대적인 인지함과 동시에 죽은 자를 데려가는 두려운 존재로 복합적인 감정을 가지고 있었다. 융은 심령의 현상에 호기심을 가졌으며, 몇 년간 고민할 정도의 공포스런 꿈을 통해 특이한 환상을 체험하게 되면서 인간 내면에 더 깊은 관심을 기울이게 되었다. 기독교 개혁파 목사였던 아버지가 사망하자 21살부터 대학의 조수나 골동품 상점에서 일을 하며 생계를 책임지게 되었으며, 미래가 보장된 내과 의사로서의 자격시험을 앞두고 아버지의 서재에 있던 심령술책을 읽던 중, 리하르트 폰 크라프트에빙(Richard von Krafft-Ebing, 독일 정신과 의사)의 책을 접하고는 정신과 의사가 되기를 결심하게 되었다. 이후 부르크횔츨리 병원(Burghölzli Clinic)에 취업을 한 뒤 정신분열증(Schizophrenia)이라는 용어를 창시한 오이겐 블로일러(Eugen Bleuler)와 함께 정신분열증 환자에 대한 연구와 치료에 전념하게 되었다. 이 과정에서 단어연상 검사(word association test) 등을 개발하였고, 환자의 고통의 근본 원인은 다양한 생각의 집합이라는 발견을 하면서 콤플렉스(Complex)라는 단어를 고안하고, 무의식의 개념을 확장하여 독자적 이론을 세우게 되었다(Jung, 1961).

융은 세미나에서 프로이트가 출간한 『꿈의 해석』(1900)을 알게 되면서 프로이트에게 서면을 보내고 학문적인 교환이 이루어지면서 우정을 나누기도 하였다. 그러나 융은 처음부터 프로이트의 성욕 중심설을 전적으로 동의하지는 않았다(이부영, 2019).

프로이트는 무의식을 어린 시절 성적 외상의 성이론으로 정의한 반면, 융은 개인적 차원에만 국한시키지 않고 않고 모든 인류의 보편적인 차원(집단무의식, Collective Unconscious)으로 확장하면서 복잡한 매커니즘으로 정의하였다(Stevens, 1994). 또한 인간 정신을 원형(archetype)이라는 상징적 구조를 통해 설명하였다.

융은 『무의식의 심리학*(Transformations and Symbols of the Libido)*』(1912)에서 프로이트가 인간의 정신에 대해 성적 본능에만 편중한 것을 비판하면서, 인간 정신에서의 상징적 차원과 영적 차원을 강조하기도 하였다. 프로이트는 인간을 본능적인 충동의 존재로 보았다면, 융은 내적 갈등을 통합하여 전인적인 존재로 성장하는 의미 추구적 존재로 본 것이다.

융은 심리학뿐 아니라 철학, 신학, 동양 사상까지 통합하면서 인간의 정신은 의식과 무의식의 상호적인 작용을 기반으로 자기실현(개성화, individuation)을 하는 것으로 바라보았다. 궁극적으로 융의 분석심리학은 인간의 병리적 증상을 치료를 넘어서서 삶에 대한 의미에서부터 영성에 이르기까지 교육적·철학적인 학문으로서 종합적인 심리학이다(Young-Eisendrath & Dawson, 2008).

이러한 관점은 성인학습 상담에서도 중요한 기반이 될 수 있다. 학습자에 대하여 지식만을 습득하는 대상이 아니라, 학습이라는 과정에서 무의식의 경험과 상징 해석을 통해 자기이해와 자기실현을 이루고 삶의 의미를 재구성하는 존재로 바라볼 수 있다는 점이다. 상담자는 학습자 개인과 집단의 의미 있는 상징(symbol)과 원형(archetype)을 활용하여 학습자의 학습 동기를 강화시키고, 자기정체성을 확립하여 개성화를 이루어 나가는 삶을 지속할 수 있도록 도울 수 있다.

2) 분석심리학의 핵심 개념

분석심리학은 현상학적 입장으로 실제 일어난 일들이나 경험한 일 등 체험한 '사실'을 중심으로 하는 작업이다. 또한 심리적인 것을 심리 자체로 보면서, 인간 정신을 단순히 뇌나 신체 기능이라는 접근을 배격한다. 그리하여 융은 사람의 심리에 대해 논리적으로 타당하냐는 관점이 아닌, 그 해석이 그 사람에게 얼마나 효과적인지에 대해 중점을 두며 정신적인 어떤 것이 작용한다는 것을 진실이라 하였다(이부영, 2019). 이러한 관점을 두고 핵심적인 개념을 살펴보고자 한다.

(1) 인간 정신의 구조

분석심리학은 의식, 개인적 무의식, 집단적 무의식으로 인간의 정신을 구분하였다.

① 의식

의식(Ego)은 인간이 현실과 접촉하고 자기 존재를 인식하고 '나'라고 느끼는 핵심적인 기능을 한다. 융은 자아정체성을 감정, 기억, 감각, 행동과 생각 등 다양하게 일어나는 정신 활동으로 구성되었다고 보았다. 그러나 인간이 인식하고 있는 이러한 정신 활동은 넓은 바다라는 무의식의 조그마한 섬처럼 아주 극히 일부분으로, 더 큰 영역은 무의식이라고 하였다. 따라서 의식은 논리적이고 현실적인 판단을 하게 하지만, 무의식이 얼마만큼 큰 영역으로 지배하고 있는지 알 수 없기에 무의식에서 작용하는 억눌린 감정, 과거의 아픈 기억, 본능적인 욕구의 영향을 피할 수는 없다고 하였다(Hall & Nordby, 1973).

이러한 관점에서 융은 자신에 대한 이해와 개성화가 의식을 발달시킨다고 가능한 것이 아니라, 의식과 무의식의 상호작용과 균형이 이루어져야 가능하다고 보았다. 즉, 무의식은 샘물과 같아서 무한한 가능성으로 향하는 에너지가 저장되어 있기에 생명의 원천이며 창조적 가능성을 지니고 있다. 이에 인간이 온전한 존재로 나아가기 위해서는 의식적인 자아만 성장시키는 것이 아니라 무의식의 세계를 받아들여 이를 삶속에서 통합하는 과정이 필요하다는 것이다(정명진, 2022).

이에, 성인학습 상담에서 의식은 학습자가 자신의 현재 상태를 의식적인 차원뿐만 아니라 무의식적 차원까지 탐색하여 자각하고 그 자각을 기반으로 학습에 대한 욕구를 깨달아 현실을 인식하고 주체적으로 목표와 방향을 설정하도록 돕는다.

② 개인무의식

개인무의식(Personal Unconscious)은 개인이 살아오면서 억압하였거나, 기억하지 못하고 있는 경험, 그리고 자각하지 못하고 있는 욕망, 감정 등의 영역이다. 이는 프로이트의 무의식과 유사하게 보이지만 융은 보다 넓은 의미로 확대하였다. 개인무의식에는 잊어버리게 된 기억, 가치관과 충돌하여 억압하고 있는 욕구와 감정, 자신이 깨닫지 못하고 있는 잠재적인 능력과 가능성까지 해당된다. 여기서 중요한 점은 이러한 개인무의식이 그냥 억압된 감정이 아니라, 개인의 자기이해와 성장의 원천이 되는 자원이 담겨 있다는 것이다. 상담에서 개인무의식의 발견은 내담자가 반복적으로 겪고 있는 갈등이나 문제가 되고 있는 상황들의 원인을 밝히는 토대가 되며, 인식하지 못하고 있었던 감정이나 이슈 등을 깨닫게 한다.

개인무의식은 성인학습 상담에서 학습자가 자각하지 못하는 학습에 관한 부정적 경험, 실패 또는 반드시 좋은 결과만 내야 한다는 압박감 등 내적 갈등의 영향을 받는다. 상담자는 이를 탐색하여 학습자가 학습에서 만나게 되는 장애를 극복하도록 도울 수 있다.

③ 집단무의식

융의 사상에서 가장 의미가 있으며 혁신적이라 할 수 있는 개념은 집단무의식(Collective Unconscious)이다. 집단무의식은 개인이 가지고 있는 경험을 넘어, 인류의 모두가 공유하고 있는 보편적이면서도 원초적인 공통의 심리를 말한다. 집단무의식에는 오랜 세월 세대를 거쳐서 내려오는 원형(archetype)이 존재하는데, 이는 신화, 종교적 체험, 예술, 인간의 행동과 상상 속에서 반복적으로 나타나는 근원적인 이미지들이다. 융은 개인의 심리 현상을 개인의 것만이 아닌 집단무의식을 통해 사회적·문화적 맥락과 함께 연결하여 이해해야 한다고 보았다. 이는 개인의 정신을 개인적인 차원에서만 단순히 해석하는 데 그치지 않고, 인류적이면서도 보편적인 차원에서 설명할 수 있는 이론적 기반이 된다.

성인학습 상담에서는 집단무의식으로 작동하는 보편적 상징과 원형을 활용해 학습자가 자신의 경험을 개인적인 측면뿐 아니라 사회적·문화적인 맥락 속에서 더 크게 해석하고, 이러한 이해를 바탕으로 학습 동기와 의미를 확장할 수 있도록 돕는다.

(2) 원형과 상징

융은 인류의 집단무의식 속에 있는 보편적이고도 근원적인 이미지와 모티브를 원형(archetype)이라 하였다. 원형은 직접적으로 인식되지는 않으며 상징(symbol)의 형태로 경험된다. 원형은 특정 문화에만 국한되지 않고, 모든 인류에게 오래전부터 가지고 있는 마음속의 공통된 상징이나 이야기로, 유사하거나 공통적으로 존재하며 반복적으로 나타난다. 예를 들면, 물은 정화나 재생을 뜻하고, 해는 밝음이나 희망을 뜻하는 것을 들 수 있다. 대표적인 원형은 다음과 같다.

① 자기

자기(Self)는 인간 정신의 전체를 아우르는 중심이자 통합의 전체성을 뜻한다. 즉, 자기는 개인 안의 많은 의식과 무의식의 조화를 이루게 할 수 있는 근원적인 힘으로, 개성화 과정을 통해 이루고자 하는 궁극적인 목표이다(정명진, 2022). 이는 성인학습 상담에서 학습자가 자신의 경험이나 감정, 동기 등을 통합하여 학습으로 연결하는 힘이 될 수 있다. 상담자는 이러한 힘을 학습자가 활용하여 삶 속에 학습을 통합하도록 도울 수 있다.

② 페르소나

페르소나(Persona)는 사회적 역할과 적응을 위해 개인이 드러내는 외적 자아로서 개인이 사회적 상황에서 자신을 표현하기 위해 만들어낸 가면으로, 우리나라 말 가운데는 '체면'이나 '얼굴'을 들고 다닐 수 없다와 같은 말이 이에 속한다고 할 수 있다. 이는 대인관계를 원만하게 하거나 사회적으로 적응하고 주어진 역할을 수행할 수 있도록 돕지만, 페르소나와 자신을 지나치게 동일시하게 될 경우 진정한 자기(Self)를 잃고 내적인 갈등이나 심리적인 큰 긴장을 유발하게 된다(Hall & Nordby, 1973). 페르소나는 학습자가 사회적으로 정해진 기대와 일치하는 모습을 보이지만, 때로는 자아와의 불일치가 있을 수 있다. 성인학습 상담에서는 이러한 페르소나와 자기 사이의 격차를 알아차리게 하고 학습자가 진정성 있는 자기표현을 바탕으로 학습 동기를 회복할 수 있도록 할 수 있다.

③ 그림자

그림자(Shadow)는 자아가 자신의 것으로 수용하지 못하고 억압하고 있는 부정적인 성향이나 감정, 충동 등이 존재하는 무의식의 일부분이다. 겉으로는 나타내려 하지 않지만, 내면에 존재하고 있어서 자신이 전혀 예상치 않은 상황에서 뜻하지 않은 방식으로 드러나기도 한다. 예를 들면, 친구의 어떤 모습이 이기적으로 느껴질 경우 지나치게 비난하는 마음이 올라온다면, 그런 모습이 자신에게도 있으나 그것을 인정하지 않고 있는 그림자일 수도 있다. 그러나 그림자는 부정적인 것이라 단정지을 수 없다. 이는 개인이 성장하기 위해서 반드시 마주해야 할 자기이해의 주요한 자원이다. 그림자를 수용하여 자신에 대한 성찰이 이루어져야 내면의 통합을 거쳐 비로소 성숙한 자아로 발전할 수 있기 때문이다(Jung, 1969). 성인학습 상담에서는 학습자가 자신의 그림자를 발견하고 인정하여 자아와 통합하게 될 때, 억압되었던 감정과 행동 방식을 스스로 이해하게 되고 이것은 성장으로 나아가는 자원으로 활용될 수 있다. 자기이해의 확장을 통해 자신이 만들어 놓은 한계를 극복하며 보다 성숙한 학습 태도와 삶의 관점을 만들 수 있다(정명진, 2022).

④ 아니마와 아니무스

현대 사회에서의 남녀평등의 개념을 떠나서, 남성과 여성은 생물학적·생리적 구조와 기능이 상이할 뿐 아니라 심리적 특성 또한 보편적으로 다르다. 남성은 외부 세계에 관심이 많아 사회적 지위나 명예, 정치, 학문 등 사고나 판단, 사상과 같은 추상적인 추구하기 좋아하며 이성과 정신에 대한 관계를 결정하는 존재이다. 그에 비해 여성은 세계를 논리적으로 분석하거나 판단하기보다는 수용하는 경향이 있어 생명을 잉태하고 양육하며 죽음을 포용하기도 하는 모상 즉, 어머니는 대지(大地)와 같다. 아니마, 아니무스란 무의식에 있는 이러한 내적 인격의 특성을 말하며 남성의 내면에 존재하는 여성성을 아니마(Anima), 여성의 내면에 존재하는 남성성을 아니무스(Animus)라고 부른다. 이는 상호 무의식적 보완의 기능을 한다. 성인학습 상담에서는 학습자가 내면의 아니마(감정)와 아니무스(이성)의 조화를 이루고 통합하여 균형을 이루고 자원으로 활용할 수 있다.

(3) 개성화와 심리적 성장

융 심리학에서 가장 핵심적인 개념은 개성화(individuation)이다. 이는 자기실현의 다른 말로 사회적인 이상에만 맞춘 것이 아닌 진정한 개성을 바탕으로 실현한다는 뜻이다. 개성화는 인간이 자신의 의식과 무의식을 통합하여 자기(Self)를 실현해 가는 평생 이루어야 할 발달 과정이다. 이는 자아의 강화뿐 아니라, 자아를 넘어선 더 큰 핵심인 자기와의 균형을 의미한다.

중년 이후의 성인기의 개성화 과정은 특히 더 중요한 의미를 갖는다. 성인기의 삶에서 전환기에는 정체성과 삶의 방향성을 재구성할 필요가 있으며, 이때 무의식적 자원과 상징의 통합은 핵심적인 역할을 한다. 따라서 분석심리학은 성인학습 상담에서 학습자가 자신이 추구하고자 하는 목표가 사회적인 이상에만 따른 경우 자기 소외나 포기를 경험할 수 있으므로, 새로운 자기실현을 구축하도록 도울 수 있다.

이는 학습으로 전환된 개인의 고유 특성의 정체성의 재구성을 통해 성장과 발달을 해 나가는 개성화 과정을 제공한다.

3) 분석심리학 상담 과정과 기법

분석심리학 상담은 심리적 어려움을 표면적으로 드러난 증상이 아닌 의식과 무의식의 상호작용을 이해하는 것에서부터 출발한다. 상담 초기에는 상담자와 내담자의의 라포 형성이 가장 중요하며, 상담자는 내담자가 편안하고 자유롭게 자신의 내면을 이야기할 수 있는 안전한 분위기를 조성할 수 있어야 한다. 이는 상담이 진행되는 동안 무의식적 경험과 상징을 숨김 없이 표현하고 탐색할 수 있는 기본 토대로 전체 상담에 영향을 미치는 주요한 요소이다.

상담 중기부터는 내담자의 개인무의식과 집단무의식의 단서가 될 수 있는 표현을 분석한다. 꿈이나 상징, 자유연상, 투사된 이미지 등을 통하여 내담자가 인식하지 못했던 무의식적 내면 갈등이나 억압된 자원을 찾을 수 있도록 돕는다. 이 과정에서 상담자는 내담자가 직면한 상황을 문제나 결핍이 아닌 자기이해와 성장을 위한 기회로 재해석할 수 있도록 하여야 한다.

상담 후반부는 상담 중에 발견하게 된 무의식과 의식적 자아를 융합하는 과정이다. 융이 주장한 '개성화 과정'을 이루기 위해 내담자의 그림자와 원형 등의 심리적 요소를 이해하고, 더 성숙한 자기(Self)를 실현할 수 있도록 통합한다. 이것은 내담자가 보다 전인적인 존재로 성장하고 삶의 방식이나 의미를 재설계하는 과정이 될 수 있다.

마지막으로는 상담에서 얻은 통찰이나 변화가 생활 안에서 실현될 수 있도록 연계하는 과정이다. 이는 상담이 종결된 이후에도 지속적인 자기이해와 성장을 이어갈 수 있는 힘을 만드는 기반이 된다. 결국 분석심리학 상담은 무의식의 탐색을 통해 의식과의 조화와 균형을 이루는 통합적인 과정으로, 내담자가 자신의 정체성을 확립하고 삶의 의미를 확장하는 데 그 의의가 있다.

(1) 꿈 분석

꿈 분석(Dream Analysis)은 무의식을 드러낼 수 있는 대표적인 기법이다. 융은 꿈에서 보여주는 것에 대해 프로이트와 달리 억압된 욕망의 표현이 아니라, 의식과 무의식이 균형을 이루도록 꿈에서 돕기 위해 보내주는 메시지로 바라보았다(Boa, 2004). 상징으로서 꿈이 보내주는 메시지를 해석하기 위해 상담자는 꿈에 나타나는 상징과 원형을 분석하여 내담자의 갈등이나 성장의 과제를 이해하도록 돕는다. 그러나, 꿈은 상담자가 아무리 심오하게 해석한다 해도 내담자가 마음으로 그것을 느끼거나 깨닫지 못하면 의미가 없으므로, 상담자는 내담자의 내면의 자원을 탐색하여 삶의 방향성에 통찰을 얻을 수 있도록 목적의미를 찾으려는 노력이 필요하다.

(2) 단어연상 검사

단어연상 검사(Word Association Test)는 특정 단어를 제시하면 내담자가 즉각적으로 연상되는 단어를 말하도록 하고 대답할 때까지의 시간을 잰다. 이후 같은 특정 단어를 반복하면서 기억한 단어와 기억하지 못한 단어, 다르게 반응한 단어를 기록하는 기법으로 무의식과 내면의 갈등을 탐색할 수 있다. 융은 내담자가 대답할 때의 반응 속도와 반복되는 단어, 감정의 반응 등을 통해 내담자의 무의식적인 긴장이나 내면에서의 억압을 분석할 수 있다고 하였다. 이 기법의 핵심적인 원리는 무의식적 사고와 감정이 의도치 않게 표출된다는 가정에 있으며, 의미 없이 표현되는 단어의 연결이 아니라 내면에 심층적으로 담고 있는 의미를 탐색하는 기법으로 활용된다. 이를 통해 상담자는 내담자의 심리 구조와 정서적 패턴을 분석하고 성찰을 촉구한다.

(3) 상징 탐구

상징은 일상에서 익숙하게 듣는 용어, 이름, 또는 그림 등으로 이미 널리 알려진 의미뿐만 아니라 아직까지는 널리 알려지지 않은 특별한 의미들도 담고 있다. 예를 들면, 우리나라의 경우 용(Dragon)은 집단적인 의미에서는 농업에서 중요한 비나 풍요를 상징하지만, 개인이 느끼는 의미는 위험하고 무서운 존재일 수도 있다.

상징을 탐구(Symbol Exploration)한다는 것은 내담자가 가지고 있는 환상이나 보이는 행동 속에서 나타나는 상징에 대한 이미지를 탐색하여 무의식이 전하고자 하는 메시지를 분석하는 기법이다. 융은 상징을 무의식이 전달하는 메시지로 의식과 연결할 수 있는 수단으로 보았으며, 이를 통해 내담자가 겪는 심리적인 갈등을 이해할 뿐 아니라 잠재적인 가능성을 발견할 수 있다고 하였다. 상담자는 상징이 의미하는 집단적인 맥락과 개인적인 경험을 조화가 이루어지도록 해석하여 내담자의 삶에서 새로운 의미를 발견하도록 돕는다. 결국 상징을 탐구하는 것은 해석의 차원이 아닌, 내담자의 자기 성찰과 성장의 방향을 제공하는 과정이라 할 수 있다.

(4) 적극적 상상

적극적 상상(Active Imagination)은 내담자의 마음에 떠오르는 상징이나 이미지, 인물 등을 제한하지 않고 자유롭게 탐색하고 이를 매개체로 대화하도록 하는 기법이다. 이는 단순히 무언가를 상상하거나 공상하는 것이 아니라, 의식과 무의식을 연결하는 지점으로 무의식이 전하고자 하는 메시지를 알아차리는 과정이 된다. 상담자는 내담자에게 떠올리는 것을 글로 적거나 그림으로 표현하게 하고, 또는 몸으로 표현하는 역할극 등 표면적으로 드러나게 하여 마음속의 갈등이나 억압되어 있는 감정을 바깥으로 분출하게 하고 이것을 재해석할 수 있도록 한다. 이를 통해 내담자는 자신의 내면 안의 많은 감정과 생각들을 판단하기보다는 새롭게 인식하고 무의식의 자원으로 이끌어 성찰과 성장을 위한 동력으로 가져가게 된다.

(5) 창조적 매개 활용

창조적 매개(미술, 신화, 우화 등)는 무의식을 언어로 표현하기 어려울 때 활용하는 기법이다. 그림, 글, 음악, 몸의 움직임 등이 이에 속한다. 이는 무의식적에 내재된 상징을 의식에 동화시키고 현실화하여 새로운 통찰과 의미를 부여하도록 돕는다.

〈표 9-1〉 분석심리의 성인학습 상담 활용

기법	개요	성인학습 상담에서의 적용
꿈 분석	꿈 속의 상징이나 원형을 탐구하여 무의식의 메시지를 해석	학습자의 불안, 가능성, 동기 등을 꿈을 통해 새로운 시각으로 바라보고 학습 태도 재구성
단어 연상	특정 단어에 대한 즉각적 반응으로 무의식적 감정과 갈등을 표면화	학습자가 특정 과제·주제와 연결된 억압된 감정이나 부정적 경험을 탐색하고 극복
상징 탐구	내담자의 경험 속 반복되는 상징을 사회적, 개인적 맥락을 고려하여 해석	학습자의 학습경험을 더 넓은 사회문화적 맥락 속에서 재해석하여 학습 의미와 동기를 확장
적극적 상상	떠오르는 이미지나 상징에 대한 표현을 통해 무의식과 의식을 연결	학습자의 새로운 미래 비전과 자기 이미지 형성 구체화
창조적 매개	예술활동, 글, 신체표현 등의 창조적 활동으로 무의식적 감정, 상징 발현	학습자가 언어화하기 어려운 학습 저항이나 내적 갈등을 표현하고 재구성하여 성장 동력으로 활용

4) 분석심리학의 성인학습 상담에서의 의의

분석심리학은 상담이 증상의 치유가 아닌 삶과 존재에 대한 의미 탐색과 자기실현의 과정으로 바라본다. 이에 상담자는 내담자가 무의식의 상징과 메시지를 찾아 탐색하도록 돕고, 이를 통해 삶과 존재의 새로운 통합을 이루게 한다. 꿈 분석, 연상, 상징의 탐구 등은 모두 내담자가 자신의 심리적 자원을 인식하고 통합하도록 지원하는 방법 중 하나이다(Boa, 2004).

분석심리학의 이러한 관점은 성인학습 상담에서도 그 의미를 찾을 수 있다. 성인학습자는 학습 과정에서 기술과 지식의 습득뿐 아니라 존재의 정체성, 삶의 가치와 의미 같은 심리적인 과제에 직면하게 된다(김동일, 이미나 외, 2022). 분석심리학은 이러한 과제를 자기이해와 개성화의 맥락 속에서 재구성하게 함으로써 교육적·치유적 역할을 동시에 이룰 수 있다.

2. 인지행동주의 상담 이론

1) 인지행동주의의 이론적 배경

인지행동주의 상담 이론(Cognitive-Behavioral Therapy: CBT)은 20세기 심리치료의 주요 전환점을 이루게 하였다. 심리적 문제를 파악하고 이해하여 재구성하는 과정에서 사고와 행동의 상호작용이 가장 핵심적인 원리라고 주장하였다. 초기의 전통적 심리학인 정신분석은 무의식과 과거 경험만을 강조한다는 한계가 있으며, 행동주의는 인간의 복잡한 사고와 심리를 간과하고 자극과 반응의 기제로 단순하게 정의했다는 비판이 제기되었다. 이러한 비판 속에서 인지행동주의는 정신분석과 행동주의를 절충하여 형성되었다. 행동주의가 자극과 반응에만 주목하였다면, 인지적인 접근을 통해 정서와 행동에 미치는 사고의 역할을 주목하며 치료의 새로운 시야를 넓혔다.

1960년대 인지혁명의 확산 시기에 아론 벡(Aaron T. Beck)은 우울증 환자들의 사고 패턴을 집중 연구하였다. 그는 환자들이 반복적으로 "나는 가치가 없다", "그 어떤 모든 것도 나는 실패할 것이다"와 같은 부정적인 자동적 사고를 한다는 것을 발견하고, 이것이 부정적 정서와 행동 문제를 유발한다고 확신하였다(Beck, 2011). 이러한 연구는 『우울증의 인지치료』(1967)에 체계적으로 소개되었으며, 비합리적이고 왜곡된 신념이나 사고를 발견하고 수정하는 인지치료(Cognitive Therapy)의 기반이 되었다. 한편 앨버트 엘리스(Albert Ellis)는 인간이 경험하는 고통은 외부에서 발생하는 사건 때문이 아니라 그 사건을 해석하는 개인의 신념에 따라 바뀔 수 있다는

ABC 모델의 합리정서행동치료(REBT)를 창안하였다.

인지치료와 행동치료는 현재의 인지행동치료(CBT)로 점차 통합되었다. CBT는 체계적인 치료 과정과 절차방식으로 다양한 정신적인 장애(우울증, 불안장애, 공황장애와 강박장애 및 PTSD 등)에 효과적으로 활용되고 있다. 또한 내담자의 자동적 사고를 탐색하여 이를 수정하여 재구성하고 실험적 행동 변화를 행하거나 자가 모니터링과 같은 구조화된 기법을 통해 문제 해결력을 학습하도록 한다(Dobson, 2019). 이는 상담자의 지식을 일방적으로 전달하여 가르치는 것이 아닌 내담자가 능동적으로 참여하도록 하고 변화를 일으키는 주체가 되도록 이끄는 실천적 특징이 있다.

현재 CBT는 제3세대 인지행동치료로 일컬어지고 있으며 다양한 접근방식으로 확장되고 있다. 예를 들면 마음챙김 기반 인지치료(Mindfulness Based Cognitive Therapy: MBCT), 수용전념치료(Acceptance and Commitment Therapy: ACT), 스키마 치료(Schema Therapy) 등이 이에 속한다. 이는 부정적 사고를 바로잡는 것뿐만 아니라 정서의 수용, 메타인지, 자기 연민과 같은 영역도 포함된다.

그중에서도 스키마 치료(Schema Therapy, 제프리 영)는 어린 시절 성장하면서 겪었던 경험과 주 양육자와의 애착 관계로 인해 성인이 된 이후에도 감정, 사고방식, 행동을 형성하는 데 영향을 준다고 보았다. 초기 부적응 도식(EMS)은 자신을 비롯하여 타인과 세상에 대하여 성장 중 형성된 왜곡된 신념과 패턴의 영향으로 대응하는 형태로 다양한 내적 모드(예: 처벌자, 과잉보상, 건강한 성인 등)가 나타난다.

스키마 치료는 인간 내면의 정서와 관계 양상을 동시에 다루면서 내담자가 과거에 겪은 경험 안의 상처를 다시 재경험하게 하여 치유할 수 있도록 돕는다. 결국 스키마 치료는 인지적 접근과 더불어 정서와 관계를 함께 적용하여, 내담자가 자기 개념을 건강하게 재형성하고 대인관계 및 삶을 대하는 패턴을 변화시키도록 지원하는 상담이라 할 수 있다(Beck, 2023). 이러한 확장은 인지행동주의가 시대적인 상황에 맞게 변화 및 성장하고 있음을 보여주며 평생교육의 영역에서도 적용 가능함을 알 수 있다.

〈표 9-2〉 REBT, CBT, SCHEMA 비교

구분	REBT (앨버트 엘리스)	CBT (아론 벡)	Schema Therapy (제프리 영)
이론적 기반	스토아 철학+인본주의	임상 연구	CBT+애착대상관계+게슈탈트
핵심 모형	ABC 모델	인지 도식(schema), 핵심 신념(core belief), 자동적 사고(automatic thought)	EMS – 대처 – 모드: 초기 부적응 도식 – 대처양식 – 스키마 모드
주요 개념	비합리적 신념, 당위와 절대성, 자기비난	핵심신념, 중간신념, 인재 왜곡, 자동적 사고	부적응적 초기 스키마(EMS), 대처양식(투항 · 회피 · 과잉 보상)
문제 원인	비합리적 신념	왜곡된 인지, 해석, 자동적 사고, 도식적 구조(경직된 신념 체계)	제한된 재양육, 공감적 · 관계 중심(경계 포함)
주요 기법	논박, 합리적 정서적 심상, 과제	사고기록지, 인지재구조, 활동실험, 협력적 탐색, 노출	이미지 재구성, 의자기법, 도식초점 행동, 재양육
상담자 역할	논리적 도전자: 비합리적 신념 교정	협력자, 안내자: 내담자가 스스로 점검, 수정	공감적 재양육자: 제한된 재양육, 관계중심(경계 설정)
성인 학습 상담	비합리적 신념을 논박 → 관점 재구성	부정적 자동적 사고 탐색 대안적 사고로 전환, 행동 실험 → 학습지속성, 효능감 강화	과거 학습상처, 낙인 도식 치유 → 지속성 · 정체감 회복

2) 인지행동주의의 핵심 개념

(1) 스키마

스키마(Schema)는 한 개인이 세상을 바라보고 이해하는 관점으로 자동적 사고의 기초가 되는 기본적 틀 또는 정신적 틀을 뜻한다(Clark et al., 1999). 이는 주로 아동기 초기에 개인이 겪는 경험과 학습을 통해 형성되고, 이렇게 형성된 틀은 자아존

중감과 행동뿐 아니라 새로운 사건이나 정보를 인지하고 반응할 때 강한 영향을 미친다(Wright, Basco, & Thase, 2016).

성인학습 상담에서는 학습자의 학습에 대한 사고가 과거 경험의 영향을 받은 부분이 있는지 그 인지적 도식을 탐색하여, 현재의 학습패턴에 어떻게 작동하고 있는지 파악하여야 한다. 이를 통해 부정적으로 작동하고 있는 도식을 탐색하여 현실에 맞게 재구성하고, 고정된 사고 개념을 극복하여 새로운 학습 전략과 자기이해를 확립하도록 돕는 역할을 한다.

(2) 자동적 사고

자동적 사고(Automatic Thoughts)는 예상치 않은 어떤 특정 상황에 처하게 되었을 때 아주 빠르게 떠오르는 짧은 이미지 또는 생각을 의미한다. 순간적이기 때문에 의식하기 어려우며 개인이 느끼는 감정이나 직접적인 행동에 영향을 미친다. 자신은 현재 일어난 그 상황에서 자신이 생각하는 것이 있는 그대로의 '사실'이라 믿지만, 실제로는 과거 경험에 의해 형성된 신념 때문에 왜곡된 상태로 바라보게 되고 이를 기반으로 잘못된 결론을 내게 되어 때때로 문제를 발생시키게 된다.

이러한 자동적 사고는 학습자가 어떤 특정 상황을 맞이하게 되었을 때 무의식적으로 떠올리는 자동적인 왜곡된 편견으로, 주로 강렬한 감정이 함께 동반된다(Wright, Basco, & Thase, 2016). 이는 학습 전반에 영향을 줄 수 있으므로, 이러한 왜곡된 신념을 인식하여 유연하고 긍정적인 사고로 전환할 수 있도록 돕는다.

(3) 인지 왜곡

인지 왜곡(Cognitive Distortions)은 어떠한 상황이나 사건을 만나게 되었을 때, 실제적인 현실과는 다르게 비합리적이고 편향된 사고로 그 상황을 다르게 해석하는 것이다. 이는 그 상황을 사실 그대로 객관적으로 바라보는 것이 아니라, 더 크게 해석하거나 축소하여 극단적으로 해석하는 것을 말한다(Beck, 2023). 예를 들어, 절대적 사고(이 세상에는 옳거나 그른 것만 존재해), 과잉 일반화(나는 아무것도 제대로 못해), 개인화(모든 것은 다 내가 문제야) 등이 이에 속한다.

성인학습 상담에서 인지 왜곡은 학습자가 한 번의 실패를 크게 확대해석하여 자신감 저하나 회피로 이어질 수 있다. 성인학습 상담에서는 이러한 사고를 탐색하여 관점에 대한 균형을 잡아 학습의 지속성을 높일 수 있다.

3) 인지행동주의 상담 과정과 기법

인지행동주의 상담은 내담자의 심리적 문제를 사고와 정서, 행동의 상호작용 속에서 이해하는 것에서 출발한다. 상담자는 사례 개념화를 통해 내담자의 핵심적인 문제를 탐색하고, 자동적으로 일어나는 사고와 왜곡된 신념을 구조화한다. 이후 상담의 방향을 설정하기 위해 내담자와 함께 실현 가능한 목표를 구체화한다.

상담의 중반부에는 두 가지 개입이 병행되는데, 첫 번째 인지적 개입은 내담자의 비합리적 사고를 합리적인 사고로 전환하여 적응하도록 돕는 것이며, 두 번째 행동적 개입은 단계적 노출하기, 활동 계획하기 또는 단계적으로 과제 부여하기 등의 기법으로 현실적인 삶 속에서 새로이 시도하게 하는 방법이다(Beck, 2023). 이러한 개입은 문제 상황을 다른 각도로 바라보고 경험하도록 하여 사고와 정서 그리고 행동의 선순환을 촉진할 수 있다.

종결 단계에서는 지난 과정 동안 이루어진 변화와 새로운 발견을 점검하는 단계로, 성과를 중심으로 찾기보다는 변화를 통해 이루게 된 성취와 향후 지속방법에 대한 과제를 함께 점검한다. 이는 상담이 종료된 이후에도 지속적인 변화를 스스로 유지할 수 있게 하는 기반을 제공해 준다. 결국 인지행동주의 상담 과정은 체계적인 절차를 통해 내담자의 지속적인 성장과 문제에 대처하는 능력을 강화시켜주는 역할을 하는 것에 그 의의가 있다.

(1) 인지적 재구조화

인지적 재구조화는 내담자의 자동적 사고와 스키마를 찾아내어 합리적이고 균형 잡힌 사고로 바꿀 수 있도록 돕는 과정이다. 가장 많이 이행되는 방법은 사고기록지 작성으로, 내담자가 부정적 사고로 인식하고 있는 사항을 스스로 기록하고 상담자와 함께 그 사고가 정서나 행동에 어떤 영향을 미치고 있는지 확인한다(Wright, Basco, & Thase, 2016). 이후 부정적 사고의 타당성을 논리적이고 객관적인 근거로 점검해 보고 대안적으로 해석할 수 있는 것을 탐색하여 좀더 발전적인 사고로 관점을 구성한다. 이러한 경험을 통해 내담자는 현실적이면서도 유연한 사고방식을 형성하는 능력을 갖게 된다.

(2) 행동 기법

행동 기법은 인지와 행동이 서로 영향을 주는 양방향의 관계라는 바탕하에 내담자가 가지고 있는 고정된 신념이나 가정을 실제적인 현실 상황에서 직접 실험하여 그 차이를 확인하는 것으로, 자신의 신념과 가정에 대해 객관적으로 점검해 보는 것이다. 이를 통해 내담자는 불안한 상황에 대하여 실험을 해 보고 직면해 봄으로써 자신의 부정적인 예상이 실제로 발생하는지도 경험해 볼 수 있다. 상담자는 내담자의 상황과 속도에 맞게 안전하면서도 체계적으로 실험을 계획하고, 그 결과를 점검하면서 대안적 사고를 수립하도록 지원한다. 행동 기법은 사고를 교정해 보는 것 이상으로 직접적인 경험을 하게 되는데, 이는 내담자가 스스로 새로운 사고를 형성하게 되고 그것을 행동화할 수 있도록 돕는다. 행동 기법들의 치료적 개입방법으로는 단계적 노출하기, 활동 계획하기, 단계적으로 과제 부여하기 등이 있다.

① 단계적 노출하기

단계적 노출하기는 스트레스나 불안을 느끼는 상황이나 대상에 내담자가 점차적으로 접촉하고 노출하도록 하여 회피하는 패턴을 감소시키고 불안 반응을 완화시키는 기법이다. 이는 두려운 상황을 반복적이고 점진적으로 경험하게 하면서 익숙해지도록 하여 왜곡되어 확대된 불안을 완화하게 한다. 궁극적으로 내담자가 불안과 스트레스를 극복할 수 있는 힘을 키우게 한다.

② 활동 계획하기

활동 계획하기는 무기력감을 느끼거나 많은 역할로 피곤에 지쳐서 그 어떤 것에도 흥미를 느끼지 못할 때 적용할 수 있다. 체계적으로 활동을 계획하여 자신의 감정을 수치화하고, 즐거움이나 성취감을 주는 활동들의 점수를 파악하여 활동 계획을 수정해나가면서 활동 수준을 변화시킨다.

③ 단계적으로 과제 부여하기

단계적 과제 부여하기는 너무 어렵고 큰 과제를 작게 단계적으로 나누어 쉽게 접근할 수 있도록 만드는 기법이다. 활동 계획하기와 함께 활용함으로써 작은 성취를 이루어감에 따라 성취감을 높일 수 있다. 여러 가지 작은 일들이 밀려 있거나, 원하는 것이 너무 큰 목표라 오랜 노력을 요할 때, 어떤 과제를 너무 어렵게만 생각해서 회피하고 있을 때 사용될 수 있다.

〈표 9-3〉 인지행동주의의 성인학습 상담 활용

기법	개요	성인학습 상담에서의 활용
인지적 재구조화	왜곡된 사고 탐색, 합리적 사고로 전환	학습자의 부정적 신념 점검(예: 나는 학습에 소질이 없어) → 새로운 관점을 형성, 학습 동기 강화
행동기법	실제 상황에서 자신의 신념이나 예측을 검증	학습자의 학습 실패에 대한 두려움을 검증 → 작은 성공 경험, 자기효능감 회복
단계적 노출	불안 유발 상황에 점진적으로 직면	불안상황에 단계적 노출 경험(예:발표 불안, 시험 불안) → 용기 배양, 학습 몰입 상승

기법	개요	성인학습 상담에서의 활용
활동 계획	체계적인 활동을 계획, 일상에서 실천하며 점수화	학습에 대한 무기력감 완화 → 성취감과 즐거움의 발견으로 학습 동기 강화
과제 부여	복잡한 목표를 작은 단위의 단계로 접근	이루기 어렵다고 생각한 목표를 실행 → 학습 실행력, 지속력 강화

4) 인지행동주의의 성인학습 상담에서의 의의

인지행동치료는 성인학습자가 학습을 하는 과정에서 직면할 수 있는 부정적 사고와 신념을 탐색하고 학습자에게 도움이 될 수 있도록 재구조화하는 과정을 거쳐 결과적으로는 자아정체성을 재확립하고 효능감을 높이며 학습 동기를 강화시킬 수 있다. 과거 경험에서 영향을 미치고 있는 실패나 불안을 현실적이고 객관적으로 재형성하고 긍정적인 행동을 강화하여 학습 과정과 학습지속성을 유지하게 할 수 있다. CBT는 개인의 다양한 사회적 맥락과 정서를 반영하여 학습을 삶의 현장과 직접적으로 연결하는 교육적 의미를 지닌다. 따라서 성인학습 상담에서의 인지행동 접근은 학습에 대한 어려움을 해결하면서도, 학습자의 전인적인 성장과 평생학습 역량 강화에 중요한 기반을 제공한다.

3. 코칭과 학습코칭 이론

1) 코칭과 학습코칭의 이론적 배경

코칭의 역사는 인류사회만큼 오랫동안 존재해 왔다. 코칭의 철학적인 사상적 뿌리는 소크라테스(Socrates)식 대화법에서 찾을 수 있다. 기원전 400년경 소크라테스는 "나는 진리에 대해 아무것도 모른다는 사실을 깨달았을 뿐이다."라고 하면서 자신이 가진 유일한 지식은 무지(無知)를 아는 것일 뿐이라고 하였다. 그는 철학자로서의 역할은 산파의 역할(직접 아이를 낳은 것이 아닌 낳을 수 있도록 돕는 주요한 역할)일 뿐이라고 하였다. 이것은 오늘날 코치들이 하는 방식과 유사한 접근 방식으로 내담자가 자신의 신념을 들여다보고 그 타당성과 관점에 의문을 제기할 수 있도록 하는 것이다(Rogers, 2025).

한편, 현대적 의미의 코칭 선구자는 1930년대에 경영자 상담과 세일즈 코칭으로 나타났으며, 다양한 사회경제적 요소들의 결과와 제2차 세계대전 이후 자기계발에 대한 관심으로 증폭되었다. 1960년대에는 인본주의 관점이, 1970년대 후반에는 비즈니스 영역으로 확대되었다. 20세기 후반 이후에는 조직개발과 리더십, 그리고 심리학과 교육학의 접점에서 실천적 근거 기반 이론을 체계화하였으며, 인간이 지닌 무한한 잠재력과 자원을 발견하고 현실 속에서 실현하도록 돕는 과정임을 강조하였다(Vikki, 2015). 전통적인 상담이나 멘토링이 문제 해결 혹은 지식 전달에 집중하는 데 비해 코칭은 열린 질문, 경청, 피드백과 같은 대화적 상호작용을 기반으로 학습자 스스로 성찰과 변화를 이끌어내도록 지원한다. 이러한 접근은 인간을 독립적이고 자기주도적 존재로 이해하며, 내적 동기와 자원 탐색을 통해 의미 있는 성장을 가능하게 한다는 점에서 큰 의의가 있다. 이에 코칭 철학은 '고객 스스로가 자신의 사생활 및 직업생활에 있어 그 누구보다도 잘 알고 있는 전문가로서 존중하며, 모든 사람은 창의적(Creative)이고, 완전성을 추구하고자 하는 욕구(Holistic)가 있으며, 누구나 내면에 자신의 문제를 스스로 해결할 수 있는 자원을 가지고 있다(Resourceful)'고 믿는다(한국코치협회, 2024). 이것은 코치가 지식을 주입하거나 해결책을 제시하는 멘토나 권위자가 아닌, 고객이 가진 가능성과 내적 자원을 발휘할 수 있도록 촉진하는 동반자로 스스로 깨닫고 성찰하여 성장하는 데 중점을 두고 있다는 것을 의미한다.

또한 코칭의 주요 기반은 인본주의 심리학으로 칼 로저스(Carl Rogers)의 인간 중심주의에 깊은 뿌리를 두고 있다. 로저스의 인간관에서 인간은 자율성과 성장 가능성이 높은 존재로 무조건적인 공감과 수용, 진정성이 바탕이 된 관계 속에서 자기실현이 가능하다고 하였다(Rogers, 2017). 이러한 인간관은 코칭이 학습자와 코치의 관계를 수평적이고 상호 존중적인 파트너십으로 설정하는 철학적 근거가 되었다.

코칭은 근거 기반(Evidence-based)과 인간 중심의 철학적 토대를 바탕으로 효과성을 검증할 수 있는 학문적·실천적 과정으로 단순한 대화 기법이 아니라, 과학적 연구와 실천적 검증을 바탕으로 한 전문적 학문이다(Rogers, 2025).

한편 학습코칭은 코칭 이론을 교육 현장과 학습자의 발달 맥락에 맞추어 특화한 영역으로, 학습자의 자기주도적인 역량을 강화하고 학습 목표 설정, 학습 전략, 시간 관리, 학습 동기 유지 등을 지원한다. 이러한 학습코칭의 등장은 평생학습 시대라는 사회적인 배경과 긴밀한 관련이 있다. 급변하는 현대사회에서의 성인은 직업적인 요구나 사회적인 요구에 맞춰 자기실현을 위해 끊임없이 학습에 참여해야 하며, 이러한 과정에서 지식의 습득만이 아닌 학습자가 스스로 학습을 설계하고 지속할 수 있는 역량이 요구된다. 학습코칭은 이러한 요구에 대응하는 실천적인 접근이라 할 수 있다.

코칭 이론과 학습코칭의 가장 주요한 공통 기반은 인간에 대해 긍정적인 관점을 가지고 있다는 것이다. 인간을 수동적인 존재가 아니라 평생을 거쳐 끊임없는 변화와 성장을 추구하는 능동적인 존재로 정의한다. 이에 인간은 자신에게 가장 적합하면서도 창의적인 답을 내면에 가지고 있기에, 충고나 조언을 하지 않고 열린 질문을 통해서 스스로 찾아갈 수 있도록 한다. 이러한 방식은 학습자 자신에게 맞는 학습 방법을 주체적으로 설계하고, 실행에 옮길 수 있도록 돕는 핵심적인 요소라 할 수 있다.

따라서 코칭 이론은 자아성찰과 의미 탐구의 철학적 기반으로 보다 확장된 관점을 제공하며, 학습코칭은 실행 설계 및 지속성 강화를 위한 실천적 방법을 제공한다. 이러한 통합 방식은 성인학습자가 학습 성과와 더불어 자신에 대한 긍정적 이해와 재정의, 삶의 의미 발견 등을 기반으로 전인적인 성장으로 나아가게 만든다. 결국 코칭 이론과 학습코칭은 성인학습 상담에서 교육적인 측면과 전인적인 발달 측면을 통합하여 성장하고 나아가는 데 주요한 역할을 제공한다.

2) 코칭과 학습코칭의 핵심 개념

(1) 코칭의 핵심 개념

① 잠재적인 가능성과 강점(자원) 기반

코칭은 인간을 결핍된 존재로 바라보지 않으며, 자신의 삶에 대한 전문가는 자신으로서 이미 내면에 충분한 잠재된 가능성과 강점(자원)을 지닌 존재로 여긴다. 코치는 학습자의 부족한 부분을 보완하려고 하기보다는 우선적으로 학습자가 가지고 있는 자원과 역량을 발견하고 활용할 수 있도록 열린 질문을 하여 자기 신뢰를 바탕으로 성장과 발전을 촉진시킨다. 이는 "누구나 내면에 자신의 문제를 스스로 해결할 수 있는 자원을 가지고 있다"는 코칭 철학의 출발점이다.

② 수평적인 관계와 동반 성장

코칭에서의 코치와 학습자와의 관계는 수평적이다. 이는 코치가 전문적인 지식이나 방법을 전달하는 멘토나 권위자가 아니라, 학습자와 동반하여 탐색하고 대화하는 파트너십을 의미한다. 코치는 학습자의 경험과 자원을 존중하여 학습자가 원하는 목표를 함께 바라본다.

뿐만 아니라 학습코칭의 또 하나의 매력적인 요소는 학습자와 함께 코치도 동반 성장이 가능하다는 것이다. 열린 질문을 통해 학습자가 자기 성찰을 해 나가는 동안 코치 또한 그 과정을 함께 동반하고 지켜보면서 새로운 배움과 전문성을 확장하게 되는 것이다. 결국 코칭은 상호 존중과 동반 성장이 바탕이 된 관계적 실천이다. 이러한 코칭의 특성은 다른 교육적·상담적 접근과 가장 차별화된 중요한 철학적 토대라 할 수 있다.

③ 열린 질문을 통한 관점 전환과 자기 성찰

코칭 질문은 사실적인 정보 확인을 위한 목적이 아니다. 코칭에서의 질문은 학습자의 고정된 사고의 틀을 확장하고 성찰을 일으키는 질문으로 학습자의 굳어진 사고 방식을 전환시키고, 새롭고 창의적인 관점이 되도록 돕는다(Rogers, 2025). 학습자는 이를 통해 문제라고만 바라보았던 상황을 다르게 바라보게 되거나 재구성하여, 자신의 정체성과 존재를 새롭게 정의하게 된다. 이러한 발견은 다양한 선택과 대안의 폭을 넓히는 관점을 유도하게 되어 주도적인 변화를 실행하게 만든다.

④ 현재와 미래에 대한 초점

코칭은 과거의 원인 분석보다는 앞으로 나아갈 수 있도록, 현재의 선택과 미래의 가능성에 주목한다. 학습자가 원하는 미래를 설계하고, 미래의 모습을 구상하며 그 안에서도 자원을 찾아 현재에 실천할 수 있는 행동과 연결시켜 발전적이면서도 성장하는 방향으로 나갈 수 있도록 지원한다.

⑤ 존재와 의미의 확장

코칭은 목표 달성만을 위한 도구가 아니다. 학습자의 삶의 의미와 존재를 긍정적으로 재정의하여 존재의 가능성과 성장을 확장하고 심화하는 과정이다. 학습자는 코칭을 통해 자기이해를 넓히고, 자신이 발견하게 된 자기이해와 자원의 발견을 삶 전체 속에 확장하여 통합적인 성장으로 나아가게 된다(염희영, 2023).

(2) 학습코칭의 핵심 개념

학습코칭은 일반 코칭의 핵심 역량을 바탕으로, 학습자의 학습 환경과 특성에 맞게 변용된 형태이다. 특히 학습 동기, 자기주도성, 학습 전략은 학습코칭의 핵심 개념으로 자리한다.

① 학습 동기

성인학습자가 학습하는 '이유'를 찾고 즐겁게 학습을 지속하게 하는 가장 중요한 에너지로 거대한 목표나 가치가 아니어도 된다. 아주 단순하고 소소한 이유라고 할지라도 학습에 대한 동기가 부여된다면 그 자체로 의미가 있다. 학습코칭은 질문과 경청을 통해 학습자가 자신의 내적 동기를 발견하고 강화할 수 있도록 돕는다. 단순히 외부적인 성과를 위한 학습이 아니라, 학습을 통해 스스로 성장하고 의미를 찾도록 하는 내적 동기를 강조한다. 이러한 학습 동기는 성인학습 상담에서 평생학습 역량으로 확장되어 삶의 변화와 자기실현을 가능하게 하는 힘으로 작용될 수 있다.

② 자기주도성

학습자 스스로가 학습의 목표를 정하고 학습에 필요한 요소를 찾는 것으로, 목표를 달성하기 위해 자신이 이해하는 영역과 속도에 맞는 전략을 계획하고 시행하면서 그 결과를 평가하는 역량이다(Duffy & Jonassen, 1991). 이러한 역량이 학습에 적용될 때 학습자는 자신의 모든 학습 과정에 대한 책임감을 갖게 된다. 자기주도성은 성인학습 상담에서 평생학습자로서 미래를 살아가고 지속적인 성장을 위해 반드시 필요한 요소이다.

③ 학습 전략

학습자가 구체적으로 학습의 방법을 설계하고 이를 일상에서 실행하도록 돕는 구체적 과정으로 일상에서 현실적으로 실행할 수 있는 방법을 뜻한다. 이와 더불어 코칭에서 이루어지는 점검과 성찰은 학습 방법의 강화, 실행 전략의 조정, 실패 경험의 재해석 등으로 확장된다. 이를 통해 성인학습 상담에서는 학습이 일시적 성과가 아닌 존재의 변화를 통해 장기적인 성장으로 이어지도록 지원한다.

3) 학습코칭의 과정과 기법

코칭과 학습코칭은 모두 성장의 여정을 함께하는 과정이다. 그러나 학습코칭은 개인의 학습 목표를 위해 좀더 구체적으로 진행된다는 점에서 일반적인 코칭과 차이가 있다. 첫 번째 시작 단계는 라포 형성을 기반으로 목표 설정 → 현실 점검 → 실행 지원 → 성찰과 피드백의 순서로 진행되며, 학습자의 특성과 목적에 따라 적용되는 그 순서와 상황은 유동적이다.

이러한 프로세스로 이루어지는 코칭에서 주요한 기법 중의 하나는 열린 질문이다. 열린 질문은 '예' 또는 '아니오'의 답이 나오게 하는 닫힌 질문이나, 상담자가 원하는 답이 나올 수 있게 하는 유도 질문과 달리 학습자가 가지고 있는 생각이나 감정, 경험 등을 자유롭게 이야기할 수 있도록 공간을 만들어주는 질문으로, 학습자의 사고를 확장하고 학습에 대한 새로운 가능성을 스스로 찾을 수 있도록 만든다. 예를 들어 "이번 과정에서 어려움을 느꼈던 점은 무엇인가요?"와 같은 질문은 사실적인 확인 점검을 넘어 학습자의 심리 상태, 내적 경험, 문제 확인을 하고 자연스럽게 대안 탐색까지 마련하게 해 준다.

이러한 열린 질문은 학습자의 자기 성찰을 촉진하고, 스스로 점검하고 답하게 함으로써 학습자의 자기주체성을 강화시키는 역할을 한다. 결국 열린 질문은 학습자 중심의 대화를 만드는 장을 펼치게 되며, 자율적인 사고와 스스로 문제 해결 능력을 촉진할 수 있는 기능을 수행한다.

(1) 관계(라포) 형성

코칭에서 가장 중요하면서도 첫 단계라 할 수 있는 것은 안전한 환경을 조성하는 라포 형성이다. 수평적인 관계와 신뢰가 기본 바탕이 되어야 학습자는 자신의 학습 경험과 기대, 어려움 등에 대해 자유롭게 이야기하고 탐색할 수 있다. 특히 학습자가 기존에 경험한 학습 실패나 불안감에 대해 솔직하고 진솔하게 털어놓을 수 있도록 경청과 공감으로 라포를 형성하여야 한다.

(2) 목표 설정

신뢰의 관계가 형성되면 학습자가 달성하고자 하는 구체적이고 현실적인 목표를 세운다. 일반적인 라이프 코칭에서는 삶의 방향성, 의미, 가치 등에 초점을 둔다면 학습코칭에서는 학습 동기, 시간 관리, 학습 계획과 같은 학습 중심의 주제를 바탕으로 이루어지는 삶의 변화로 설정된다. 목표는 SMART(Specific/구체성, Measurable/측정 가능, Achievable/성취 가능, Realistic/현실성, Time limited/정해진 시간)한 원칙을 고려하여 설정하는 것이 필요하다.

(3) 현실 점검

현실 점검은 학습자의 목표와 학습자의 상황이 얼마나 조화를 이루고 있는지 객관적으로 점검하는 과정이다. 이 과정은 단순히 가능 여부를 점검하는 것이 아니라, 학습자가 원하는 목표와 현실 사이의 간극을 좁혀 목표에 가까워질 수 있도록 조율하는 과정이다. 이를 통해 학습자는 비현실적이거나 불가능한 목표는 조율하여 실현 가능한 전략으로 대체할 수 있다. 특히 성인학습자는 직업, 사회적 책임, 가족 등 다양한 역할을 함께 수행하기 때문에 학습 목표를 달성하기 위해 시간, 에너지, 지원체계가 실제로 가능한지 구체적으로 검토되어야 한다. 예를 들어 회사를 다니면서 매일 2시간씩 학습하겠다는 계획이 현실적인지, 실질적으로 활용할 수 있는 자원은 어떤 것이 있으며, 보완이 필요하다면 무엇인지에 대한 것이 이에 속한다.

이러한 현실 점검은 학습자가 목표하는 것과 외부적인 상황의 균형을 잡아 이상적 소망이 아닌 삶 속에서 구체적으로 실현 가능한 목표를 설계할 수 있게 만든다. 따라서 학습자가 자기주도적인 목표를 설정하면서도 현실적인 상황을 반영하여 실행하게 되면, 이는 작은 성공을 경험하게 하여 지속적 성장으로 나아갈 수 있는 토대를 제공하게 된다. 코치는 질문을 통하여 학습자의 현재 확인, 시각 확장, 존재의 긍정적인 새로운 정의와 정체성 확보, 삶의 주요한 가치와 미래비전을 탐색하여 학습과 통합하도록 돕는다.

현실 점검에서 할 수 있는 다양한 질문에는 의미 질문, 관점 전환 질문, 존재 질문, 미래 질문, 도전 질문 등이 있다. 이러한 질문기법은 현실 점검 단계뿐만 아니라 목표 설정이나 대안 탐색 등 어느 단계에서든 학습자에게 필요한 시점에서 맥락적으로 이루어져야 하는 것이 가장 중요하며, 질문의 기법을 사용하기 이전에 충분한 라포 형성이 반드시 전제되어야 한다.

① 의미 질문

어떠한 사실이나 정보의 확인이 아닌 삶의 경험이나 현상 안에서 발견할 수 있는 의미와 주요한 가치를 탐색하도록 돕는 질문이다. 의미 질문은 "학습은 어떤 의미를 가지고 있나요?", "학습을 통해 얻고자 하는 것은 삶에 어떤 가치를 부여하나요?"와 같은 질문으로 성찰을 유도하여 학습자가 자신의 감정이나 행동을 이해하고 목표를 더 강화시키거나 변화시킬 수 있다.

② 관점 전환 질문

기존의 고정된 시각에서 벗어나 동일한 상황에 대해서 좀 더 다양하고 넓은 관점에서 바라보게 하는 질문이다. 예를 들면, "그때의 실패를 통해 성장하게 된 것은 무엇인가요?"와 같은 질문은 실패를 자원으로 바라보게 하는 계기가 될 수 있으며, "현재 그렇게 하고 있는 자신을 미래의 내가 바라본다면 어떻게 생각할까요?"라는 메타 질문은 현재 자신의 패턴을 객관화할 수 있게 된다.

③ 존재 질문

습득이나 과업 중심이 아닌, 학습자가 "나는 어떤 사람인가?", "내 삶에 진정으로 추구하고자 하는 것은 무엇인가?"와 같은 자신의 존재 정의에 대한 근원적인 질문을 한다. 이를 통해 학습자는 목표에 대해 성취를 넘어선 삶의 가치와 의미가 확대되는 경험을 할 수 있다.

④ 미래 질문

학습자의 목표가 이루어진 미래의 모습을 구체적으로 그리고, 그것을 가능하게 한 자원과 그것을 가능하게 한 존재의 성의를 탐색한다. "1년 후 그것을 이룬 자신의 모습은 어떻게 달라져 있을까요? 그것을 이룬 것으로 인해 삶에 어떤 다른 가능성이 펼쳐지나요? 그것을 이룬 내가 지금의 나에게 응원을 해 준다면 무엇이라 할까요?"와 같은 질문으로 이루어진다.

⑤ 성찰 질문

학습자 개인의 생각이나 감정, 주요하게 여기는 신념과 가치를 탐구하여 이루고자 하는 목표와의 부합 또는 격차를 탐색한다. "이 경험을 통해 자신에 대해 무엇을 알게 되셨나요?", "이것이 당신의 가치와 어떤 연결이 있을까요?" 등의 질문이 있다.

⑥ 도전 질문

학습자가 스스로 제한하고 있는 한계 또는 제약적 신념에 스스로 직시할 수 있도록 안전한 분위기 속에서 긍정적이고 성장지향적인 변화가 될 수 있는 질문을 한다. "실패하지 않는다면, 어떤 시도를 해 볼 수 있을까요?"가 이에 속한다.

⑦ 직면 질문

학습자의 말이나 행동, 생각에서 보이는 불일치를 자각하도록 돕는 질문으로, 지적이 아닌 '거울처럼 비춰주는' 역할로서 학습자가 이야기한 내용을 있는 그대로 반영하며 불일치가 일어나는 지점을 연결하여 질문한다. 이를 통하여 학습자에게 자기 인식의 전환점을 제공할 수 있다. 예를 들면, "중요하다고 말씀하신 목표와 실제 행동에는 어떤 차이가 있나요? 그것이 어떻게 느껴지시나요?", "학습을 반드시 해야 한다고 하셨는데도 시간이 없다고 미루고 계신데 두 생각 사이에서 어떤 것이 작용하는 있는 걸까요?" 등의 질문이 있을 수 있다.

(4) 실행 지원

실행 지원(대안 탐색) 단계에서는 목표 달성을 위한 대안을 탐색하고 이를 실제적으로 행동으로 옮기며, 그러한 이행을 통해 학습을 통해 얻은 자원과 심리적인 자원을 통합하는 단계이다. 일반적인 코칭과 마찬가지로 자신에게 내재되어 있던 가능성과 자원 등을 발견하여 활용할 수 있도록 기반을 다지면서도 학습코칭에서 주요한 학습의 계획이라든가 학습 전략, 환경 관리 등을 구체적인 설계로 함께 점검한다.

즉, 실행 단계는 주어진 과제를 이행하는 것뿐만 아니라, 학습자 자신의 강점과 자원을 학습과 연결하고 코칭에서 이루어진 존재의 변화와 관점 전환을 학습에 접목하여 대안을 탐색하는 것이다. 학습자는 이 과정에서 또 다시 실패를 경험할까봐 오는 불안이나 확신의 저하 같은 요소가 드러날 수 있는데, 이때 코치는 긍정적인 피드백과 함께 공감적으로 수용하여야 한다. 이와 더불어 한 발자국 도전하고 스스로 해결할 수 있는 전략을 탐색할 수 있도록 질문한다. 또한 계획에 있어서는 구체적이고 실질적인 계획, 즉 학습 일지, 시간 분배, 학습량 등을 수립하여 현실화할 수 있도록 한다. 이를 통해 학습자는 단순히 과제 수행의 학습자가 아니라 목표에 도달하는 힘을 얻게 되면서도 자기주도적 학습자로서 나아가게 된다.

(5) 성찰과 피드백

마지막 단계인 성찰과 피드백에서는 지난 학습의 과정들을 되돌아보고 성과를 점검한다. 여기에서 성과란 목표를 얼만큼 달성했는지의 여부나 학습의 성취보다는 학습자가 긍정적으로 변화된 모습과 태도, 학습 과정과 태도의 변화, 학습을 대하는 마음의 자세 등 성장하고 발전한 것에 대한 의미를 찾도록 하는 것이 더 중요하다.

〈표 9-4〉 학습코칭의 성인학습 상담 활용

단계	설명	성인학습 상담에서의 활용
라포 형성	심리적인 안전감 형성	학습자의 경험과 배경 존중: 관계 형성
목표 설정	목표와 방향 설정	삶에 통합된 자기주도적인 학습 목표 구체화
현실 점검	현재 상황과 자원, 장애물 탐색, 관점 전환, 존재 정의	환경 점검, 심리적 상태, 자원과 강점 탐색
실행 지원	계획과 실행, 자가 점검	대안 탐색, 구체적인 실행, 상담자의 응원과 지지
성찰과 피드백	과정과 성장의 의미 통합	학습 과정 성찰, 자기 확신과 지속적 학습 강화

4) 코칭과 학습코칭의 성인학습 상담에서의 의의

성인학습 상담에서의 코칭은 학습자가 자신과 삶에서의 문제에 대한 관점 전환을 통해 자신을 이해하고 주체적으로 성장할 수 있는 과정을 촉진하는 주요한 방식으로 그 의의를 가진다. 전통적인 상담이 주로 문제를 바라보며 정서적 또는 심리적 어려움의 완화를 중심으로 두었다면, 코칭은 문제를 바라보기보다는 학습자가 원하는 삶에 중심을 두면서, 학습자의 잠재력과 가능성을 통해 목표 달성을 위한 실천을 지원한다는 점에서 성인학습이 추구하는 특성과 그 맥락을 같이한다. 성인은 자기주도적이면서도 경험을 기반으로 하는 학습을 선호하므로 이를 실제 삶에서 적용하여 확장하기 위해서는 코칭적 대화와 질문이 필수라 할 수 있다.

결국, 코칭과 학습코칭을 성인학습 상담에 통합하여 성인의 학습을 단순한 기술 습득이나 지식 전달 차원이 아닌 자기 관리와 성찰, 자존감 향상 및 성장, 존재의 변화 등을 통해 삶의 질을 변화시킬 수 있다. 이는 학습자가 자신을 학습과 삶의 주체이자 변화를 이끄는 창조자로 바라보도록 할 뿐만 아니라 성인학습 상담을 보다 통합적이고 미래지향적인 장으로 이끄는 기반이 된다.

4. AI와 디지털 상담 이론

1) AI와 디지털 상담의 이론적 배경

인공지능(AI)의 발달은 상담의 형식과 방향성을 혁신적으로 변화시키고 있다. 기존 상담이 대면 만남을 통해 상담자와 내담자 간의 관계 패턴과 역동, 상호적 대화로 이루어졌다면 디지털 기술과 AI의 도입은 상담 공간, 이동거리, 시간 등의 물리적인 제약에서 자유로워 기존에는 생각지 못했던 새로운 환경과 가능성을 제공한다. 특히 코로나 팬데믹 이후 비대면 상담과 강의 등의 일반화는 디지털 기술을 활용한 상담이 이차적 보조 수단이 아닌 주요 방식 중 하나로 자리 잡게 하였다. 이 과정에서 AI는 하나의 물리적 수단을 대체하는 것을 넘어서서 상담의 개념화를 대신하거나 상담의 개입과 상담 평가에 이르기까지 상담의 전반적인 곳에 영향을 미치고 있다.

이렇듯 이미 상담에 크게 한 발짝 영향을 미치고 있는 AI와 디지털 상담의 이론적 배경을 크게 세 가지 측면에서 살펴보고자 한다.

첫째, 상담학적 이론의 확장이다. 상담사의 직관이나 개인의 삶에 대한 무의식을 깊게 탐색하는 정신분석 또는 분석심리는 AI로는 그 한계가 있을 수 있으나 이와 달리 인지행동 상담(CBT)이나 해결 중심 상담(SFBT)처럼 과학적이고 구조화된 기법으로 이루어진 경우에는 AI 시스템에 적용하는 것이 가능하며, 뿐만 아니라 자동화된 질문과 인지 재구성 훈련, 과제 등을 제시하도록 구현하는 것이 상당히 용이하다(Andersson, 2018).

둘째, 학습 이론과 인공지능의 결합이다. 인공지능은 인간이 어떻게 배우고 행동을 변화하는지 설명하는 교육학적·심리학적 이론인 학습 이론을 바탕으로 데이터를 이용해 스스로 학습하도록 설계되었다. 디지털 상담에서 기계학습(Machine Learning)[1]과 자연어 처리(Natural Language Processing: NLP)[2]가 이러한 주요한 역할

1) 기계학습(Machine Learning): 컴퓨터가 프로그래밍 없이도 다량의 데이터를 분석하여 규칙과 패턴을 스스로 학습하는 기술
2) 자연어 처리(Natural Language Processing): 인간의 일상적 언어를 컴퓨터가 이해하고 분석할 수 있는 기술

을 담당한다. 기계학습은 대화 속에서 반복되는 사용자의 규칙이나 습관을 파악하여 수집하여 학습하고, 자연어 처리는 사용하는 언어의 표현을 분석하여 정서를 파악하고 대화에서 느껴지는 변화의 흐름까지 감지한다. 예를 들면, 사용자가 습관처럼 '힘들다, 어렵다'라는 특정 단어를 반복하면 AI는 사용자가 어렵게 생각하는 부분을 분석하여 정보를 제공하며, 사용자가 상담자일 경우 상의안을 작성하고자 할 때 상담학적인 이론이나 사용자의 선호 패턴을 분석하여 강의안을 제시하기도 한다. 또한 상담의 내용을 분석할 때는 상담자가 미처 발견하지 못한 내담자의 심리적인 변화를 감지하여 상담 접근 방법을 제안하기도 한다. 이러한 데이터 자료를 상담자가 적절하게 활용하게 될 경우 직관과 경험으로 이루어진 영역을 일부 보완할 수 있으며 내담자에게 보다 근거가 명확한 개입을 설계할 수 있다.

셋째, 인간과 기계의 상호작용(Human-Computer Interaction: HCI)[3] 관점이다. 오늘날 AI는 정보를 쉽고 편하게 제공해 주는 수준을 넘어 어느 정도 깊이 있는 정서적 대화를 나누기도 하는 상호작용이 가능한 수준에 다다랐다. 이는 과학적 기술이 상대의 패턴, 대화의 맥락, 감정 등을 사람과 주고받으며 소통하는 과정을 설명하는 이론적 기반이 된다.

이러한 이론적 배경의 AI와 디지털 상담의 가장 큰 이점은 접근성이 용이하다는 것이다. 기존 상담은 시간의 조율, 비용 문제, 상담거리나 공간의 제약 등으로 많은 성인학습자들이 접근하기 힘들었던 반면, 디지털 상담은 시간대와 장소에 상관 없이 실시간으로 가능하며 이동에 따른 교통비나 공간 대여비, 상담료 등 비용 측면에서도 이점이 있다(Fitzpatrick, Darcy, & Vierhile, 2017). 특히 이러한 이점은 여러 가지 역할과 활동을 병행해야 하는 성인학습자에게 보다 개인적인 상황과 성향에 맞는 심리적 지원을 가능하게 한다.

3) 인간-기계 상호작용(Human-Computer Interaction: HCI): 인간이 컴퓨터나 디지털 기술과 어떻게 소통하고 협력하는지를 연구하는 학문 분야. 초기에는 사용자가 기계를 효율적으로 다루는 방법에 초점을 두었으나, 최근에는 인간의 인지 · 정서 · 사회적 요인을 고려한 상호작용 설계로 확장됨

반면 디지털 상담에서 주요하게 바라봐야 할 점은 첫 번째, 윤리적 문제이다. 개인정보를 비롯한 상담 내용의 보호, 한쪽으로 편향된 알고리즘은 반드시 주의 깊게 고려되어야 하는 사항이다(Andersson, 2018).

두 번째, 상담자와의 일대일 상담과 같은 일관성과 구조화는 불가능하다. 때로는 AI도 깊은 공감의 언어를 사용하고 방향성을 제시하기도 한다. 그러나 같은 이슈와 상황에 대해 사용자가 순간적인 정서의 변화로 실제적인 마음과 달리 기존과 다른 언어를 한 번만 사용해도, AI는 기존의 방향성이나 정서와 180도 다른 반응과 대답을 제시한다. 이에 심리적으로 불안한 사용자가 AI나 디지털 상담에 크게 의존하게 될 경우, 급격하게 달라지는 AI의 반응으로 사용자에게 올 수 있는 혼란과 상처의 그 크기는 예상이 불가한 위험한 요소이다. 이에 사람과 사람 사이에서만 이루어질 수 있는 깊은 교감이나 관계에서 전해지는 정서, 상담사의 직관 활용이나 비언어적인 메시지로만 알 수 있는 감정의 변화 등은 AI로 대체될 수 없는 요소들이다. 따라서 AI와 디지털 상담은 상담자를 대체하는 것이 아니라 상담자의 전문성과 관점의 확장 또는 내담자의 학습과 심리적 성장을 지원하기 위한 보완적인 도구로 이해되어야 한다.

이와 같은 이유로 AI와 디지털 상담은 과학적 기술 발달을 시사하면서도 인간과 기계의 상호작용이 결합된 융합적인 토대로 보일 수는 있으나, 성인학습 상담에서 AI와 디지털 상담의 활용은 상담의 효과성을 높이고 보완을 위한 수단으로 한정되어야 한다.

2) AI와 디지털 상담의 핵심 개념

디지털 상담은 정보통신기술(ICT)과 인공지능(AI)을 기반으로 등장한 새로운 상담의 한 형태로 모바일, 온라인, 가상현실(VR) 등 다양한 매체가 존재한다. 디지털 상담은 대화를 기록하고 보관하므로 데이터를 분석하고 실시간으로 모니터링하는 등

이러한 기술을 활용하여 상담에서 일관성을 유지하며 연속성의 특성을 가질 수 있다. 더 나아가 디지털 상담은 통상적이고 단순하게 원격 상담을 하는 것을 넘어 상담의 패러다임 전환이 이루어지는 현상으로 전개되고 있다. 이러한 변화를 이해하기 위해서는 AI와 디지털 상담을 가능하게 하는 기술적 특성과 그에 따른 핵심 개념을 살펴볼 필요가 있다. 이와 더불어 데이터 기반의 대화, 맞춤화된 피드백, 상호작용성의 반응, 상담자와의 협력을 위한 보완성 및 윤리적 책임과 같은 요소들의 구체적 특징을 살펴보면 다음과 같다.

첫째, 데이터 기반(Data-driven)은 상담에서 이루어진 대화뿐 아니라 심리검사 결과 등 다양하고 방대한 데이터를 실시간으로 수집하고 빠르게 분석하는 능력을 말한다. 이는 기존에 상담자 개인이 내담자를 경험하면서 분석했던 것들을 보다 과학적이고 빠른 속도로 작업할 수 있도록 돕는다.

둘째, 맞춤화(Personalization)는 기계학습 알고리즘(Machine Learning algorism)이 수집된 데이터를 분석하여 내담자 개인에게 가장 적합하다고 판단된 피드백을 제공하는 기능이다. 예를 들면 학습 목표 달성 속도, 학습에 대한 정서적 반응, 생활 습관 등을 파악한 피드백은 학습 전략 조율에 도움을 준다.

셋째, 상호작용성(Interactivity)은 자연어 처리(NLP), 음성, 감정 등에 대한 분석 기술이 결합하여 AI가 내담자의 언어를 파악하여 이에 적절한 반응을 하는 것을 뜻한다. 이는 실제 대화를 하는 대상처럼 느끼게 하는 경험을 제공할 수 있다.

넷째, 보완성(Complementarity)은 상담자와 AI와의 협력을 뜻한다. AI가 객관적이고 과학적인 진단과 기록, 반복 현상 파악 및 기록 보관을 보완해 주면 상담자는 공감과 신뢰 관계 형성 등 사람 사이에서만 이루어질 수 있는 상호작용에 더 집중할 수 있게 됨으로써 효율적인 협업이 가능해진다.

마지막으로, 윤리는 AI 활용에서 반드시 고려해야 하는 요소이다. 온라인의 경우 개인의 정보가 유출되면 그 여파는 짐작할 수 없으며 편향된 알고리즘은 객관성을 유지하는 데 방해가 되므로 반드시 그 사실 여부의 점검이 필요하다. 또한 내담자의 동의가 이루어져야 하는 점은 내담자 보호를 위해 가장 주요히 다루어야 할 문제이다. 이는 기술적 진보의 활용이 상담에서 가장 주요하게 이루어져야 하는 신뢰성을 저해하지 않기 위함이다.

성인학습 상담에서 성인학습자는 다양한 생활 환경, 자율성과 자기주도성 존중, 지속적 동기 유지 등의 특성이 있다. 디지털 상담의 온라인이란 환경은 이러한 성인학습자의 여러 제약적인 여건 속에서도 학습과 상담을 지속할 수 있도록 돕는다. 또한 개개인의 데이터 분석과 자동화는 일정 관리, 진도 점검 및 정서적 지원 등의 맞춤형 피드백을 제공해 준다(Andersson, 2018). 더 나아가 AI와 상담자의 협력적 개입이 적절히 이루어질 경우에는 학습 과정에서의 어려움을 보다 조기에 탐지하고 대응할 수 있게 하여 학습 역량을 강화하는 중요한 도구가 될 수 있다(양원영, 배철우 외, 2025).

3) AI와 디지털 상담의 과정과 기법

AI와 디지털 상담은 데이터 분석과 기술 지원으로 상담 과정과 기법을 새롭게 확장 시키는 것이 가능하다. 그 과정은 크게 초기 진단 → 목표 설정 → 실행 지원 → 성찰과 피드백으로 각 단계마다 AI의 특성이 포함된다.

초기 진단 단계에서 AI는 대화 패턴, 설문이나 검사, 신체반응(음성, 심장맥박 변화)과 같은 데이터를 수집하여 분석한다. 이를 통해 상담자는 내담자의 현재 정서 상태를 비롯하여 학습 패턴, 생활 상태를 객관적으로 파악할 수 있다.

목표 설정 단계에서는 상담자와 내담자의 협력을 최우선으로 상담 방향을 결정한 뒤, AI의 데이터 기반의 예상 방향과 비교 자료의 객관적 분석으로 목표를 좀 더 구체적이고 현실적으로 설정할 수 있다. 예를 들면, AI를 활용하여 학습자의 성취 패턴을 참고하여 어떤 학습 전략이 도움될지 참고할 수 있다.

실행 지원 단계에서는 AI가 일정을 관리해 주고 학습진도 상황이나 심리적 상태

등의 모니터링을 통해 피드백을 제공받을 수 있다. 이러한 제공은 학습자의 주의를 환기시키고 목표를 실천할 수 있도록 점검하여 행동을 촉진하는 데 도움이 된다. 상담자는 AI의 데이터를 참고하여 내담자를 격려하고 상담자가 직접적으로 개입할 시점을 조정할 수 있다.

마지막으로, 성찰과 피드백 단계에서는 AI에 객관적으로 축적된 데이터를 활용하여 지난 과정과 변화를 점검해 볼 수 있다. 지난 과정 중에서 이루어진 성취나 어려움을 도표화하거나 시각화하여 객관적인 확인이 가능하다. 이를 통해 새로이 도전해야 할 부분과 성취한 것을 점검하여 자기효능감을 강화시킬 수 있다.

AI와 디지털 상담의 과정은 기존의 상담 방식을 유지하면서도, 각 단계마다 AI의 장점을 결합할 수 있다는 점에 그 차별성이 있다. 이를 통해 상담자는 내담자를 보다 객관적으로 이해할 수 있으며, 내담자는 환경적인 제약에서도 필요시 상담 지원을 받을 수 있다. 이러한 과정과 기법은 성인학습 상담에서 보다 자기주도적인 학습을 촉진하고 일상에서 학습을 유지하며, 지속가능한 성장 지원에 효과적이라 할 수 있다(양원영, 배철우 외, 2025).

〈표 9-5〉 AI와 디지털 상담의 성인학습 상담 활용

과정	주요 기법	성인학습 상담에서의 활용
초기 진단	심리검사, 감정 분석, 대화 패턴 인식	학습자의 학습 동기, 정서 상태, 생활·경력의 객관적 분석: 상담 방향 초기 설정
목표 설정	맞춤형 목표 알고리즘, 학습 데이터 분석 보고서	학습자의 성취 패턴을 분석: 현실적·개인적인 학습과 상담 목표 수립
실행 지원	챗봇 상담, 알림 기능, 성찰 일지	진도 관리, 시간 관리, 정서적 지지의 실시간 제공: 학습 지속성과 자기주도성 강화
성찰 피드백	자동 보고서 생성, 정서 변화 그래프, 성찰 질문	변환과정 회고를 통한 성취감 확인: 다음 학습·상담 목표 재설정 지원

4) AI와 디지털 상담의 성인학습 상담에서의 의의

AI와 디지털 상담은 성인학습자가 처한 복합적 삶의 맥락을 반영할 수 있다는 점에 큰 의의를 지니고 있다. 성인은 직장, 가정, 사회적 역할 등 다양한 역할을 동시에 수행해야 하기 때문에 전통적인 대면으로는 생활과 학습, 심리적 문제를 균형 있게 다루기에는 한계가 있다. 디지털 상담은 학습자의 데이터를 체계적으로 분석하고 빠른 피드백과 개입이 가능하여 학습과 정서적 지원을 통합적으로 제공할 수 있다(Ly, Ly, & Andersson, 2017). 또한 상담자는 AI를 활용한 분석을 기반으로 상담 개입을 구조화할 수 있어 자기주도적 학습의 촉진과 학습 지속성 강화를 이끌어 나갈 수 있다. 나아가 디지털 상담은 시간, 거리 등의 물리적인 제약으로 상담에 접근할 수 없었던 성인학습자들에게 기회를 열어 줌으로써 상담의 접근성 확장이라는 사회적 의미를 가진다(최윤정, 2025). 이러한 점에서 AI와 디지털 상담은 과학의 발달이라는 개념을 넘어 성인학습 상담을 보다 개인화하고 지속가능성을 높이며 미래지향적인 장으로 이끌 수 있다는 점에서 큰 의의를 갖는다.

학습 과제

1. 상담 이론 중 한 가지를 선택하여, 성인학습 상담에서 적용해 볼 수 있는 구체적인 사례를 작성하시오.
2. 각 상담 이론의 주요 내용을 비교, 분석하여 성인학습자의 학습 동기 강화와 지속성 유지에서 각 이론별로 어떤 접근이 가능한지 분석하시오.
3. 전통적 상담 과정과 AI와 디지털 상담의 기법과 과정을 표로 정리하여 유사점과 차이점을 비교하시오.
4. 성인학습 상담 장면에서 AI 기술을 활용하여 상담 진행 시 상담자의 역할과 AI 기술의 두 요소가 어떻게 협력적 관계를 가장 효과적으로 형성할 수 있는지 논의하시오.

참고문헌

김동일, 이미나, 임형택(2022). **성인교육을 위한 성인학습 및 상담.** 동문사.

양원영, 배철우, 이석진, 김정희, 김미자(2025). **뉴노멀, 초연결, 플랫폼시대의 성인학습 및 상담.** 동문사.

염희영(2023). 평생교육 심신통합 코칭프로그램에 참여한 암 환자의 전환학습 경험탐색. 백석대학교 기독교전문대학원 박사학위논문.

이부영(2019). **분석심리학.** 일조각.

정명진(2022). **칼융 무의식의 심리학.** 부글북스.

최윤정(2025). **성인학습 및 상담.** 학지사.

Andersson, G. (2018). Internet interventions: Past, present and future. *Internet Interventions, 12*, 181-188.

Beck, J. S. (2011). *Cognitive behavior therapy: Basics and beyond* (2nd ed.). Guilford Press.

Beck, J. S. (2023). **인지행동치료 이론과 실제.** 최영희, 신승민, 최상유 옮김. 하나의학사.

Boa, F. (2004). **융학파의 꿈해석.** 박현순 옮김. 학지사.

Clark, D. A., Beck, A. T., Alford, B. A. (1999). *Scientific Foundations of Congnitive Theory and Therapy of Depression.* New York, Wiley.

Dobson, K. S. (2019). *Handbook of cognitive-behavioral therapies* (4th ed.). Guilford Press.

Duffy, T. M., & Jonassen, D. H. (1991). Constructivism : new implication for instructional technology? *Journal of Educational Technology, 31*(5), 7-10.

Fitzpatrick, K. K., Darcy, A., & Vierhile, M. (2017). Delivering cognitive behavior therapy to young adults with symptoms of depression and anxiety using a fully automated conversational agent(Woebot): A randomized controlled trial. *JMIR Mental Health, 4*(2), e19.

Hall, C. S., & Nordby, V. J. (1973). *A primer of Jungian psychology.* Meridian.

Jesse, H. W., Gresgory, K. B., & Michael, E. T. (2019). **인지행동치료.** 김정민 옮김. 학지사.

Jung, C. G. (1959). *The basic writings of C. G. Jung* (V. S. de Laszlo, Ed.). Princeton University Press.

Jung, C. G. (1961). *Memories, dreams, reflections.* Vintage.

Jung, C. G. (1969). *The archetypes and the collective unconscious* (R. F. C. Hull, Trans.). Princeton University Press. (Original work published 1934-1954)

Knowles, M. S., Holton, E. F., & Swanson, R. A. (2015). *The adult learner: The definitive classic in adult education and human resource development* (8th ed.). Routledge.

Ly, K. H., Ly, A. M., & Andersson, G. (2017). A fully automated conversational agent for promoting mental well-being: A pilot RCT using mixed methods. *Internet Interventions, 10*, 39-46.

Rogers, C. R. (2017). **칼 로저스의 사람-중심 상담**. 오제은 옮김. 학지사.

Rogers, J. (2025). **코칭 기술.** 최혜란, 이형주, 염희영 옮김. 학지사.

Sailer, M., Stadler, M., Schultz-Pernice, F., Franke, U., Schöffmann, C., Paniotova, V., … Fischer, F. (2021). Technology-related learning with digital media: The role of cognitive and motivational factors. *Frontiers in Psychology, 12*, 720559.

Samuels, A., Shorter, B., & Plaut, F. (1986). *A critical dictionary of Jungian analysis.* Routledge.

Stevens, A. (1994). *Jung: A very short introduction.* Oxford University Press.

Vikki G. Brock(2015). **코칭의 역사.** 김경화, 김상복, 김윤하 외 옮김. 코쿱북스.

Wright J. H., Basco M. R., & Thase M. E. (2016). **인지행동치료.** 김정민 옮김. 학지사.

Young-Eisendrath, P., & Dawson, T. (Eds.). (2008). *The Cambridge companion to Jung* (2nd ed.). Cambridge University Press.

Zhu, C., Valcke, M., & Schellens, T. (2009). A cross-cultural study of teacher perspectives on teacher roles and adoption of online collaborative learning in higher education. *European Journal of Teacher Education, 32*(3), 329-346.

Chapter

10

성인학습 상담조력 기술

학습 개요

본 장에서는 성인학습자가 학습 과정에서 직면하게 되는 어려움을 각 이론별로 어떻게 접근하고 해석하여 지원할 수 있는지 살펴본다. 이를 통해 성인학습 상담이 학업 문제 해결을 넘어서서 자기이해와 학습 의미 탐색, 존재의 변화와 성찰, 그리고 실천적 변화를 촉진하는 과정임을 알 수 있게 된다. 또한 상담자의 개입으로 인하여 학습 지속성과 자기주도성을 어떻게 강화시킬 수 있는지 살펴보면서 성인학습 상담의 이론적인 토대와 사례에서의 적용을 균형 있게 제시하고자 한다.

학습 목표

1. 성인학습 상담에서 활용되는 주요 이론(분석심리학, 인지행동주의, 코칭, AI와 디지털 상담)별로 성인학습자의 과거 경험을 어떻게 학습의 의미로 재탐색하고 삶에 적용하는지 설명할 수 있다.
2. 상담자의 개입이 학습자의 자기 효능감, 학습 지속성, 자기주도성 강화에 어떤 영향을 미치는지 설명할 수 있다.
3. 상담 사례를 분석을 통해 성인학습 상담의 이론적 기반을 실제적으로 어떻게 적용하는지 통합적으로 이해할 수 있다.

1. 성인학습 상담에서의 기초 상담 기술

성인학습 상담에서 가장 기초가 되는 상담 기술은 모든 상담의 가장 주요한 기반이다. 성인학습자는 단순히 지식을 습득하는 존재가 아니다. 오랜 시간 다양한 삶을 경험하였고 그만큼 다양한 정체성을 지니고 있으며, 학습이라는 상황 속에서 복합적인 심리적 요인과 생활배경을 가지고 있다(Cranton, 2006). 따라서 상담자는 효과적인 조력을 하기 위해 학습자의 이야기를 경청하며, 삶의 방식을 존중하면서 학습 과정의 어려움을 표현할 수 있도록 안전감을 제공할 수 있는 기술이 필요하다(최윤정, 2025). 특히 질문과 경청, 반영과 공감의 요소는 학습자가 자신의 경험을 긍정적으로 재구성하고 의미 있는 발견을 하도록 촉진하는 데 필수이다. 이러한 기술은 상담자 자신이 선호하는 특정 이론을 적용하기에 앞서 반드시 선행되어야 하며, 이는 신뢰 관계 형성과 학습 성과, 학습 지속성에도 밀접한 영향을 미친다. 즉, 기초 상담 기술은 성인학습 상담의 모든 과정에서 공통적으로 적용되는 필수 역량으로서 이론적 적용이나 기법 등이 유용하게 작동될 수 있도록 하는 기반이 된다.

1) 신뢰와 관계 형성

성인학습 상담에서 가장 중요하고도 기본적인 요소는 상담자와 학습자 간의 신뢰와 관계 형성이다. 성인은 개인의 경험을 통해 자신만의 가치관과 학습 태도를 형성하게 되는데, 그중 실패와 좌절에 대한 경험은 학습 상황에 영향을 미치게 되고, 이는 학습을 회피하거나 학습불안으로 나타날 수 있다(현영렬, 정복임 외, 2024).

이러한 맥락에서 상담자가 자신의 신념화된 편견을 가지고 고정된 틀로 바라보게 되면 학습자는 자신의 고민이나 어려움을 있는 그대로 솔직하게 드러내지 않게 된다. 이에 상담자는 상담 초기부터 수용을 통한 안정감 있는 분위기를 조성하고 학습자의 이야기를 있는 그대로 받아들이면서, 판단 평가가 아닌 이해와 존중으로 반응하며 신뢰와 관계를 형성하여야 한다.

여기에서 신뢰 관계란 일상에서 흔하게 접하는 단순한 친밀감이 아니다. 상담에서의 신뢰란 학습자가 상담자와의 상호작용을 통해 믿음이 쌓이게 되면서 심리적 안정감을 느끼게 되어, 자신을 솔직하게 개방하게 되고, 이를 통해 자기 탐색을 가능하게 만드는 단단한 관계가 되는 것을 의미한다.

이러한 토대가 확보되어야 차후 상담에서 적용할 수 있는 다양한 기법과 이론적 접근도 작동이 가능해지며, 이는 곧 학습자의 학습 동기, 자기이해, 학습 지속성 강화와도 직결된다. 따라서 신뢰와 관계 형성은 성인학습 상담의 출발점이자 상담의 전 과정을 지탱하게 해 주는 기둥이라 할 수 있다.

2) 경청과 공감

경청과 공감은 학습자의 경험과 감정을 진정성 있게 이해하고 존중하는 것을 중심으로 상담사가 단순하게 이야기를 들어주는 것을 넘어, 학습자의 내면을 함께 경험하는 과정이라 할 수 있다. 따라서 적극적 경청이 이루어지면 자연스럽게 공감적 반응이 형성되며, 이는 상담의 심리적 안전감을 제공해 준다.

우선, 상담에서의 경청은 일상에서 말하는 경청처럼 학습자의 이야기를 조용히 잘 들어주는 소극적인 태도를 의미하지 않는다. 상담에서의 경청은 학습자의 언어적인 표현뿐 아니라 비언어적인 표현 속에 담긴 의미를 깊이 이해하고, 이를 상담에서 언어적 또는 비언어적으로 함께 표현하는 '적극적인 경청'이다. 적극적인 경청은 학습자의 말에 집중하면서도 그 내면의 감정과 욕구를 읽어낼 수 있어야 하며, 학습자가 말하고 싶어 하는 핵심적인 주요 내용을 상담자가 질문과 피드백을 활용하여 되돌려주는 것이다. 예를 들어, 직장인 성인학습자가 "회사 일도 버겁고, 가족 행사에 가족들도 챙겨야 하다 보니 학습에 집중할 시간이 나지 않더라고요. 그냥 포기해야 할까 싶은 생각이 듭니다."라고 말할 때 상담자가 단순히 "많이 바쁘고 힘드신가 보네요."라고 반응하는 것은 소극적 경청에 속한다. 적극적 경청은 학습자의 이야기 속에 담겨 있는 감정과 숨은 의미를 포착하여 다시 돌려주는 것이다. "일과 가정을 동시에 책임지시느라 학습할 여유가 없으셔서, 포기하고 싶은 생각까지 들 정도로 힘드셨군요. 그럼에도 이렇게 상담 자리까지 오셨다는 건, 여전히 배우고 싶은 마음이 있다는 의미로도 들리는데 어떠세요?"라고 할 수 있다.

이와 같이 적극적 경청은 학습자 내면의 의도나 이면까지 확인하는 것으로, 성인학습자는 학습 외에도 다양한 역할과 책임감을 동반하고 있기에 상담자의 적극적 경청이 이루어져야 자신의 의지를 재구성하고 새로운 의미를 발견할 수 있게 된다.

공감은 학습자로 하여금 자신의 경험과 감정을 표현해도 된다는 안전함을 느끼게 만들어주는 핵심적 기술이다. 공감은 단순히 학습자의 말에 동의하거나 위로하는 것이 아닌, 현상학적 관점으로 학습자와 함께 학습자의 세상을 바라보고 그 경험과 감정을 진심으로 이해하려고 하는 노력을 의미한다. 즉, 상담자가 "당신의 입장이라면 나도 그렇게 느꼈을 것이다."라는 마음으로 학습자의 현상학적 세계를 같이 경험하는 것이다. 예를 들어, 학습자가 "일만으로도 버거운데 다시 공부를 시작하는 게 겁이 나기도 해요."라고 말할 때, 상담자가 "새로운 시도를 앞두고 겁이 나는 건 당연합니다. 그만큼 공부가 중요한 의미가 있겠지요. 겁이 나는데도 공부를 시작하고 싶다는 마음이 있다는 건 큰 용기를 보여주고 계신 것으로 보입니다."라고 반응한다면, 학습자는 자신이 이해받고 존중받는다고 느끼게 된다. 따라서 공감은 성인학습 상담에서 학습자의 불안이나 좌절감을 완화시키고 자신에 대한 확신을 회복하는 밑바탕이 되어 학습자의 성장과 변화를 촉진하는 심리적 지지의 기반이라 할 수 있다.

3) 질문

상담에서의 질문은 학습자로 하여금 자신의 삶에 대해 탐색하고 그 안에서 내적 자원 및 어려움의 원인이나 주요한 가치, 의미를 발견하게 하고 문제를 새로운 시각으로 바라보도록 돕는다. 질문기법은 크게 개방형/폐쇄형 질문, 탐색과 명료화 질문, 도전적 질문, 의미 질문 등으로 구분할 수 있으며, 각각의 질문은 상담에서의 상황과 학습자의 특성에 따라 맥락적으로 적절하게 활용되어야 한다(Mukhalalati & Taylor, 2019).

(1) 개방형/폐쇄형 질문

개방형 질문은 학습자가 자유롭게 자신의 생각과 감정의 표현을 확장하게 이끄는 질문으로, 풍부한 정보와 내면의 의미가 드러날 수 있게 한다. 개방형 질문은 "이번 학습에서 가장 어려웠던 점은 무엇이었나요?"와 같이 학습자의 어려움에 대한 사실적 확인과 내면에서의 심리적 어려움에 대해 함께 탐색할 수 있다. 반면 폐쇄형 질문은 구체적인 확인이나 초점을 좁힐 때 유용하다. 예를 들어, 어려움에 대해 학습자가 여러 가지를 나열한다면, "말씀해 주신 어려움 중에서, 지금 가장 먼저 다루고 싶은 것이 '시간 관리' 맞을까요?"와 같은 질문으로 '예/아니오'나 짧은 대답을 이끌어낸다.

(2) 탐색과 명료화 질문

탐색과 명료화 질문은 기본적으로 개방형 질문을 바탕으로 이루어지며, 학습자가 말한 내용 안에 숨은 의미를 더 깊이 탐색하도록 돕는다. 예를 들면 "집중이 잘 안 된다고 하셨는데, 어떤 상황에서 가장 크게 느끼시나요?"라고 할 수 있다. 명료화 질문은 모호하게 이야기하는 학습자의 표현을 구체화하는 것으로 "힘들었다고 하셨는데, 구체적으로 어떤 점이 가장 힘들었나요?"라고 할 수 있다. 이러한 질문은 성인 학습자가 자신의 문제를 세분화하여 인식하도록 돕는다.

(3) 도전적 질문

도전적 질문은 학습자가 가지고 있는 제한적 신념이나 고정된 사고로 인하여 삶에 부정적인 영향을 미칠 때 새롭게 바라보게 할 수 있는 질문이다. “나이로 인해 학습이 어렵다고 하셨지만, 지금 포기하게 된다면 의미를 두었던 내 삶의 목표는 어떻게 될까요?”와 같은 질문을 예로 들 수 있다. 이러한 질문은 학습자가 ‘나이’라는 자신이 규정한 한계를 벗어나 새로운 가능성을 발견하도록 이끈다. 다만 직면하게 하는 도전적 질문은 신뢰 관계가 충분히 형성된 이후에 사용해야 효과적이다.

(4) 의미 질문

의미 질문은 학습에 대한 가치를 탐색하고, 자신만의 특별한 의미를 발견하게 해주는 질문이다. “이 학습은 삶에 어떤 의미가 있나요?”, “이 학습을 통해 이루고자 하는 것은 삶에 어떤 가치를 가져다 주나요?” 등의 질문이 있다. 이에 의미 질문은 학습 동기를 강화하고 삶과 연결하여 학습을 지속시키는 밑거름이 된다.

4) 피드백과 반영

피드백과 반영은 학습자가 자신이 말한 것을 명확하게 인식하고 새로운 이해를 할 수 있도록 돕는다. 피드백은 학습자의 건설적인 말이나 행동에 대해 구체적인 반응을 보여주는 것으로, 학습 전략이나 태도의 긍정적인 면을 강화하는 데 효과적이다. 예를 들면 “이번에는 과제 준비를 훨씬 더 체계적으로 하셨네요. 스스로 계획을 세우신 부분이 도움이 된 것 같네요.”라는 피드백은 학습자가 성장된 부분을 인식하고 구체적인 긍정적 행동을 강화하는 데 도움을 준다.

한편 반영은 학습자가 표현한 이야기를 되돌려서 들려주는 과정으로, 자신이 말한 이야기를 상담자의 입을 통해 다시 듣게 되면서 감정과 사고를 객관적으로 바라볼 수 있게 된다. 예를 들어, 학습자가 "열심히 해도 진전이 없는 것 같아요."라고 사실적인 표현으로 말할 때, 상담자는 "많은 노력을 기울이고 있는데도 성과가 눈에 보이지 않아 답답하시군요."라고 감정과 함께 반영하면 학습자는 자신의 감정을 더 선명하게 자각하게 된다.

피드백과 반영은 상담자의 의견을 전달하거나 학습자의 말을 요약하는 것에 머무는 것이 아닌, 학습자의 자기 성찰을 자극하는 촉매제이다. 특히 성인학습자는 자신의 고정된 방식에 익숙해져 있기 때문에, 객관적이면서 존중이 담긴 피드백은 새로운 시각을 제시하게 되고 학습자의 자기효능감을 높이는 중요한 작용을 한다.

5) 상담 장면에서의 비언어적 기술

상담자의 비언어적 표현은 언어의 표현만큼 중요한 소통의 방식이다. 사람은 대화에서 언어가 전달하는 텍스트보다 표정, 눈빛, 몸짓, 말의 억양, 톤, 침묵에서 느껴지는 에너지 등과 같은 비언어적 요소를 통해 더 많은 의미를 전달받게 된다. 특히 성인학습자는 기존의 다양한 경험으로 인해 상대의 태도와 분위기에 민감하게 반응하게 되므로 상담자의 비언어적 표현은 관계 형성에 커다란 영향을 미친다. 예를 들면, 상담자의 부드러운 고개의 끄덕임이나 따뜻한 시선은 학습자로 하여금 자신의 이야기가 존중받고 있으며 경청해 주고 있다는 느낌을 받게 해 주며, 반대로 시선을 회피하거나 등을 기대고 팔짱을 끼는 자세의 경우에는 방어적이라고 느끼거나 무시당하고 있다고 오해할 수 있다. 또한 학습자가 깊게 생각하느라 말이 멈추게 되는 침묵에서의 상담자의 적절한 기다림은 학습자에게 정리할 시간을 주는 것으로, 내적인 성찰을 충분하고 깊게 할 수 있는 공간을 제공한다. 이처럼 비언어적인 기술은 상담자가 조급해하지 않고, 의식적으로 통제하면서 활용할 수 있어야 하는 주요한 도구이다.

성인학습 상담에서 비언어적 기술은 단순히 좋은 분위기를 연출하는 것이 아니다. 학습자가 상담 내에서 충분하고 안전하게 자기 경험을 표현할 수 있는 장을 만들어주는 역할을 한다. 따라서 상담자는 표정과 시선, 목소리와 억양 등 자신의 비언어적 표현을 점검하며, 언어적인 표현과 일치되게 전달될 수 있도록 주의를 기울여야 한다.

6) 정보 제공

전통적인 심리상담에서는 상담자의 조언이나 지시로 내담자의 자기 결정에 부정적 영향을 미치거나 의존적이 되지 않도록 신중히 사용된다. 성인학습 상담에서는 이와 다른 상황이 존재한다. 성인은 학습이라는 구조상 현실적 제약이나 다양한 선택을 동시에 처리해야 하는 상황이 발생하며, 정서적 지지뿐만 아니라 구체적이고 실용적인 학습 정보와 자료가 필요하다. 예를 들어, 한 성인학습자가 "출퇴근이 불규칙하여 어떻게 학습해야 할지 모르겠다."고 고민한다면, 상담자는 온라인 수업이나 혼합형 수업의 장단점, 정부나 기관에서 운영하는 학습 지원 제도에 대한 정보를 제공하여 학습자가 결정하는 데 조력을 할 수 있다. 이런 경우 주의해야 할 점은 상담자가 해결책을 제시하여 답을 주는 것이 아니라, 정보를 제공한 뒤 학습자가 스스로 자신의 상황과 목표에 적합하게 선택하도록 해야 한다.

정보 제공은 단순한 사실을 전달하는 것에 머무르지 않고, 학습 경로를 탐색할 수 있는 안목을 넓히고 불필요한 경로를 줄여주는 실천적 기능으로, 학습자가 선택할 수 있는 방향성을 제시하여 자기주도성을 강화하는 촉매제로 기능한다(최윤정, 2025).

2. 학습자 유형에 맞는 기술 선택

1) 분석심리학적 접근

분석심리학적 접근은 성인학습자의 학습 과정에 영향을 줄 수 있는 무의식적 요인과 상징을 탐색하는 데 중점을 둔다. 성인은 사회적인 문화와 개인이 살아오는 과정 속에서 의식적으로는 인식하지 못하거나 설명하기 쉽지 않은 갈등이나 정체성의 문제를 지니고 있을 수 있다. 이러한 내적 요인은 학습 동기를 저하시키거나 자신감을 떨어뜨리고 학습에 대한 의미를 상실하는 것으로 이어지기도 한다(Gorges, 2012). 따라서 상담자는 학습자가 표현하는 언어적인 표현뿐 아니라 꿈이나 그림, 은유적인 표현 등 상징적 자료를 적극적으로 활용하여 학습자의 마음을 탐색한다.

만약 한 성인학습자가 "저는 공부를 새로 시작할때면 벽을 만나는 느낌이 들어요."라고 표현했다고 한다면, '벽'은 전형적인 심리적 상징으로서, 이때 상담자는 '벽'이라는 단어를 단순하게 어려움을 표현한다는 것으로만 받아들이지 않고 그 상징이 내포하는 무의식적 의미를 탐색한다. "벽을 만난다고 하셨는데, 그 벽은 어떤 모습인가요?"와 같은 질문을 통해 학습자가 자신의 내적 이미지를 구체화하도록 돕는다. 학습자가 "창문이나 문이 없는 거친 벽"이라고 한다면, 이는 학습자가 스스로 느끼는 강한 무력감이나 제약을 반영하는 것일 수 있다. 상담자는 이러한 상징을 매개로 삼아 학습자의 내적 한계를 직면하게 하고, 동시에 그 벽을 넘어설 수 있는 자원과 가능성을 탐색하도록 이끌 수 있다.

분석심리학적 접근은 특히 자신이 왜 이런 선택을 하는지 알고 싶어 하거나 스스로를 이해하려는 마음 등의 자기 탐색 욕구가 강하거나 학습에 대한 깊은 의미를 찾고자 하는 학습자에게 적합하다. 이러한 접근은 단기간의 학습 성취보다 학습자의 삶 전반에 걸친 자기이해와 통합을 촉진하며, 학습자가 학습 과정을 통해 자기 정체성을 통합하도록 돕는다. 결국 분석심리학적 접근은 성인학습 상담에서 단순한 기술 습득을 넘어, 학습자가 자신의 삶과 배움을 유기적으로 깊이 연결하도록 지원하는 중요한 접근 기술로 기능한다.

2) 인지행동주의적 접근

인지행동주의적 접근은 성인학습자의 고정된 사고와 행동의 부정적인 패턴을 찾아 보다 적응적이고 효과적으로 전환하는 것이다. 성인의 과거에 경험했던 실패나 습관적으로 이루어지는 부정적인 사고는 학습 상황에서도 스스로를 한계 짓게 만든다(Mezirow, 1991). 예를 들면 "나는 공부랑 안 맞아"라거나 "이 나이에 새로운 걸 배운다는 건 불가능해"와 같은 자동적 사고는 학습 의지를 저하시키고 행동으로 옮기는 것을 제약시킨다.

인지행동주의적 상담은 이러한 비합리적 신념이나 왜곡된 사고를 찾아 학습자의 정서와 행동에 어떤 부정적 영향을 미치는지 구조화하고 잘못된 사고를 객관화한다. 이러한 과정을 통해 부정적인 신념이나 사고를 분리하거나 재구성하여 새로운 대안을 마련하게 한다. 예를 들면, 과제를 제출하지 못했을 경우 "나는 게으른 사람이다"라는 사고가 반복된다면 "게으름 때문일 수도 있지만, 다른 이유가 있을까요?", "시간 관리와 과제의 난이도는 어떤 관련이 있을 수 있을까요?"와 같은 질문으로 학습자가 자신의 상황이나 사고를 다각도로 검토하도록 돕는다.

행동 변화 역시 중요하다. 성인학습자가 여러 역할을 해야 하는 일상은 학습의 계획과 실행의 일관성을 유지하기 어렵다. 이때 상담자는 구체적인 행동계획, 과제, 점진적 노출 등을 통해 반복적인 작은 성공의 경험으로 자기효능감을 강화시켜 부정적 신념을 긍정적 경험으로 대체하는 기반을 구축하도록 한다.

결국 인지행동주의적 접근은 성인학습 상담에서 학습자의 부정적 사고를 교정하고, 실행 성공이 가능한 행동 전략으로 학습자의 자기 신뢰를 회복하여 지속적 학습을 이어갈 수 있도록 하는 조력 기술이라 할 수 있다. 이에 인지행동주의적 접근은 학습 불안이나 자기비하적 사고에 자주 빠지는 학습자, "나는 원래 못한다"와 같은 부정적 신념을 가진 학습자, 그리고 학습 계획을 세워도 실행으로 이어가지 못하는 학습자에게 효과적이다. 또한 구체적인 학습 전략과 행동 지도가 필요하거나, 단기적 성취 경험을 통해 자신감을 회복해야 하는 학습자에게 적합하다.

3) 코칭적 접근

코칭의 대표적 프로세스는 GROW로 간단하게는 목표(Goal) 명확화, 현실(Reality) 점검, 구체적 대안(Options) 탐색, 실행 의지(Will)라고 할 수 있다. 코칭적 접근은 학습자가 원하는 바에 대한 의미와 가치를 재발견하도록 하며, 자신의 잠재 가능성과 강점을 활용하여 실천하도록 지원하여 실제 삶과 학습에서 긍정적인 변화를 스스로 이루어갈 수 있도록 하는 데 그 목적이 있다.

코칭은 문제의 원인 파악보다는 원하는 미래 모습의 가능성에 집중하게 하여 동기를 부여함과 동시에 삶에 책임감을 가지고 현실적인 실행을 하도록 돕는다. 또한 학습자의 가치나 흥미, 경험을 기반으로 미래 방향을 설계하고 변화의 과정에서 있을 수 있는 불안이나 장애물을 관리할 수 있는 대안과 함께 정서적인 지지를 제공하므로, 학습자는 복잡한 현실 속에서도 자신에 대한 신뢰를 갖게 된다.

성인 학습자의 경우 자신이 원하는 방향성은 있으나 구체화하거나 유지하는 과정에서 어려움을 겪거나, 스스로 학습의 기회를 선택했으나 자신감 부족, 우선 순위 혼란, 의사결정 등의 어려움을 경험하게 되기도 한다. 또한 경력 전환, 새로운 도전에 직면하게 되는 경우 자신에게 적합한지 빠르게 결정을 내려야 하는 압박이 있기도 하다. 이런 경우 코칭은 학습자에게 자신감 부여와 함께 자신의 신념과 가치에 적합하면서 삶과 통합된 선택을 할 수 있도록 돕는다.

결국 코칭적 접근은 성인학습자가 자신의 삶과 학습을 능동적으로 설계하고 주도적으로 실행할 수 있도록 돕는 실천 기반으로, 목표지향적 학습자와 자기주도성 강화를 원하는 학습자, 경력 전환기나 새로운 도전에 직면한 학습자와 성장 욕구가 높은 학습자에게 효과적이다.

4) AI와 디지털 상담적 접근

AI와 디지털 상담적 접근은 인공지능과 디지털 도구를 활용하여 성인학습자가 자율적이면서도 편리하게 학습을 관리할 수 있는 방식이다. 오늘날 성인학습자는 시간과 공간의 제약, 다양한 역할로 인하여 정기적인 상담을 받기 어려운 경우가 많다. 이런 경우 AI 기반 상담 도구와 디지털 플랫폼의 활용으로 언제 어디서든 학습에 대한 어려움을 점검하고 피드백을 받을 수 있다.

AI 챗봇의 경우 질문에 즉각적인 답이나 성찰 질문을 얻을 수 있고 학습 과정 모니터링이 가능하며, 학습자의 응답을 분석해 동기가 저하된 경우 그 신호를 탐시할 수도 있다. 또한 학습 관리 앱이나 온라인 플랫폼은 학습 시간, 목표 달성 등을 기록하고 관리할 수 있어 가장 적합한 학습을 설계하는 데 도움이 된다. 이러한 기능은 상담자와의 대면 상담을 보완해 주며 학습자가 일상 속에서 지속적으로 점검하고 성장할 수 있는 환경을 조성해 준다. 예를 들면 학습자가 시간과 일정 관리에 어려움이 있어 보다 효율적인 학습이 필요할 때, AI 기반 앱은 학습 패턴을 분석해 "저녁 시간보다 오전에 집중력이 더 높습니다"와 같은 구체적이고 객관적인 피드백을 줄 수 있다. 이를 통해 학습자는 최적의 학습 전략을 재정립할 수 있게 되는 것이다.

결국 AI와 디지털 상담적 접근은 상담자를 대체하는 것이 아니라 상담의 보완 및 확장을 하는 수단으로 이용하는 것이다. 상담자는 디지털 도구가 제시하는 데이터와 피드백을 활용하여 보다 정밀한 상담을 계획할 수 있으며, 학습자는 상담시간 외에도 지속적인 점검과 지원을 받을 수 있다. 이는 성인학습 상담이 대면으로만 이루어지던 기존의 한계를 넘어 디지털 환경이라는 새로운 방식으로 확장될 수 있음을 보여준다. AI와 디지털 상담적 접근은 비대면 환경을 선호하는 학습자나 데이터 분석이 필요한 학습자, 상담에 접근이 어려운 학습자에게 효과적이다.

〈표 10-1〉 상담 이론에 따른 학습자 조력 기술 적용

이론	관점	해당 학습자 유형	주요 기술/방법	기대 효과
분석심리	무의식 탐색, 자기 이해와 통합	학습 의미나 정체성을 찾고자 하는 학습자	꿈, 은유, 이미지, 자유연상, 상징 해석	학습의 개인적 의미 재발견, 자아 통합, 학습 지속성 강화
인지행동	사고·행동패턴 교정, 자기효능감 강화	학습 불안, 부정적 신념이 있는 학습자	자동사고 기록지, 인지 재구조, 행동실험	왜곡 사고 수정, 구체적 행동 변화 촉진, 자신감 회복
코칭	목표 설정, 자원 발굴, 실행력 강화	자기주도학습, 미래 지향적 목표가 강한 학습자	GROW 모델, 강점 발견, 실행계획, 관점 전환, 지지	목표 명확화, 자기주도성 향상, 강점 기반 성장, 실천력 강화
AI	데이터 기반의 맞춤 피드백/상담 확장	비대면 선호, 자기 점검 필요, 상담 접근성이 낮은 학습자	AI 챗봇, 학습앱, 자기 성찰 플랫폼, 학습패턴 분석	시간·공간 제약 극복, 지속적 자기 점검, 상담의 보완·확장 효과

3. 상담 이론별 조력 기술의 실제 적용 사례

1) 분석심리 사례

분석심리학적 접근에서는 학습자가 사용하는 상징적 표현이 단순한 비유가 아니라 내면의 무의식적 갈등을 드러내는 창으로 본다. 따라서 상담자는 학습자가 말에서 드러난 은유나 이미지를 탐색하여 어떤 심리적 의미를 담고 있는지 이해하고, 이를 활용하여 학습자가 자기 경험을 새롭게 해석하도록 돕는다. 다음 사례는 한 성인학습자가 "공부하다 보면 벽에 부딪힌다"라는 은유적인 표현을 사용했을 때, 상담자가 어떻게 그 상징을 탐색하여 도움을 줄 수 있는지에 대한 예시이다.

상담자1: 벽이라고 표현하셨는데, 그 벽은 어떤 모습으로 떠오르시나요?

학습자1: 아주 두껍고 높아요. 끝이 보이지도 않고, 절대 넘을 수 없을 것 같아요.

상담자2: 그 벽 앞에 서 있는 당신의 모습은 어떤가요?

학습자2: 작고 무력해 보여요. 노력해도 소용없다는 느낌이에요.

상담자3: 벽은 흔히 무언가를 막는 상징이 되지요. 지금 말씀을 들으면서, 그 벽이 단순히 공부의 어려움이 아니라, 당신 안에 오래 자리한 어떤 믿음을 상징하는 건 아닐까요?

학습자3: 네… 맞아요. 공부 자체가 힘든 게 아니라, 나는 결국 실패한다는 마음이 벽으로 제 안에 있는 것 같아요.

상담자4: 그냥 장애물이 아니라 나를 위한 메시지를 전하는 상징일 수도 있습니다. 그 벽을 조금 다르게 가만히 바라본다면 지금 당신에게 어떤 이야기를 해주고 싶은 걸까요?

학습자4: 음… 아… 그렇네요. 그러고 보니 완전히 막혔다기보다는, 잠깐 멈추라고 하는 것 같아요. 서두르지 말고 방향을 잘 봐봐. 다시 정리해. 그렇게 말하는 것 같아요.

상담자5: 벽은 넘을 수 없는 장애물이 아니라, 학습 속도를 점검하고 나를 위해서 멈추게 하는 '신호'네요.

학습자5: 그렇게 바라보니 마음의 무거웠던 게 조금은 편해져요. 오히려 나를 지켜주고 있었구나 싶어요. 너무 서두르다가 지칠까봐 멈추게 해 주는 역할이랄까요.

상담자6: 주요한 발견으로 느껴지네요. 벽은 내가 넘을 수 없는 것이 아니라 나를 지켜주고 점검해 주는 신호였네요. 그렇다면 이제 그 벽은 학습 과정에서 내가 제대로 된 방향으로 가면서 지치지 않도록 균형을 찾게 도와주는 동반자가 되겠네요.

이 사례에서 학습자는 학습 어려움에 대해 "벽"이라는 상징으로 표현하였다. 분석심리의 관점에서는 이에 대해 단순한 비유가 아닌 무의식 속에 숨겨진 그림자가 드러나는 것으로 해석한다. 상담자는 학습자가 이야기한 벽에 대하여 구체화하여 무의식에 담겨 있던 '실패에 대한 무력감'을 언어로 표현하여 의식화할 수 있도록 하였다.

〈표 10-2〉 분석심리 사례 해석

상징 구체화	벽의 모습과 벽 앞에 있는 학습자의 모습을 탐색하며, 추상적인 상징인 벽을 무력감으로 표현하도록 하였다.
의미 탐색	벽이 '나는 결국 실패한다'는 신념과 연결되어 있음을 학습자가 자각하도록 도와 무의식적 그림자가 의식으로 드러나는 과정이 되었다.
재구성	상담자는 벽을 장애물이 아닌, 학습 속도를 점검하고 자신을 보호하는 상싱석 신호로 새롭게 해석하도록 이끌었다.
상담 결과	학습자의 어려움의 벽이란 상징이, 학습과 삶에 균형을 알려주는 매개체로 전환되었다.

분석심리학적 접근에서의 상담 핵심은 학습자가 표현하는 상징을 무의식이 보내주는 주요한 메시지로 받아들여 그것을 의식화하는 작업을 통해 자기 성찰과 통합으로 나아가는 데 있다. 성인학습 상담에서는 학습자가 표현하게 되는 은유나 이미지를 가볍게 여기지 않고, 그 속에 담긴 심리적인 의미나 무의식적 메시지를 의식화하여야 한다. 이를 통해 학습자는 자신의 어려움을 삶 전체와 연결된 새로운 의미로 재구성할 수 있게 된다.

2) 인지행동주의 사례

인지행동주의적 접근은 성인학습자가 지닌 부정적 사고와 신념을 탐색하여, 현실에 근거하면서도 균형적인 사고로 전환하게 돕는 것이다. 예를 들면, 성인학습자의 경우 "어차피 공부해도 안 될 거야"와 같이 자동으로 떠오르는 생각으로 종종 학습을 회피하게 되는데, 이때 상담자는 인지 재구조화를 통해 새로운 해석을 할 수 있도록 돕는다. 다음 사례는 그러한 과정의 예시이다.

학습자1: 아무리 공부를 해도 잘 안 돼요. 역시 전 공부를 못하는 사람인가 봐요.

상담자1: 그렇게 생각하게 된 구체적인 계기가 언제인가요?

학습자2: 지난번 모의고사에서 점수가 엉망이었어요. 그걸 보면서 "역시 나는 안 된다"는 걸 느꼈어요.

상담자2: 모의고사 점수를 보자마자 바로 "역시 나는 안 된다"는 결론으로 이어지셨군요. 그럴 때면 어떤 기분이 드나요?

학습자3: 답답하고 불안해져요. 그러면 더 책도 보기 싫어져요.

상담자3: 답답함과 불안 때문에 책을 더 안 보게 되고, 그러면 더 시험에 좋지 않은 영향을 줄 수 있는 연결이 있네요. 그럼에도 낮은 점수에 대해 곧바로 나는 안 되는 사람, 무능력한 사람이라고 자동적으로 연결하는 부정적인 사고가 있네요. 답답함과 불안 때문에 책을 못 보게 되고, 또 어떤 어려움이 있었나요?

학습자4: 음... 그러고 보니, 시험 준비 시간도 부족했고 긴장을 너무 많이 했어요. 그러면 이번에는 준비가 부족했던 것도 있고, 긴장 때문에 실수한 부분도 있었겠단 생각이 드네요.

상담자4: 그렇다면 "나는 공부를 못한다" 대신 어떻게 다르게 해석해 볼 수 있을까요?

학습자5: 네~ 마음의 영향이 미쳤을 수 있겠구나 생각하니, 내가 능력이 안 된다기보다는 다시 한 번 해 볼 수 있을 것 같아요.

상담자5: 그렇게 다시 해 본다면 실질적으로 학습에는 어떤 변화를 줄 수 있을까요?

학습자6: 긴장감 때문에 책을 보기 전에 나도 모르게 자꾸 청소를 하더라고요. 이제는 책을 보면서 연습장에 필기를 해야겠어요.

상담자6: 좋은 생각이네요. 그런 경험이 중요하죠. 부정적인 자동적 사고를 인식하고, 더 균형 잡힌 사고로 바꿔서 지금처럼 청소 대신 필기를 해 나가면 학습을 이어가는 힘도 생길 거예요.

이 사례는 인지행동주의 상담에서 제시하는 사고-정서-행동의 상호작용 모형이 실제 상담 과정에서 어떻게 적용되는지 알 수 있게 해 준다. 학습자는 모의고사 실패 경험을 "나는 공부를 못한다"는 일반화된 신념으로 형성하게 되었고, 이는 학습에 대한 불안과 회피 행동으로 이어졌다. 상담자는 부정적 자기 신념이 자동적 사고로 이루어지고 있음을 인식하게 하고, 이를 대안적 사고로 재구성하여 정서적 반응을 변화시키고 학습 행동을 유도하였다.

〈표 10-3〉 인지행동주의 사례 해석

자동적 사고 탐색	모의고사 점수를 바로 '무능력'으로 연결되는 사고를 확인하였다.
정서적 영향 확인	"답답함과 불안 때문에 책을 보지 않게 된다"는 학습자의 반응을 통해 사고가 정서와 행동을 제약하게 되는 과정을 파악하였다.
대안적 사고 생성	상담자는 "준비 부족"과 "긴장으로 인한 실수"라는 새로운 해석을 도출하도록 하여, 사고를 균형 잡히게 재구성하게 하였다.
행동 변화 모색	학습자가 "청소로 회피하지 않고 필기한다"는 구체적 실행 방안을 찾게 되면서 인지 변화가 실제 학습 행동으로 확장되었다.

성인학습자의 부정적인 자동적 사고는 실제 상황을 과장하거나 왜곡하여 불안을 조성하고 학습 행동을 회피하게 하는 악순환을 반복하게 만든다. 특히 실패 경험이나 낮은 성과가 반복될 경우 무능력한 존재로 정의하게 된다(Broek & Colleagues, 2023).

따라서 상담자의 주요 과제는 학습자가 왜곡된 자동적 사고를 포착하고 인지하게 하여, 그것이 사실인지 근거를 찾아 객관적인 해석으로 전환할 수 있도록 돕는 데 있다. 낮은 성과를 곧바로 모든 실패나 무능력으로 규정하지 않고, 준비 부족이나 계획의 불충분함과 같은 실질적인 요인이 없었는지 탐색하여 학습자의 사고의 폭을 넓혀 중립적이고 균형 있는 시각을 회복할 수 있도록 돕는다. 궁극적으로 인지행동주의적 접근은 성인학습자의 왜곡된 사고를 점검하여 중립적이고 객관적인 해석으로 도출하여 자기 효능감과 학습을 유지할 수 있는 기반을 제공한다.

3) 학습코칭 사례

학습코칭은 스스로 목표를 세우고 계획을 실행하는 것에만 있는 것이 아니라, 질문을 통해 학습의 의미를 탐색하고 존재와 삶의 변화로 확장할 수 있도록 돕는 과정이다. 상담자는 학습자가 표현한 언어를 활용한 맥락적인 질문으로 학습이 과제가 아닌 성장과 기회로 바라볼 수 있도록 돕는다. 이 과정을 통해 학습자는 지식 습득을 넘어 존재적 성찰로 삶 전체를 새롭게 바라보게 되며 삶에서의 또 다른 가능성에 대한 확대로 연결된다.

상담자1: 자격증 공부를 시작하시네요. 이 공부에는 어떤 의미가 있나요?

학습자1: 저에게 없던 경험이긴 해요. 늘 일이나 가족에만 시간을 쓰다가, 이번에는 나를 위해 쓰는 시간이거든요.

상담자2: 나를 위해 쓰는 드문 시간이네요. 그 뜻에는 무엇이 담겨 있는 건가요?

학습자2: 음... 이 시간이 특별하고 소중해요. 미래를 미리 준비하는 거라서요.

상담자3: 미래를 준비하시는 거였네요. 이 시간을 더 특별하고 소중하게 느끼는 이유에는 어떤 것이 있나요?

학습자3: 늘 다른 사람을 우선으로 두고 남을 먼저 챙기면서 살았는데, 이번에는 제 성장을 위해 투자한다는 점에서 다르게 느껴져요.

상담자4: 자신을 위한 투자와 성장으로 바라보면 이번 학습이 앞으로의 삶에 어떤 변화를 줄까요?

학습자4: 단순히 자격증을 취득하는 것이 아닌 제 자신을 존중하는 경험이 될 것 같네요. 내 시간을 내 스스가 지키는구나라는 생각이 들면서 자신감도 생길 것 같아요.

상담자5: 자격증뿐만 아니라 자기 존중과 나를 지키는 시간이란 주요한 의미도 있었네요. 그렇다면 그 길로 가는 지금의 이 학습 과정이 나중에 어떻게 기억될까요?

학습자5: "그때야 비로소 나를 위한 시간을 만들었다"라는 제 삶의 중요한 전환점으로 기억될 것 같아요.

상담자6: 그렇다면 지금 나를 위한 시간을 만들고 있는 나는 어떤 사람인가요?

학습자6: 음... 내 삶을 주체적으로 살아가는 사람이요. 남이 정해 주는 게 아니라 제가 선택한 길을 가는 사람이요. 제 선택을 존중하면서 살아가는 힘이 될 것 같아요. 더 이상 일이나 다른 사람만을 위해 사는 게 아니라, 저 자신을 위한 삶을 살 수 있겠다는 자신감이 생깁니다.

상담자7: 자신을 위한 삶 너무 멋집니다. 결국 이번 학습은 자격증 취득 이상의 의미를 담고 있군요. 나를 위해 주체적으로 나를 위한 삶을 이끌어가는 사람이 되어가는 과정이네요.

학습자7: 그렇네요. 이젠 힘들어도 포기하지 않고 계속 이어가고 싶어요. 그 과정 자체가 제가 원하는 사람이 되는 길인 걸 알게 되었네요.

상담자8: 그렇다면 주체적으로 나를 위한 삶을 이끌어가는 사람으로서 학습에 적용시킨다면 무엇을 해 볼 수 있을까요?

학습자8: 시간이 날 때마다 의미 없이 끌려가듯 핸드폰을 보게 되었는데, 이제는 그 시간에 그날 할 수 있는 학습 과제를 정리해야겠어요.

이 사례는 중요한 의미 탐색과 존재 질문을 통해 학습의 의미를 확장시키고 지속할 수 있게 한 과정을 잘 보여준다. 상담자는 학습자가 언급한 "자신을 위해 쓰는 드문 시간"이라는 주요한 표현을 중심으로 질문하여 대화를 확장하고, 학습을 단순히 자격증을 취득하기 위한 과정이 아닌 학습자의 정체성과 삶의 방향으로 연결을 이끌었다.

〈표 10-4〉 학습코칭 사례 해석

의미 탐색	학습자가 스스로 "자신을 위해 쓰는 드문 시간"이라고 표현하며, 학습을 특별하고 소중한 경험으로 인식하였다.
관점 확장	상담자는 "이 학습이 삶에 어떤 변화를 줄 수 있을까"라는 질문은 학습이 단순히 자격증 취득을 넘어서서 자신을 존중하고, 나의 시간을 지키는 과정으로 전환되었다.
존재 질문	"나를 위한 시간을 만드는 나는 어떤 사람인가요?"라는 질문을 통해, 학습자가 자신을 주체적으로 살아가는 자신감 있는 사람으로 정체성을 규정하게 되었다.
삶과 통합	학습자는 자신을 "주체적으로 나를 위해 살아가는 사람"으로 자각하며, 학습이 삶을 변화시키는 전환점임을 확인하였다.
실행 전환	"그러한 정체성을 학습에 적용한다면 무엇을 해 볼 수 있을까요?"라는 질문을 통해, 휴대폰 시간을 줄이고 학습 과제 정리라는 구체적인 실천 방안을 도출하였다.

성인학습 상담에서 코칭적 접근은 학습 목표의 달성을 넘어서서 학습자가 학습의 의미를 발견하고 내면화하는 과정을 통해, 학습이 개인의 삶에서 어떤 가치와 존재적 의미를 갖는지 탐색하는 것이 핵심이다. 학습자가 학습을 외부적인 성취가 아닌 자기 성장과 자기 존중의 기회로 인식하게 될 때 학습은 지속성을 얻게 된다.

또한 코칭은 학습자가 기존의 사고 방식에서 벗어나 학습에 대한 경험을 새로운 관점으로 경험할 수 있도록 돕는다. 또한 학습을 존재의 정의와 연결하게 될 경우 더이상 과제의 개념이 아닌 자기 정체성과 삶의 방향으로 통합하여 확장하게 되며, 이러한 존재적 성찰은 구체적인 실천과 행동으로 실행될 때 비로소 완결된다(최현국, 2012).

따라서 성인학습 상담에서 코칭은 학습자가 학습의 의미를 발견하여 관점을 확장하고 존재를 성찰하여, 삶과 행동으로 통합하게 하는 과정이며 성인학습자가 학습을 지식 습득을 넘어 삶을 변화시키는 여정으로 경험하도록 돕는다.

4) AI와 디지털 상담 사례

AI와 디지털 기반 상담은 성인학습자가 자신의 학습 과정을 데이터화하고 시각화하여 객관적으로 인식할 수 있도록 도울 수 있지만, 성과에 대한 압박으로 여겨지면 오히려 자책이나 회피로 이어질 수 있다. 따라서 상담자의 주요한 역할은 이러한 자료를 성찰의 기회로 전환하여 학습자의 자기이해와 학습 전략을 재구성할 수 있도록 돕는 것이다.

이러한 맥락에서 AI는 단독적으로 작동하는 상담 도구가 아니라, 상담자의 개입과 더불어 학습자의 의미를 탐색하고 성찰을 촉진해 주는 매개체로 활용된다고 볼 수 있다. 다음 사례는 AI 기록 데이터를 활용한 상담으로 상담자가 어떻게 학습자를 돕는지 그 과정을 보여준다.

상담자1: 요즘 학습 과정 기록 앱을 사용한다고 하셨죠. 어떤 것이 도움이 되고 있나요?

학습자1: 매일 공부한 시간을 기록하니 패턴이 한눈에 보이더라고요. 근데 막상 그래프를 보니 일주일에 절반은 공부를 못 하더라고요.

상담자2: 기록으로 관리를 하셨네요. 그래프를 보셨을 때 어떤 느낌이 드셨어요?

학습자2: 저한테 실망했어요. 의지도 없는 것 같고요, 자책도 되고...

상담자3: 실망이 있으셨네요. 그 데이터를 나의 삶을 비춰주는 거울로 본다면 학습 외에 일상에서 어떤 메시지를 발견할 수 있을까요?

학습자3: 음... 사실 주중에는 야근이 많아요. 그러다 보니 주말에는 너무 피곤하고요. 그런 관점에서 그래프를 보니까, 공부를 못 한 게 의지 때문만은 아니겠네요.

상담자4: 야근이 많아서 피곤한데도 공부는 잊지 않으셨네요. 그렇다면 그 기록은 학습패턴의 성과 기록이라기보다는 지금 나의 상황과 학습 리듬을 보여줄 수 있는 자료가 되겠네요.

학습자4: 맞아요. 이제는 그래프를 볼 때 “나는 게으르다”가 아니라, “이 시기엔 상황이 어려웠구나”라고 볼 수 있겠어요.

상담자5: 그렇게 바라보면 학습을 이어가는 데 어떤 변화를 줄 수 있나요?

학습자5: 부담감이 줄어들어요. 그렇다면 주말의 하루는 반드시 집중해야겠어요. 주말 계획을 세우는 게 더 중요하겠어요.

상담자6: 좋은 생각이네요. 결국 AI 앱이 단순한 성취 기록이 아니라, 학습과 일상을 균형 있게 조율할 수 있는 성찰의 매개가 된 거네요.

학습자6: 네, 이젠 데이터가 압박이 아니라 학습 방식을 점검하게 도와준다는 생각이 들어요.

이 사례에서 상담자는 AI가 제공하는 그래프를 압박이 아니라, 학습자의 삶을 반영해 주고 균형 있게 학습을 이어갈 수 있는 정보로 활용하도록 전환시켰다. 이는 디지털 상담에서 상담자 역할의 핵심을 잘 보여주는 예라 할 수 있다.

〈표 10-5〉 AI와 디지털 상담 사례 해석

의미 탐색	학습자는 AI 앱 기록을 보며 자기비난을 하였으나, 상담자는 삶과 학습을 비추는 거울로 바라보도록 하였다.
관점 전환	학습자는 의지 부족이 아닌, 주중의 야근과 피로 요인이 연결되어 있음을 인식하면서 데이터가 압박이 아닌 자기이해의 자료로 전환되었다.
삶과 통합	상담자는 AI 기록을 학습자의 생활 환경을 보여주는 자료로 확장시켰다. 학습자는 "이 시기엔 상황이 어려웠다"는 해석으로 삶 전체와의 연결 속에서 자신을 이해하게 되었다.
실행 전환	학습자는 주말 집중 계획을 세우며, AI 기록을 학습과 삶을 조화롭게 조율하는 도구로 재구성하였다.

AI와 디지털 도구는 객관적 데이터로 성인학습자의 학습 패턴을 점검할 수 있도록 돕는다는 장점이 있다. 그러나 이러한 데이터가 잘못 활용될 경우 압박감이나 자기비난으로 인해 학습에 부정적인 경험의 강화로 이어질 가능성도 가지고 있다. 따라서 성인학습 상담자는 자기이해와 성찰의 거울로 재구성되어 활용될 수 있도록 하는 질문과 피드백을 제공해야 한다. 이를 통해 학습자는 성과 부족에 대해 개인적인 무능력으로 단정짓지 않고 학습 환경과 삶의 맥락 속에서 이해할 수 있게 된다. 결국 상담자는 AI가 제공하는 정보를 학습자의 삶과 연결 짓는 매개체로 활용하여 성인학습자의 학습 지속성과 자기주도성을 강화하여 자기 성장으로 이어질 수 있는 도구로 활용할 수 있다.

학습 과제

1. 각 상담 이론(분석심리학, 인지행동주의, 코칭, AI와 디지털 상담)의 특징을 비교 분석하시오.
2. 사례를 분석하여 상담자의 질문과 개입이 학습에 어떤 영향을 미치게 되었는지 정리하시오.
3. 실제 상담에서 학습자가 경험할 수 있는 부정적인 생각이나 행동에는 어떤 것이 있는지 예를 들고, 이를 극복하기 위해서 각 이론별로 어떻게 접근하고 개입할 수 있는지 개념화하시오.

참고문헌

안남섭, 이서재, 서재진(2021). **현장 실전코칭.** 동화세상 에듀코.

정은경(2021). **코칭심리의 이론과 실제.** 학지사.

최윤정(2025). **성인학습 및 상담.** 학지사.

최현국(2012). **자기주도학습 코칭.** PMA코칭센터.

현영렬, 정복임, 이학곤, 서민호, 나선후, 김채언, 김이영, 강희성(2024). **성인학습 및 상담.** 양성원.

Broek, S., & Colleagues (2023). Factors that stimulate or prevent adults from learning: Implications of self-determination theory. *International Journal of Lifelong Education, 42*(3), 285-301.

Cranton, P. (2006). *Understanding and promoting transformative learning: A guide for educators of adults* (2nd ed.). San Francisco, CA: Jossey-Bass.

Gorges, J. (2012). Adults' learning motivation: Expectancy of success, value, and costs. *International Journal of Lifelong Education, 31*(6), 735-754.

Knowles, M. S., Holton, E. F. III, & Swanson, R. A. (2015). *The adult learner: The definitive classic in adult education and human resource development* (8th ed.). New York, NY: Routledge.

Merriam, S. B., Caffarella, R. S., & Baumgartner, L. M. (2007). *Learning in adulthood: A comprehensive guide* (3rd ed.). San Francisco, CA: Jossey-Bass.

Mezirow, J. (1991). *Transformative dimensions of adult learning*. San Francisco, CA: Jossey-Bass.

Mukhalalati, B. A., & Taylor, A. (2019). Adult learning theories in context: A quick guide. *Advances in Medical Education and Practice, 10*, 815-828.

Palis, A. G., & Tang, P. L. (2014). Adult learning principles and presentation pearls. *Journal of Graduate Medical Education, 6*(4), 643-646.

Broek, S., & colleagues. (2023). Factors that stimulate or prevent adults from learning: Implications of self-determination theory. *International Journal of Lifelong Education, 42*(3), 285-301.

Chapter

11

성인학습 상담의 내용 및 과제

학습
개요

이 장에서는 성인학습 상담의 내용 및 과제를 다룬다. 성인학습자는 가정, 직업, 사회적 역할 등의 복잡한 상황으로 인해 학습 과정에서 제한과 여러 가지 도전이 있다. 그러므로 성인학습자의 자기주도적 학습 능력을 활용하기 위해서 다양한 삶의 역할과 경험을 함께 고려해야 한다. 상담자는 학습자 스스로 능력을 개발할 수 있도록 지원하되 학습을 계획하고 실행 및 평가할 수 있도록 도와주어야 한다. 뿐만 아니라 학습자가 겪는 어려움을 극복할 수 있는 회복탄력성을 강화하여 긍정적인 성과를 도출할 수 있는 전략을 제공해야 한다. 이를 위해 학습자를 둘러싼 보호 요인과 위험 요인을 살펴보고 가족, 직장, 지역사회 등의 자원을 연결한 사회적 지원도 함께 고려해야 한다. 구체적 상담 개입을 위해 학습 문제, 진로 선택, 학습 흥미 평가 등도 살펴본다. 이를 통해 학습자의 주도성과 동기를 높이고 지속적 학습 참여를 증진시킬 수 있다. 이를 통해 성인학습자가 평생학습자로 성장하고 급격하게 변화하는 사회 환경 속에서 효과적으로 적응할 수 있도록 돕는다.

학습
목표

1. 성인학습자의 자기조절학습능력 개발과 회복탄력성 증진의 필요성을 설명할 수 있다.
2. 성인학습 상담의 구체적인 개입 방법을 진로상담, 학습흥미평가 등의 상황을 구분하여 분석할 수 있다.
3. 성인학습자의 자기주도적 성장과 평생학습자 역량 강화를 위해 상담자가 수행해야 할 역할과 전략을 설계할 수 있다.

1. 성인학습 상담의 내용

노울즈(Knowles, 1983)는 성인학습자가 자기조절적(self-regulated)이고 독립적(independent)이며, 삶과 학습과 관련한 여러 경험을 가지고 있음을 강조했다. 또한 자기 필요와 관련된 학습에 높은 동기를 보인다고 말했다. 이러한 특성을 바탕으로 성인학습자가 다양한 자원을 활용할 수 있도록 지원하고 고유한 능력을 개발할 수 있는 상담지원이 필요하다.

1) 성인학습자의 자기조절학습능력

성인학습자는 학습 과정에서 높은 수준의 자기주도성과 학습 자기조절(self-regulation) 능력이 필요하다. 이는 단순히 지식 습득을 넘어 학습 목표를 설정하고, 학습 전략을 선택·적용하며, 학습 과정을 점검·조정하는 종합적 능력을 의미한다(Zimmerman, 2002). 특히 성인학습자는 직장, 가정, 사회적 역할을 동시에 수행하는 경우가 많아, 한정된 시간과 자원을 효율적으로 관리하지 못하면 학습 지속이 어렵다(Kasworm, 2011). 따라서 성인학습 상담자는 학습자가 스스로 동기를 유지하고 학습 행동을 통제하며, 학습 성과를 자기평가할 수 있는 역량을 개발하도록 지원해야 한다. 이러한 자기조절학습능력은 성인학습자가 평생학습자로서 성장하고, 변화하는 사회·직업 환경 속에서 학습을 지속할 수 있는 핵심 기반이 된다(Merriam, Caffarella, & Baumgartner, 2007).

자기조절학습능력(self-regulated learning ability)이란 학습자가 학습의 주인이 되어 학습 과정을 통제하고 조절하는 과정이다. 자기조절학습능력은 성인학습자들의 성취도와 만족도를 높이고 학습 과정에서 겪는 여러 어려움을 극복하는 데 도움을 준다(김성빈, 임규연, 2017; 심선경, 2013; 정영선, 김현영 외, 2010; 조성연, 문미란, 2007; Hartley & Bendixen, 2001). 자기조절학습은 학습자가 책임감을 가지고 학습 과제를 임하게 돕고, 학습 동기를 높게 유지하며 학습을 위한 여러 가지 자원을 효과적으로 활용하는 데 도움을 주는 능력이다(Zimmerman, 1990).

2) 성인학습자의 회복탄력성 개념과 모형

회복탄력성 연구는 1970년대 아동·청소년 발달 연구에서 시작되었으며, 결핍 중심적 접근 대신 긍정심리학적 관점을 도입하면서 발전하였다(Masten, 2001). 초기에는 '무적의(invulnerable)' 혹은 '불가침의(invincible)' 개인이라는 용어가 사용되었으나, 이는 고정적 특성을 강조한다는 한계가 있어 이후 '회복탄력성(resilience)'이라는 개념이 정착되었다(Wolin & Wolin, 1993; Waxman et al., 2003 재인용). 마스텐(Masten, 2001)은 회복탄력성을 "역경에도 불구하고 긍정적 결과를 산출하는 현상"으로 정의하였고, 짐머만(Zimmerman, 2013)은 이를 강점 기반(strengths-based) 접근으로 설명하며, 결핍보다 개인과 환경의 자원을 강조하였다. 성인학습 상담에서는 회복탄력성 모형을 통해 학습자가 경제적·정서적 제약에도 불구하고 학업 성취를 유지할 수 있도록 지원할 수 있다(Hallet, 2012).

〈표 11-1〉 할렛(Hallet, 2012)의 회복탄력성 모형

모형	핵심 개념	주요 특징	한계	관련 학자
불가침 모형 (Invincibility Model)	개인은 선천적으로 '불가침(invincible)' 혹은 '취약(vulnerable)'으로 구분됨	불가침적인 개인은 타고난 능력으로 장애를 극복	개입 자체가 무의미하다고 전제 → 학계 지지 미약	Hallet, 2012
도전 모형 (Challenge Model)	위험 노출은 연속체에 존재	낮은 위험: 단기 부정적 영향 중간 위험: 강인성 발달 높은 위험: 극복 불가	보호 요인이 언제 위험으로 전환되는지 판단 어려움	Hallet, 2012; Zimmerman & Arunkumar, 1994; Fergus & Zimmerman, 2005

모형	핵심 개념	주요 특징	한계	관련 학자
보상 모형 (Compensatory Model)	보호 요인과 위험 요인의 합산으로 결과 설명	촉진 요인이 결과에 직접적 영향, 위험 요인 효과 상쇄 가능	학습 기회 설명 부족, 보호 · 위험 요인의 상호작용 간과	Hallet, 2012; Zimmerman & Arunkumar, 1994; Fergus & Zimmerman, 2005
보호 모형 (Protective Model)	보호 요인이 위험 요인의 부정적 결과를 완화 · 제거	보호 요인 작용 방식: (a) 위험 효과 경감 (b) 다른 자원 보호 효과 강화	–	Hallet, 2012; Zimmerman & Arunkumar, 1994; Fergus & Zimmerman, 2005

3) 성인학습자의 진로 선택

진로상담은 직업문제, 개인의 심리와 정서를 포괄하는 진로 문제를 다룬다(Krumboltz, 1993; Swanson & O'Brien, 2002; 최윤정, 2012). 진로상담은 내담자가 진로, 직업 영역에서 자신의 역할을 이해하고 자기 개발을 하도록 돕는 과정이다(Super, 1951). 첨단기술은 새로운 작업 환경을 가져온다(이상훈, 정보영, 2021). 일자리와 관련하여 비고용, 비대면 상태가 보편화되고 직업 중심 일자리에서 과업 중심 일자리로 바뀌고 있다. 이는 개인의 삶의 양식이나 진로에 영향을 미치고 있다(Hall, 1996; Savickas, 2011).

과거의 진로상담은 주로 개인의 흥미, 자신감, 성취 기대와 같은 내면적 요인을 중심으로 이루어졌다. 그러나 최근 등장한 '뉴 커리어' 현상은 사회와 구조 전반의 변화가 진로 형성에 미치는 영향이 더욱 커졌음을 보여준다. 이는 이미 경제활동에 참여하고 있는 성인에게도 동일하게 적용된다. 산업구조의 급격한 변동과 이에 따른 직무 재편은 안정적 일자리의 감소와 과업 중심의 업무 확산을 초래하고 있다. 이러한 변화 속에서 개인은 직업적 정체성을 확립하기 어렵고, 장기적인 경력 발달에도 불확실성이 커지기 때문에, 변화하는 환경에 적응하고 미래를 설계하기 위한 체계적이고 전문적인 진로상담이 절실히 요구된다(김래경, 장선철, 2018; 박상우, 2019; 안후남, 이제경, 2017).

4) 학습 흥미 검사 지원

성인학습 상담에서 흥미(interest) 평가는 학습자의 자기이해와 진로 탐색을 촉진하는 핵심 도구이다. 흥미 검사는 내담자가 보다 합리적이고 근거 있는 직업 및 교육 선택을 할 수 있도록 돕는다. 무엇보다, 흥미 검사를 통해 얻어진 점수는 상담자가 내담자에 대한 가설(hypotheses)을 세우고, 이를 바탕으로 새로운 관점과 정보를 제공하며, 진로 탐색의 방향을 제시하는 데 기여한다(Brown, 2013).

흥미 검사는 내담자에게 다양한 방식으로 자기이해(self-understanding)를 증진시킨다. 이전에 알지 못했던 흥미를 발견하게 하고, 어떤 경우에는 직업 선택의 가능성을 넓히며, 또 다른 경우에는 선택지를 좁히고, 이미 선택한 진로에 대한 확인(confirm)을 제공한다(Brown, 2013).

표현된 흥미(express interests)와 검사된 흥미(inventoried interests)는 모두 직업 및 대학 전공 선택을 예측하는 데 있어 높은 타당성을 보이는 것으로 알려져 있다(Hansen & Scullard, 2002). 그러나 많은 성인 학습자들은 진로 및 교육 선택에서 결정하지 못한 상태에 놓여 있으며, 이때 흥미 검사는 새로운 아이디어를 탐색하고 진로 가능성을 개발하는 강력한 자극제가 될 수 있다(Brown, 2013).

2. 성인학습자 상담의 과제

1) 자기조절학습능력 개발 지원

성인학습 상담의 핵심 과제 중 하나는 자기조절학습능력(self-regulated learning

ability)을 개발·지원하는 것이다. 자기조절학습은 학습자가 스스로 학습을 계획, 실행, 평가하는 과정을 의미하며, 평생학습자로 성장하기 위한 필수 역량으로 강조된다(Merriam, Caffarella, & Baumgartner, 2007). 캐스웜(Kasworm, 2011)은 성인학습 이론의 맥락에서 자기조절학습을 "변화에 대한 개방성(openness to change), 비판적 반성적 문제해결(critical reflective problem-solving), 그리고 진화하는 맥락 속에서 학습을 통한 변화에의 참여"로 정의하며, 대학과 같은 고등교육 기관이 성인을 자기주도적 평생학습자로 전환시키는 데 중요한 도구라고 주장하였다.

메리엄 등(Merriam et al., 2007)은 자기조절학습의 목표를 세 가지로 제시하였다. 첫째, 성인학습자의 능력과 기술 및 지식 향상, 둘째, 변혁학습(transformational learning)을 통한 자기조절학습의 구체적인 적용과 실행, 마지막으로 사회적 책임을 교육을 통한 내면화이다. 즉, 교사는 일련의 과정을 거치며 촉진자와 안내자 역할을 담당하고 성인학습자는 내적 동기를 바탕으로 자기주도적 학습을 담당한다.

단계적 자기조절학습 모형을 통해 학습자의 수준에 따른 발달 유형을 살펴볼 수 있다. 가장 낮은 단계의 자기조절학습능력을 가진 의존적 학습자(dependent learners)는 외부의 지시를 통해 학습하고, 동기는 높으나 지식이 부족한 관심 있는 학습자(interested learners)도 있다. 특정 영역을 탐구할 기본 지식과 기술을 갖춘 참여 학습자(involved learners)와 스스로 학습을 계획하고 실행, 평가할 수 있는 자기조절 학습자(self-regulated learners)도 있다. 각각의 단계에 맞게 교사 및 상담자는 권위자(authority), 촉진자(facilitator), 동기부여자(motivator), 위임자(delegator) 등의 역할 조정이 필요하다.

〈표 11-2〉 그로우(Grow, 1991)의 학습자 유형과 특성

학습자 유형	특성	상담자/교사의 역할
의존적 학습자 (Dependent Learner)	학습 활동을 스스로 계획하지 못하며 외부 권위자의 지도가 필요함	권위자(authority)로서 방향 제시 및 지도
관심 있는 학습자 (Interested Learner)	동기는 높으나 지식 부족으로 사기주도성이 제한됨	동기부여자(motivator)로서 흥미와 참여를 강화
참여 학습자 (Involved Learner)	기본 지식과 기술을 갖추고 있으며, 지도에 따라 특정 주제를 탐구할 준비가 되어 있음	촉진자(facilitator)로서 학습 탐구를 지원
자기조절 학습자 (Self-Regulated Learner)	학습을 주도적으로 계획 · 실행 · 평가하며, 최소한의 지도만으로도 학습 가능	위임자(delegator)로서 자율적 학습을 존중

따라서 성인학습 상담자는 성인학습자의 자기조절학습능력 향상을 위해 위해 다음과 같은 지원을 제시할 수 있다.

① 성인학습자의 동기 강화 및 학습 주도성 신장 관련 지원

② 성인학습자의 학습 전략, 시간 관리 및 자기평가 기법 지도

③ 사회적 자원(전문가, 동료, 정보 등)의 활용 방안 제공

④ 성인학습자의 개별 수준에 맞는 눈높이 상담 지원

상담자는 자기조절학습능력을 성인학습자의 학습 역량의 관점으로만 보는 것이 아니라 변화하는 사회환경 속에서 평생학습자로 살아가기 위한 핵심적 과제임을 인식해야 한다.

2) 회복탄력성 증진 지원

성인학습자가 직면하는 위험 요인과 도전적 상황은 매우 다양하다. 직업, 가정, 학

업, 사회적 상황 등 매우 복잡한 맥락 속에서 살아간다. 성인학습 상담자는 성인학습자에게 단순한 기술을 지도하고 개발하는 것을 넘어 성인학습자 스스로 어려움을 인지하고 극복하며 성장할 수 있도록 도와주어야 한다. 이를 위해 성인학습자의 회복탄력성(resilience) 증진을 위한 방안 제시가 필요하다.

(1) 성인학습자 회복탄력성의 위험 요인과 보호 요인

연구자들은 회복탄력성의 핵심을 위험 요인(risk factors)과 이를 상쇄하는 보호 요인(protective factors)의 상호작용에서 찾는다(Durlak, 1998; Masten & Coatsworth, 1998).

위험 요인은 크게 생물학적 요인과 환경적 요인이 있다. 생물학적 요인은 유전적 요인(다운증후군)이나 약물 중독 산모로 인한 인지·신체 손상 등을 생각할 수 있다. 환경적 요인에는 빈곤, 가족 갈등, 학대, 방임 등이 있다. 아동·청소년뿐만 아니라 성인학습자 역시 경제적 빈곤, 직업적 불안정, 가족 책임 증가 등의 위험 요인에 노출된다.

왕 등(Wang et al., 1998)에 따르면, 보호 요인은 위험 요인의 부정적 효과를 경감하거나 긍정적 발달을 촉진한다. 성인학습자에게 주요한 보호 요인은 크게 네 가지로, 개인 요인, 가족 요인, 학교·교사 요인, 지역사회 요인이 있다. 각 요인에 대한 설명은 다음과 같다.

개인 요인은 자기조절 능력(Masten & Coatsworth, 1998), 자기효능감(Peng et al., 1991; McMillan & Reed, 1994 재인용), 낙관성, 학업적 몰입이 있고, 가족 요인에는 따뜻하고 구조화된 양육, 높은 교육적 기대(McMillan & Reed, 1994; Masten & Coatsworth, 1998)를 들 수 있다. 성인학습자의 경우 가족의 지지와 역할 분담이 중요한 보호 요인으로 작용한다. 학교·교사 요인과 관련해서는 교사의 관심과 격려, 높은 기대, 학습자 중심의 교수법(Wang et al., 1998)이 포함된다. 성인학습 상담자는 이러한 기능을 수행하는 주요 주체가 될 수 있다. 지역사회 요인으로는 지역사회 프로그램, 사회적 네트워크, 학습 공동체를 생각할 수 있다. 이러한 요인은 성인학습자의 긍정적 사회적 가치와 학업 지속을 촉진한다(Wang et al., 1998).

(2) 성인학습자 회복탄력성 상담 전략

성인학습 상담자는 학습자가 가진 위험 요인과 보호 요인을 함께 탐색하고, 이를 토대로 회복탄력성 증진 전략을 제공해야 한다. 특히 다음과 같은 상담적 개입이 필요하다.

① 자기조절능력 및 자기효능감 강화

학습자의 자기조절 능력과 학업적 효능감을 평가하고, 이를 개발하도록 지원한다(Masten & Coatsworth, 1998; Bandura, 1977). 성인학습자 스스로 자신의 학습 목표를 설정하고, 전략을 선택하도록 돕는다. 나아가 학습 과정을 스스로 점검하고 조정할 수 있도록 지원한다. 학습자는 자기이해를 토대로 강점과 약점을 이해하고, 자신감을 가지고 학업적 도전 상황을 이끌어 가도록 훈련한다. 또한 구체적인 자기평가와 피드백 과정을 경험해야 한다. 상담자는 학습자의 내적 동기와 자기주도성을 지속적으로 관찰하고 강화하며, 성취 경험을 통해 자기효능감이 체계적으로 향상되도록 돕는다.

② 사회적 지지망 강화 및 활용

가족, 또래, 지역사회 자원과의 연결을 통해 사회적 지지망을 강화한다(Wang et al., 1998). 이를 위해 지역사회, 가족, 동료 학습자, 동료 등 여러 자원과 연결이 필요하다. 성인학습자는 이러한 사회적 지지망을 통해 자신이 처한 어려운 상황에서 도움을 요청할 수 있다. 나아가 학습적 지원과 정서적 지원을 함께 경험할 수 있다. 상담자는 학습자의 주변 환경 분석을 통해 성인학습자에게 필요한 자원을 적절하게 연결해 주어야 한다. 이를 통해 성인학습자가 지속가능한 학습 환경 속에서 보다 안정적으로 성장하도록 지원할 수 있다.

③ 상담 · 교육 프로그램 설계

적정 수준의 학습 과제와 위험을 경험할 수 있도록 안내하고, 이를 통해 학습자가 새로운 대처 전략을 습득하도록 돕는다(Zimmerman & Arunkumar, 1994). 성인학습자에게 적정한 수준의 도전과 어려움을 경험할 수 있도록 학습 과제를 설계할 수 있다. 이를 통해 학습자 스스로 문제해결 전략을 습득하고 처한 상황에 맞는 자기관리 기술을 습득하도록 도와준다. 학습자는 실패와 성공 경험을 반복하면서 회복탄력성을 강화할 수 있다. 또한 실생활과 직업적 상황에서 반드시 필요한 전략을 익히고 이를 토대로 학습한 전략을 적용할 수 있는 기회도 가질 수 있다. 상담자는 성인학습자에게 개별화 피드백을 제공하여 학습 과정에서 단계적 목표 설정을 하고 지속적인 성취 점검이 이루어지도록 맞춤형 프로그램을 운영한다.

④ 정책적 · 제도적 개입

성인학습자의 교육 불평등을 완화할 수 있는 제도적 지원을 병행해야 한다(Hallet, 2012). 성인학습자가 직면한 구조적·제도적 장애를 완화하기 위해 교육 정책과 제도적 지원을 병행한다. 예를 들어, 학습자 맞춤형 장학금, 시간·장소 유연성 제공, 학습 보조도구 지원 등 실질적 제도적 지원을 통해 학습자가 교육 참여를 지속할 수 있도록 돕는다. 또한 학습자의 교육 불평등과 접근성을 고려하여 제도 설계와 상담 프로그램을 통합하고, 사회적 환경과 정책을 연계하여 학습자의 성공 가능성을 극대화한다.

3) 진로 선택 상담 지원

(1) 진로상담 주제 분석

온라인 게시판 공개진로상담 사례(커리어넷 2019년 7월-2021년 6월)를 바탕으로 가장 많은 상담 신청이 이루어진 키워드를 중심으로 진로상담 주제를 분석하면 다음과 같다. 진로상담 핵심 주제는 진로 전환과 관련된 내용, 현실적 조건, 교육 내용 등과 관련된 내용이다.

〈표 11-3〉 진로상담 주제 분석

진로상담 핵심 주제
진로 준비를 위한 교육과 훈련
진로에서의 현실적인 조건
진로에서의 적성과 능력
일터를 떠나거나 진로를 전환하는 것
학교를 졸업한 이후 삶과 직업에서 조망 관련

출처: 김성임, 이제경(2025). p.353 표 재작성.

온라인청년센터를 통한 온라인 상담내용 206,205건 중 진로 관련 상담 1,807건을 추출하여 최종 1,326건의 상담자료를 분석한 결과, 가장 많은 상담유형은 취업 상담과 관련 내용이다. 자세한 내용은 다음과 같다.

〈표 11-4〉 진로상담 자료 분석

상담유형	상담횟수
구직기술	285 (21.5%)
이직 및 경력단절 취업	36 (2.7%)
진로 및 학과(전공) 상담	263 (19.8%)

상담유형	상담횟수
취업 상담	698 (52.7%)
훈련 및 자격증	44 (3.3%)
총합계	1,326 (100.0%)

출처: 이서정, 정진철(2020). pp.71-90 재작성.

(2) 성인학습자 진로상담 방향

앞의 내용을 통해 알 수 있는 것은 내담자들이 적성을 고려하여 진로 문제를 생각한다는 것과 학습을 통해 진로 문제를 해결하려는 계획이 있다는 점이다. 이때, 학습은 자격증 취득뿐만 아니라 장기적인 정규교육도 포함한다(김성임, 이제경, 2025). 따라서 성인학습자 상담에서는 진로 방향에 맞는 자격증 취득을 위한 상담이 필요하다. 학습기간이 길어질 경우 생애 근로 기간이 줄어들어 실업률과 경제성장률에도 영향을 주며(김준, 김명준, 2019), 노동생산성에 영향을 미치는 요인에 의해 생애소득의 불평등으로 이어질 수 있다(김지운, 2020). 따라서 효과적인 학습방법에 대한 현실적인 조언과 짧은 학습기간을 위한 적절한 멘토링 등이 필요하다.

아울러 진로문제와 정서적인 문제를 함께 다루는 것이 중요하다. 내담자가 느끼는 어려움을 분석하여 학습상담과 함께 드러난 정서적인 어려움을 파악하고 진로상담의 방향을 잡는 것도 필요하다. 더 나아가 남성과 여성이 느끼는 정서적 어려움을 파악하여 세분화된 정보를 제공하는 것도 필요하다(이민아, 2019; 이경진, 유금란, 2019).

(3) 한국고용정보원 활용 상담

한국고용정보원은 1983년부터 일반적성검사 개발을 시작으로, 현재까지 총 22종의 직업심리검사를 제공하며 청소년과 성인 구직자가 스스로를 이해하는 데 도움을 주는 역할을 맡아 왔다. 1999년, 인터넷 보급이 확산되자 기존에 고용센터·대학·

초중고교에서 종이 검사지를 통해 오프라인으로만 진행하던 직업심리검사를 개선하여, 직업선호도검사를 시작으로 온라인 버전을 함께 마련하였다. 이어 2013년에는 모바일 환경을 구축함으로써, 직업심리검사가 진로 설계와 구직 준비의 출발점으로서 청소년과 성인 모두에게 한층 적극적으로 활용될 수 있는 기반을 마련하였다. 현재 22개 직업심리검사들이 온라인, 오프라인을 통해 활용되고 있다(정시원, 강옥희 외, 2022).

〈표 11-5〉 대학생 · 성인의 자기이해 및 진로 탐색을 위한 검사

No.	검사명	대상	소요 시간	검사 소개
1	직업선호도검사 S형	18세 이상	25분	좋아하는 활동, 관심 있는 직업, 선호하는 분야를 탐색하여 직업흥미유형에 적합한 직업들을 제공
2	직업선호도검사 L형	18세 이상	60분	좋아하는 활동, 관심 있는 직업, 선호하는 분야, 성격, 생활사 특성을 탐색하여 직업흥미유형에 적합한 직업들을 제공
3	성인용 직업적성검사	18세 이상	90분	직업선택 시 중요한 능력과 적성을 토대로 적합한 직업을 선택할 수 있도록 도와주기 위한 검사
4	직업가치관검사	18세 이상	20분	직업선택 시 중요하게 생각하는 직업가치관을 측정하여 자신의 직업가치를 확인하고 그에 적합한 직업 분야를 안내
5	대학생 진로준비도 검사	대학생	20분	진로발달 수준과 취업 준비 행동 수준에 대한 객관적인 정보를 바탕으로 효과적인 진로 및 취업선택을 지원
6	영업직무 기본역량 검사	18세 이상	50분	영업직무수행과 관련한 역량을 인성과 적성의 측면에서 측정하여 영업직무에 대한 역량의 적합도를 확인
7	IT직무 기본역량검사	18세 이상	95분	IT 직무수행과 관련한 역량을 인성과 적성의 측면에서 측정하여 IT 직무에 대한 역량의 적합도를 확인

출처: 한국고용정보원(2023). 직업심리검사 사용자 가이드 웹게시용.

〈표 11-6〉 성인을 위한 직업적응검사

No.	검사명	대상	소요 시간	검사 소개
1	구직준비도검사	18세 이상	20분	구직을 희망하는 사람들이 성공적인 구직을 할 준비가 되어 있는가를 알아보고, 이를 토대로 적합한 취업지원 서비스를 선택할 수 있도록 해주는 검사
2	창업적성검사	18세 이상	20분	창업을 희망하는 개인에게 창업소질이 있는지를 진단해 주고, 가장 적합한 업종이 무엇인지 추천
3	이주민 취업준비도 검사	이주민	60분	국내 거주 이주민의 고용가능성을 평가하여 한국에서의 구직에 도움을 주기 위한 검사
4	중장년 직업역량검사	45세 이상	25분	중 · 장년 근로자의 직업역량을 진단하여, 후기 경력개발과 관련된 의사결정을 돕기 위한 검사

출처: 한국고용정보원(2023).

(4) 성인학습자 흥미 검사

성인학습 상담은 학습자의 자기이해와 진로 탐색을 돕는 과정이다. 이때 흥미는 단순한 선호의 차원을 넘어, 성인 학습자가 무엇을 배우고, 어떤 직업·역할을 선택하며, 어떻게 만족을 경험하는가를 예측하는 핵심 요인이 된다. 따라서 상담자는 흥미를 체계적으로 이해하고, 측정 도구를 활용하여 학습자에게 적절한 피드백을 제공해야 한다.

〈표 11-7〉 흥미 검사 종류

구분	SDS (Self-Directed Search)	SII (Strong Interest Inventory)	CISS (Campbell Interest and Skill Survey)
개발자, 연도	John L. Holland, 1971 (개정판 1994)	E. K. Strong, Jr., 1927 → 최신 개정 2004	David P. Campbell, 1992
이론적 기반	Holland의 6유형(RIASEC) 성격 · 직업 일치 모형	Holland의 RIASEC 유형 + 경험적 대비집단법	Holland의 RIASEC 유형 + 흥미 · 기술 병행 측정

문항 수 · 구성	총 228문항 ① 직무 활동(66) ② 자기평가 역량(66) ③ 직업(84) ④ 자기 능력 평가(12)	총 291문항 ① 직업명 ② 교과목 ③ 직무활동 ④ 여가활동 ⑤ 자기 특성 ⑥ 직무세계 선호	총 320문항 ① 흥미 200 ② 기술 120
주요 척도	– 6개 직업 성격 유형 (RIASEC) – 요약코드(상위 3개 조합)	– GOT(6): 일반 직업주제 – BIS(30): 기본 흥미척도 – OS(122): 직업 척도 – PSS(5): 개인적 스타일 척도	– Orientation(7): 6유형 + 모험형 – BIS(29): 세부 흥미척도 – OS(60): 직업 척도 – 추가 척도: 학문지향, 외향성
검사 방식	자가 실시 · 채점 · 해석 가능 컴퓨터 채점 버전 제공	전문가 채점 필요(기계 채점) 해석 자료 제공(*Dictionary of Holland Occupational Codes, Educational Opportunities Finder*)	전문가 채점 필요 결과 프로파일에 행동 권고(추구 · 개발 · 탐색 · 회피) 포함
특징 및 장점	– 간단 · 저비용 – 자가 해석 가능 – 진로 탐색의 시작점으로 적합	– 가장 전통 있고 세분화 – 직업군 · 전공 직접 매칭 가능 – 연구적 활용도 높음	– 흥미와 기술을 동시에 평가 – 행동 권고 제공(추구/개발/탐색/회피) – 실천적 진로 상담에 유용
적합 대상	고등학생~성인 초기 학습자 자가 탐색 중심 학습자	대학생 ~ 성인 세부 전공/직업 선택에 활용	대학생, 성인, 경력 전환자 기술 수준까지 고려해야 하는 내담자

출처: Brown, Lent, & Lent. (Eds.). (2013). pp.375–381 표로 재정리.

(5) 흥미 검사 해석과 관련된 일반적인 절차 및 주의점

① 검사 시작 단계

- 검사 목적과 결과 검토: 먼저 흥미 검사를 실시한 목적과 결과 확인의 의의를 검토한다.
- 내담자의 반응 확인: 내담자가 검사를 수행하면서 느낀 반응이나 소감을 묻는다.

② 검사 수행 단계

- 검사의 한계 안내: 흥미 검사는 능력(abilities)을 측정하지 않는다는 점을 상기시킨다.
- 예상 점수 확인: 내담자에게 2~3개의 높은 점수를 예측해 보도록 요청한다.
- 점수 산출 과정 설명: 척도 점수가 어떻게 산출되었는지를 간략히 설명한다.

③ 결과 해석 및 피드백 단계

- 규준과 표준화 설명: 점수가 어떤 규준 집단에 기초해 산출되었는지, 내담자가 어떤 표본과 비교되고 있는지를 알려준다.
- 점수와 해석 의미 제시: 수치화된 점수와 해석적 논평이 의미하는 바를 설명한다.
- 척도의 의미 구체화: 각 척도가 의미하는 바를 설명하고, 한두 개 문항 예시를 제시한다.
- 내담자의 반응 확인: 점수가 내담자를 얼마나 정확히 반영하는지에 대한 반응을 묻는다.

④ 진로 탐색 및 행동 계획

- 흥미 충족 방식 탐색: 내담자에게 각 흥미를 어떻게 충족하고 있는지(예: 일, 여가,

사회적 활동)를 명확히 하도록 요청하고, 과거 및 현재 활동과의 연계를 통해 이해를 심화한다.

- 패턴 탐색: 프로파일 전반에서 반복되거나 일관된 패턴을 살펴보고, 여러 흥미 영역이 어떻게 결합되어 하나의 직업이나 진로로 이어질 수 있는지 탐색한다.
- 추가 가능성 제시: 프로파일에 직접 보고되지 않았더라도 내담자의 흥미를 충족시킬 수 있는 추가적 교육·직업적 가능성을 함께 모색한다.
- 행동 계획 수립: 진로 탐색의 다음 단계를 위해 내담자와 구체적인 계획을 수립한다.

⑤ 마무리 및 확인

- 요약과 확인: 마지막으로 내담자에게 세션 내용을 요약하게 하고, 해석 과정에서 생긴 오해나 불명확한 부분이 있다면 논의할 시간을 갖는다.

학습 과제

1. 성인 학습자를 대상으로 자기조절학습능력 개발과 회복탄력성 증진을 지원하는 상담 전략을 정리하고, 구체적 사례를 포함한 실천계획을 작성하시오.
2. 학습 문제 해결, 진로 선택 지원, 학습 흥미 검사 활용 등 성인학습 상담 개입 사례를 조사하여 비교 분석하고, 상담자로서 적용 가능한 방법을 보고서로 제출하시오.
3. 성인학습 상담에서 자기주도성, 회복탄력성, 학습문제 해결 능력을 통합적으로 지원하는 상담 프로그램 설계안을 작성하고, 예상 효과 및 적용 전략을 발표하시오.

참고문헌

김래경, 장선철(2018). 중장년 사무직 남성의 진로전환경험. **직업능력개발연구, 21**(3), 103-131.

김성빈, 임규연(2017). 온라인 고등·평생교육 학습자의 학습참여 동기와 학습 만족도 관계에서 지각된 유용성, 자기조절학습 능력의 조절효과 검증. **평생학습사회13**(3), 85-107.

김성임, 이제경(2025). 텍스트 마이닝을 활용한 성인 내담자의 온라인 진로상담 호소문제 분석: 커리어넷 온라인 진로상담 사례를 중심으로. **학습자중심교과교육연구 25**(3), 345-362.

김준, 김명준(2018). 실업률과 경제성장률 간의 관계의 분석: 지역별 특징을 중심으로. **질서경제저널, 21**(1), 143-164.

김지운(2020). 한국의 생애소득 불평등 원인에 대한 분석. **경제학연구, 68**(1), 71-113.

박상우(2019). 베이비부머 퇴직자의 진로전환에 관한 연구: 회복탄력성을 중심으로. **한국산학기술학회논문지, 20**(5), 155-162.

심선경(2013). 온라인 수업에서 학습도구와 자기조절학습, 학업성취 간의 관계 연구. **한국콘텐츠학회논문지, 13**(3), 456-467.

안후남, 이제경(2017). 중년전환기 기혼직장여성의 진로구성에 관한 연구. **학습자중심교과교육연구, 17**(8), 363-389.

이경진, 유금란(2019). 워킹맘들이 경험하고 있는 심리적 어려움 및 대처방안에 관한 질적 연구. **한국콘텐츠학회논문지, 19**(6), 587-604.

이민아(2019). 한국 중년남성의 성역할갈등과 중년 위기감의 관계에서 자아정체감과 정서표현 양가성의 매개효과 및 연령대의 조절효과 검증. 숙명여자대학교 대학원 박사학위논문.

이상훈, 정보영(2021). 코로나19와 일터환경: 재택근무에 대한 국내언론보도기사 분석. **HRD 연구, 23**(1), 145-175.

이서정, 정진철(2020). 채팅 진로상담 이용 청년의 상담내용 의미 구조 분석. **취업진로연구, 10**(2), 71-90.

정시원, 강옥희, 최형아, 송스란, 유애영(2022). 직업심리검사 온라인해석상담 호소문제 분석-직업선호도검사 내담자 상담DB 활용. 한국고용정보원 연구사업보고서.

정영선, 김현영, 강선우(2010). 사이버 대학교 성인학습자의 학습전략 동기 및 학업성취와의 관계연구. **교육종합연구, 8**(2), 23-41.

조성연, 문미란(2007). 성인학습자의 학업성취도에 영향을 미치는 변인에 관한 연구. **교육학연구, 45**(2), 121-149.

한국고용정보원(2023). 직업심리검사 사용자 가이드 웹게시용.

Bandura, A. (1977). Self-efficacy: Toward a unifying theory of behavioral change. *Psychological Review, 84*(2), 191–215.

Brown, S. D., Lent, R. W., & Lent, R. W. (Eds.). (2013). *Career development and counseling: Putting theory and research to work.* John Wiley & Sons, Incorporated.

Campbell, D. P., Hyne, S. A., & Nilsen, D. L. (1992). *Manual for the Campbell Interest and Skill Survey Pearson Assessments.* MN: Minneapolis.

Desmond, T. (2020). *Protective factors used by academically resilient economically disadvantaged adult students*(Order No. 27997883).

Durlak, J. A. (1998). Common risk and protective factors in successful prevent program. *American Journal of Orthopsychiatry, 68*(4), 512-520.

Fergus, S., & Zimmerman, M. A. (2005). Adolescent Resilience: A Framework for Understanding Healthy Development in the Face of Risk. *Annual Review of Public Health, 26*(1), 399-419.

Grow, G. (1991). Teaching learners to be self-regulated: A stage approach. *Adult Education Quarterly,* 125-149.

Hall, D. T. (1996). Protean careers of the 21st century. *Academy of Management Perspectives, 10*(4), 8-16.

Hallet, R. E. (2012). *Educational experiences of hidden homeless teenagers living double-up.* New York, NY: Routledge.

Hansen, J. C., & Scullard, M. G. (2002). Psychometric evidence for the Leisure Interest Questionnaire and analyses of the structure of leisure interests. *Journal of Counseling Psychology, 49,* 331–341.

Hartley, K., & Bendixen, L. D. (2001). Educational research in the internet age: Examining the role of individual characteristics. *Educational Researcher, 30*(9),

22-26.

Holland, J. L. (1994). *Self-Directed Search user's guide.* Lutz, FL: Psychological Assessment Resources.

Kasworm, C. E. (2011). The influence of the knowledge society: Trends in adult higher education. *Journal of Continuing Higher Education, 59*(2), 104-107. doi: 10.1080/07377363.2011.568830

Knowles, M. S. (1983). *The modern practice of adult education: from pedagogy to andragogy.* (2nd ed.) New York: Cambridge Books.

Krumboltz, J. D. (1993). Integrating career and personal counseling. *The career development quarterly, 42*(2), 143-148.

Masten, A. S. (2001). Ordinary magic: Resilience processes in development. *American Psychologist, 56*(3), 227-238.

Masten, A. S., & Coatsworth, J. D. (1998). The development of competence in favorable and unfavorable environments: Lessons from research on successful children. *American psychologist, 53*(2), 205-220.

McMillan, J. H., & Reed, D. F. (1994). At-risk students and resiliency: Factors contributing to academic success. *The Clearing House, 67*(3), 137-140.

Merriam, S. B., & Caffarella, R. S. Baumgartner (2007). Learning in adulthood: A comprehensive guide (3rd Ed.). San Francisco, CA. subjects: A pilot study. *Procedia - Social and Behavioral Sciences, 9,* 800-804.

Peng, S. S., Lee, R. M., Wang, M. C., & Walberg, H. J. (1991). *Resilient students in urban settings*(Unpublished manuscript). Philadelphia, PA: Temple University Center for Research in Human Development and Education.

Savickas, M. L. (2011). New questions for vocational psychology: Premises, paradigms, and practices. *Journal of Career Assessment, 19*(3), 251-258.

Strong, E. K., Jr. (1927). *Vocational Interest Blank.* Stanford, CA: Stanford University Press.

Super, D. E. (1951), *Vocational adjustment: Implementing a self-concept.* Occupations.

Swanson, J. L., & O'Brien, K. M. (2002). *Training career counselors: Meeting the challenges of clients in the 21st century.*

Wang, M. C., Haertel, G. D., & Walberg, H. J. (1998). *Building educational resilience.* Bloomington, IN: Phi Delta Kappa Educational Foundation.

Waxman, H. C., Gray, J. P., & Padron, Y. N. (2003). *Review of research on educational resilience.* Retrieved from https://cloudfront.escholarship.org/dist/prd/content/qt7x695885/qt7x695885.pdf

Wolin, S. J., & Wolin, S. (1993). *The resilient self: How survivors of troubled families rise above adversity.* New York, NY: Villard.

Zimmerman, M. A. (2013). Resiliency theory: a strengths-based approach to research and practice for adolescent health. *Health education & behavior: The official publication of the Society for Public Health Education, 40*(4), 381-383.

Zimmerman, M. A., & Arunkumar, R. (1994). Resiliency research: Implications for schools and policy. *Social Policy Report, 8*(4), 1-20.

Zimmerman. B. J. (1990). Self-regulated learning and academic achievement: An overview. *Educational Psychologist, 25*(1), 3-17.

Chapter
12

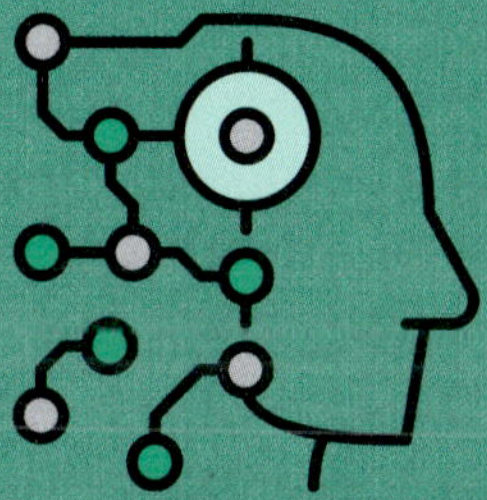

AI 상담 도구의 등장

학습 개요

본 장은 AI 상담의 개념, 활용 영역, 효과 및 과제, 윤리적 쟁점을 살펴본다. 먼저 AI 상담을 대화형 심리지원 서비스 관점으로 정의하고 현재 연구 동향을 살펴본다. 대표적 상담 이론을 적용한 맥락을 살펴보고, AI 상담의 대표적 기술을 정리한다. 활용 영역별 동향과 관련하여 내담자 직접지원, 상담자 보조, 내담자 자기이해 등으로 구분하여 세부 내용과 특징을 연결한다. AI 상담이 직접 활용되는 영역에서는 상담자로서의 AI, 조력자로서의 AI, 치료도구로서의 AI를 구분하고 효과적인 부분과 미흡한 부분을 최신 연구결과를 기반으로 제시한다. AI 상담의 효과 부분에서는 실제 임상의 유효성 연구를 통해 실용적 대안, 새로운 수단으로서 역할과 신뢰성 등에 대한 향후 과제를 함께 다룬다. 마지막으로 거버넌스 원칙, 기관 차원의 지침의 필요성 제안을 통해 책임 있는 실천 방안을 지적한다.

학습 목표

1. 성인학습 및 상담의 맥락에서 AI 상담의 개념, 핵심 기능을 현재 연구 동향을 바탕으로 설명할 수 있다.
2. AI 상담의 활용 영역을 사례와 근거를 중심으로 구분하고 분석할 수 있다.
3. AI 상담의 윤리적 원칙을 반영하여 활용안을 설계 및 제안할 수 있다.

1. AI 상담의 개념과 의미

1) AI 상담의 정의와 의의

AI 상담은 알고리즘과 자연어 처리(Natural Language Processing: NLP) 기술을 기반으로, 챗봇 또는 가상 상담사를 통해 사용자의 감정과 고민을 분석하고, 맞춤형 상담 및 심리적 지원을 제공하는 서비스로 정의된다(Ofem et al., 2025). 이러한 기술은 단순한 정보 제공을 넘어 실제 정신건강 문제를 완화하고 정서적 안정을 도모할 수 있는 유의미한 수단으로 인식되고 있으며, 특히 AI 기반의 상담 기술은 비대면 진단, 원격 모니터링, 예측 분석 등에서 활용되어 급변하는 사회적 요구에 유연하고 신속하게 대응할 수 있는 핵심 기술로 부상하고 있다(Gawande et al., 2025).

2) AI 상담의 현재 연구 동향

(1) 상담 이론별 동향

2020년부터 2025년까지 276편의 국내외 AI 상담 관련 논문을 분석한 정여주, 팽현지, 김재헌, 오정은(2025)은 연구를 통해 가장 많이 사용된 상담 이론이 인지행동치료(CBT)임을 밝혔다. 이는 CBT가 부적응 행동 감소, 인지 왜곡 수정 등을 통해 정서 문제(우울, 불안 등)에 효과적으로 접근할 수 있는 과학적 접근이며 또한 구조화된 과제 특성으로 머신러닝(ML)을 중심으로 하는 행동 활성화 전략으로의 전환이나 컴퓨터 기반 CBT를 활용한 기술적 중재 프로그램으로 응용하기 편리하다는 부분이 있기 때문이다. 이러한 CBT의 특성이 AI 상담 관련 연구에 확산될 수 있는 요인으로 볼 수 있다. 이외 심리도식치료, 마음챙김, 긍정심리 등의 이론이 다루어지고 있으나 단기 상담이나 효과 중심적 접근에 국한되는 경우가 많음을 알 수 있다.

〈표 12-1〉 AI 상담 연구의 상담 이론별 동향

상담 이론	연구 편수 총(국내/해외)	주요 특징 및 적용 맥락
인지행동치료(CBT)	23(1/22)	가장 많이 활용된 이론 우울, 불안 등 정서문제에 효과 검증 구조화된 과제 기반 → 컴퓨터 기반 CBT, ML 기반 행동 활성화 전략 적용이 용이함
마음챙김 (Mindfulness)	4(0/4)	단기적 스트레스 완화 중심 주로 보조 도구 성격
동기강화상담 (Motivational Interviewing)	4(0/4)	행동 교정 맥락(흡연, 생활습관 등)에서 제한적으로 활용 가능
긍정심리 (Positive Psychology)	2(0/2)	긍정적인 정서를 위한 도구로 연구
심리도식치료 (Schema Therapy)	2(0/2)	행동과 정서의 패턴을 교정하는 부분 관련 연구
문제해결치료	1(0/1)	소수 연구, 구체적 적용은 미비
인간중심치료	1(0/1)	인간중심적 관계 맥락의 시도 연구
행동활성화 이론	1(0/1)	ML 기반 행동 활성화 전략으로 응용 가능성
정신분석	1(0/1)	해외 소규모 연구

출처: 정여주, 팽현지 외(2025). pp.171-197 재작성.

(2) AI 기술별 동향

AI 상담 연구에서 가장 활발하게 활용되는 기술은 머신러닝(ML)이다. 특히 지도학습이 중심이 되어 대량의 언어, 표정, 신체 반응 데이터를 분류하고 분석하는 데 주로 사용되었으며, 일부 연구에서는 비지도학습과 강화학습도 적용되어 데이터 군집화나 응답의 정교화를 지원하는 데 활용되었다.

또한 딥러닝과 자연어 처리(NLP) 기술 등이 AI 상담의 중요한 흐름을 만들고 있다. 최근의 상담 챗봇 연구는 대부분 GPT, Transformer, BERT(Bidirectional Encoder

Representations from Transformers) 등과 같은 거대언어모델(LLM)을 기반으로 이루어지고 있다. 이를 바탕으로 대화형 상호작용과 정서적 지지를 강화하는 연구가 활발하게 진행되었다. 이와 함께 전통적 규칙 기반의 챗봇도 여전히 병행되고 있으며, 단순한 모델에서 복잡한 시스템까지 다양한 수준의 기술이 활용되고 있다.

이 외에도 설명 가능한 인공지능(Explainable Artificial Intelligence: XAI) 등 최신 기술들이 일부 연구에서 실험적으로 적용되고 있어, 상담 영역에서도 AI 기술의 발전에 발맞춘 다양한 시도가 이루어지고 있음을 보여준다. 그러나 국내 AI 상담 관련 연구 편수가 적고, 세부 기술 내용을 구체적으로 기록하지 않는 경우가 많다. 이에 AI 상담의 활용 폭과 집중도 모두 제한적인 단계에 머물러 있다.

〈표 12-2〉 AI 상담 연구의 기술별 동향

기술 범주	연구 동향	특징
머신러닝(ML)	가장 활발히 연구됨	지도학습 중심, 데이터 분류 및 분석에 주로 활용 비지도학습, 강화학습은 일부 군집화, 응답 정교화에 적용
딥러닝 (Deep Learning)	점차 확대	RNN, LSTM 일부 활용 Transformer 기반 모델 연구가 압도적 다수
자연어 처리(NLP)	상담 챗봇 연구의 핵심	GPT, BERT 등 LLM 기반 모델이 중심 규칙 기반 단순 챗봇도 여전히 공존
기타 최신 기술	실험적 시도 단계	설명가능한 AI(XAI) 등 신기술 일부 적용, 다양한 접근 가능성 탐색
국내 · 외 비교	해외 연구 비중이 압도적으로 높음	국내는 연구 편수 적고, 세부 기술 보고도 부족 활용 폭과 집중도 모두 제한적

출처: 정여주, 팽현지 외(2025). 재작성.

(3) 상담의 활용 영역별 동향

〈표 12-3〉 AI 상담 활용 영역 및 특징

활용 영역	주요 세부 내용	연구 동향 특징
내담자 직접 지원 (정서 및 위기 중재)	• 심리지원(정서적 지지) • 정신건강 자기관리 • 위기 조기발견 및 즉각 대처 • 대화 파트너	가장 활발한 연구 분야. 주로 챗봇 · 자가치료 앱을 통해 우울 · 불안 · 스트레스 감소를 지원. 원격 모니터링으로 위기 대응과 맞춤형 정서 관리 가능성 확대
상담자 역량 강화 및 보조	• 데이터 분석 • 맞춤형 개입 · 치료계획 설계 • 상담자 보조 • 상담자 교육 · 훈련 • 심리측정 • 매체 한계 보완	두 번째로 활발한 연구 분야. 상담자의 훈련, 슈퍼비전, 치료계획 보조에 활용. 특히 텍스트 · 대화 분석을 통한 조기 개입과 맞춤형 개입이 핵심
자기이해 및 성장 지원	• 진로상담 • 학업상담 • 스마트폰 과의존 상담 • 부모교육 · 부모상담 • 스포츠 심리상담 • 학교폭력 · 성교육 · 애도상담 · 미술치료	국내에서 상대적으로 활발. 진로 · 학업 · 스마트폰 과의존 등 한국 사회 특수 맥락에 맞춘 연구 비중이 큼. 개인 성장과 자기이해 촉진을 위한 다양한 영역에서 실험적 적용

출처: 정여주, 팽현지 외(2025). 재작성.

현재 AI 상담 관련 연구는 주로 기존에 개발된 AI 상담 도구를 사례 중심으로 분석하거나, 기술 개발 및 사용자 만족도에 초점을 맞추는 경향이 강하다. AI 기술의 적용 효과를 실증적으로 검증하거나 상담 대상자의 특성, 상담의 과정과 구조, 상담자-내담자 관계의 형성과 같은 상담학적 차원에서의 접근은 상대적으로 부족하다(이재용, 이시훈 외, 2022; Park, Chung, & Lee, 2023). 이러한 한계는 많은 연구들이 정책 연계나 제도화 가능성 측면에서 제약을 두게 하며, 실제 상담 장면과의 접점을 확보하지 못하는 결과로 이어지고 있다(장규현, 서영석, 2022). 사회적 관심은 높아지고 기술 개발은 빨라지고 있지만 이를 뒷받침하기 위한 정책, 기술 평가, 윤리 기준 마련 등 실질적인 내용 논의는 미흡한 것이 사실이다.

나아가, AI 상담 윤리, 빅데이터 수집에 의한 개인정보 보호 문제, 상담에 대한 책임 문제 등 핵심적인 윤리적 쟁점에 대한 논의는 미흡하며, 연구마다 사용하는 분류 기준(플랫폼 유형, 적용 기술, 적용 집단 등)이 상이해 연구 간 비교와 종합이 어렵고, 결과적으로 연구 축적이 원활히 이루어지지 못하고 있다(Kolding et al., 2024; Omarov, Narynov, & Zhumanov, 2023; Plakun, 2023).

2. AI 상담의 활용 영역

1) 상담자로서의 AI – 인공지능이 중심이 된 상담

인공지능(AI)은 성인학습 및 상담에서 내담자의 심리지원 영역에 새로운 가능성을 제시한다. 레만과 사자드(Rehman & Sajjad, 2025)의 연구는 AI 상담이 접근성과 유연성을 높여 바쁜 성인 학습자들에게 즉각적인 정서적 지지를 제공한다는 것을 밝혔다. 인공지능 중심 상담은 개인적 피드백과 데이터베이스 기반적 조언을 통해 학습자의 자기이해와 문제 해결을 돕는다. 인공지능 상담은 익명성 보장과 함께 비용 절감 효과뿐만 아니라 상담에 대한 낙인을 줄인다. 이는 초기 심리지원 접근을 쉽게 만드는 요인이다. 그러나 인공지능 상담이 정서적 공감과 이해의 깊이가 부족하며, 고위험 사례나 위기 상황을 다루는 데에는 한계가 있는 것도 사실이다. 문화적·종교적 맥락 반영이 미흡하다는 점도 성인 내담자 지원에서 고려해야 할 과제로 남는다. 따라서 AI 상담은 인간 상담자의 역할을 함께할 때 성인학습자 심리지원 효과가 극대화된다. 이러한 활용은 성인학습자의 정서적 안정, 학습 지속력, 심리적 회복력 증진에 기여할 수 있다.

인공지능(AI)은 성인학습 및 상담에서 내담자의 심리지원 영역을 보완하는 수단으로 활용되고 있다. 핑(Ping, 2024)의 연구에 따르면, AI 챗봇 대화를 자연어 처리와 감정 분석 기법으로 분석하여 내담자의 심리 상태를 파악할 수 있다. 또한 기계

학습 알고리즘을 통해 상담 결과와 만족도를 약 89%의 정확도로 예측하는 성과를 보였다. 이는 상담자가 내담자의 정서와 행동을 더 깊이 이해하고 개입 전략을 조정하는 데 도움을 줄 수 있음을 보여준다. AI 상담은 접근성이 높고 즉각적이며, 개인 맞춤형 지원을 제공할 수 있다는 장점이 있다. 하지만 공감과 정서적 교류 측면에서는 여전히 한계가 존재한다. 따라서 인간 상담자의 역할을 대체하기보다 보완하는 방향에서 활용될 필요가 있다. 이러한 발전은 성인학습자의 심리적 안정과 학습 지속성을 높이는 중요한 기반이 될 수 있다.

상담 장면에서 인간 상담자와 인공지능(AI) 상담자에 대한 선호 차이도 살펴볼 수 있다. 장과 리안(Zhang & Lian, 2025)은 사회·정서적 상담 상황에서는 내담자들이 인간 상담자를 더 신뢰하며 상담 의도도 높게 나타났으나, 인지·분석적 상황에서는 인간과 AI 상담자 간 차이가 크지 않음을 밝혔다. 특히 신뢰가 중요한 매개 요인으로 작용하여, 정서적 상담에서는 인지적·정서적 신뢰 모두가 인간 상담자 선호를 강화하는 핵심 기제로 확인되었다. 반면 분석적 상황에서는 AI의 효율성이 인정되면서 과거 경험에 따른 불신이 상담 의도에 영향을 주는 억제 효과가 나타났다. 이 연구는 AI 상담이 정서적 지지보다는 분석적·인지적 과제에서 더 수용될 수 있음을 보여주며, 따라서 상담 영역에서 AI는 인간 상담자를 대체하기보다는 보완하는 모델로 활용될 필요가 있음을 밝혔다.

전통적인 심리치료와 인공지능을 활용한 심리치료의 치료 효과에 관해 스파이츠카(Spytska, 2025)는 전쟁 지역에 거주하며 불안장애를 진단받은 여성들을 대상으로, 인공지능(AI) 챗봇과 전통적 심리치료의 효과를 비교하였다. 연구는 무작위 통제 임상시험(Randomized Controlled Trial)으로 진행되었으며, 한 집단은 매일 AI 챗봇을 통해 심리지원을 받았고 다른 집단은 주 3회, 60분간 전문 심리치료를 제공받았다. 불안 수준은 'Hamilton Anxiety Rating Scale'과 'Beck Anxiety Inventory'를 통해 측정되었다. 연구 결과, 두 집단 모두 불안 수준이 유의하게 감소하였으나 그 효과의 정도는 차이를 보였다. 전통적 심리치료 집단은 Hamilton 기준 약 45%,

Beck 기준 약 50%의 불안 감소를 보였고, 챗봇을 사용한 집단은 Hamilton 기준 약 30%, Beck 기준 약 35%의 감소 효과를 나타냈다. 이는 인간 치료자가 여전히 정서적 깊이와 복잡한 심리 적응을 다루는 데 강점을 가지고 있음을 보여준다. 그러나 AI 챗봇 역시 의미 있는 효과를 보여주었다는 점에서, 특히 치료 접근이 제한된 상황이나 즉각적 지원이 필요한 위기 환경에서는 중요한 보완적 도구가 될 수 있음을 보여준다. 인공지능 활용 상담이 시간과 장소에 구애받지 않고 접근할 수 있으며, 비용 효율적이라는 장점도 있음을 밝힌 연구이다.

정리하면, 상담자로서의 인공지능은 성인학습 및 상담에서 접근성과 효율성을 높이며 새로운 가능성을 열어가고 있음을 알 수 있다. 특히 시간과 장소의 제약을 줄이고, 개인 맞춤형 피드백과 분석적 지원을 제공한다는 점에서 성인 학습자에게 실질적인 도움을 줄 수 있다. 그러나 공감적 교류, 정서적 신뢰 형성, 문화적 맥락의 반영과 같은 측면에서는 여전히 인간 상담자의 역할이 대체될 수 없다. 따라서 AI 상담이 주도적으로 이루어지더라도 효과를 극대화하기 위해 인간 상담자와의 상호 보완이 필요하다. 상담자로서 AI는 성인 학습자의 정서적 안정과 학습 지속성을 높이는 데 중요한 역할을 할 수 있고 보다 효과적인 상담을 위해 앞으로의 상담 장면에서는 인공지능 기술과 인간 상담자의 도움이 조화를 이루는 모델이 필요하다.

2) 성인학습자의 조력자로서의 AI

최근 연구들은 인공지능(AI)이 단순히 상담 효율성을 높이는 수준을 넘어, 성인 학습자와 내담자의 자기이해와 성장을 촉진하는 도구로 활용될 수 있음을 보여준다. 락싯(Rakshit, 2025)의 연구는 추상적인 심리 상태(예: 위축, 각성, 개방성 등)를 빛의 은유적 이미지로 변환하여 표현하였다. 이를 통해 사용자는 자신의 내적 상태를 직관적으로 탐색하고, 정서 조절과 자기 성찰의 기회를 가질 수 있었다. 특히 AI가 대화형 언어모델과 결합하여 사용자의 언어적 입력을 시각적 메타포로 즉시 변환함으로써, 개인화된 성장 경험을 지원한다. 이러한 조력자로서의 AI 상담은 성인학습자에게 자기 성찰을 통한 학습 동기 강화, 정서적 안정감 확보, 창의적 통찰 촉진과 같은 긍정적 효과를 제공할 수 있다. 또한 예술치료나 상담 영역에서도 내담자가 자신의 심리적 과정을 보다 쉽게 인식하고 표현할 수 있는 매개체로 기능한다. 따라서 성인학습 및 상담에서 AI는 내담자의 자기이해와 성장 지원을 보조하는 혁신적 도구로 자리매김할 수 있다.

여학생들을 대상으로 AI 기반 도구를 활용한 자기인식(Self-Awareness) 훈련이 학업 성취에 미치는 영향을 연구한 아부사피야와 이브니안(Abusafia & Ibnian, 2025)의 연구는 10학년 여학생들을 대상으로 1년 동안 진행되었으며, AI 디지털 색칠 앱(Pigment, Recolor)을 사용하여 학생들이 감정을 표현하고 자기이해를 높일 수 있도록 지원하였다. 연구 결과, 학생들의 영어 성취도가 평균 53%에서 77%로 크게 향상되었으며, 읽기, 쓰기, 듣기, 말하기뿐 아니라 문법과 어휘 영역까지 고르게 발전하였다. 또한 자기인식 능력 향상을 통해 정서적 문해력이 높아지고, 자신감, 스트레스 관리, 집중력과 같은 긍정적 변화가 나타났다.

이 연구는 사회·정서적 학습(SEL)의 핵심 요소인 자기인식이 학업 성취와 정서적 안정 모두에 기여함을 보여준다. 특히 정치적·문화적 제약이 많은 상황 속에서도 AI 기반 도구가 학생들에게 심리적 지지와 학업 성장을 동시에 촉진하는 중요한 자원이 될 수 있음을 시사한다. 이를 통해 AI 상담 및 교육 도구는 성인학습 및 상담 현장에서도 내담자의 자기이해와 성장 지원을 위한 효과적인 전략으로 활용될 수 있음을 발견할 수 있다.

Z세대 청소년들의 자기진단(self-diagnosis) 현상이 정신건강에 미치는 영향을 탐구하고, 이를 개선하기 위한 AI 기반 상담의 가능성을 제시한 연구는 자기진단 경험이 있는 고등학생들을 대상으로 진행되었으며, 많은 학생들이 잘못된 자기진단으로 인해 과도한 불안, 두려움, 심리적 압박을 경험하는 것으로 나타났다. 진단이 정확하지 않음을 알면서도, 그 결과에 사로잡혀 일상과 학습에 부정적 영향을 받는 경

우가 많았다. 연구자들은 이러한 문제를 완화하기 위해 AI 상담 도구가 중요한 역할을 할 수 있음을 강조하였다. AI는 청소년이 온라인에서 얻은 불확실한 정보를 비판적으로 바라보고, 자기진단을 올바르게 이해하도록 돕는다. 이를 통해 내담자는 자기이해를 심화하고 불필요한 불안에서 벗어나며, 심리적 안정과 학업적 몰입을 회복할 수 있다. 연구 결과를 통해 AI 상담은 Z세대 청소년의 비판적 사고와 자기 성찰 능력을 증진시키는 보완적 도구로 활용될 수 있으며, 성인학습 및 상담 현장에서도 자기이해와 성장을 촉진하는 교육적 자원으로의 의미도 찾을 수 있다(Difebrian, Prameswari, Mareta, 2023).

학생들을 대상으로 인공지능(AI) 애플리케이션이 자기인식 능력 향상에 미치는 효과를 검증한 아마드 등(Ahmad, Al-Nawaiseh, & Al-Nawaiseh, 2025)의 연구를 살펴보면 다음과 같다. 연구는 준실험 설계를 바탕으로 AI 애플리케이션을 활용한 교육을 실시하고 사전·사후 검사를 통해 효과를 측정하였다. 이때, 자기인식은 사회·정서학습(SEL)의 핵심 요소로, 개인이 자신의 감정, 강점과 약점을 이해하고 학습 및 생활 속에서 이를 조절·활용하는 능력을 의미한다. 연구 결과, AI 활용 집단은 통제집단에 비해 자기인식 기술이 통계적으로 유의미하게 향상되었으며, 특히 감정 인식과 자기성찰, 학습 상황에서의 자기조절 능력이 강화되었다. 이러한 결과는 AI가 학습자에게 개인화된 피드백과 상호작용 경험을 제공함으로써 자기이해와 정서적 성장을 촉진할 수 있음을 보여준다. 따라서 상담 및 교육현장에서 AI 기반 도구는 내담자의 자기이해와 성장 지원을 위한 효과적인 자원으로 활용될 수 있으며, 향후 상담자와 교사는 AI 리터러시를 갖추고 이를 적절히 적용할 필요가 있다.

조다영, 최준호(2025)는 청년층의 진로 스트레스 완화를 위한 AI 상담의 가능성을 탐구하였다. 연구에서는 상담 방식(공감 중심 vs 해결 중심)과 매체(문자 vs 음성)가 내담자의 경험에 미치는 영향을 비교하였다. 그 결과, 공감 중심 접근법은 내담자의 상담 만족도, 신뢰감, 그리고 지속 사용 의도를 높이는 데 효과적이었다. 또한 음성 매체는 문자 기반보다 더 높은 몰입감과 신뢰감을 형성하였으며, 공감적 접근과 결합될 때 상담 효과가 더욱 강화되었다. 이 연구는 AI 상담이 단순한 문제 해결을 넘어 정서적 지지와 공감 전달의 도구로 활용될 수 있음을 보여준다. 특히 음성 기반 상호작용은 내담자가 상담 과정에서 더 큰 만족과 심리적 안정감을 경험하도록 돕는 중요한 요소임을 시사한다. 따라서 향후 AI 상담을 설계할 때는 공감적 언어와 음성 커뮤니케이션을 적극적으로 반영할 필요가 있다.

3) 상담자의 치료도구로서의 AI

인공지능(AI)이 상담사 교육과 감독(supervision)에 통합될 수 있는 가능성과 과제를 제시한 마우리아와 드 디에고(Maurya & DeDiego, 2025)의 연구에 따르면, 대화형 AI는 상담 장면을 모의 재현하거나 상담사 훈련생에게 즉각적 피드백을 제공함으로써 교육 효과를 높일 수 있다. 또한 감독자에게는 상담 훈련생의 대화 패턴과 개입 방식을 분석하는 보조 도구로 활용될 수 있다. 그러나 이러한 활용에는 개인정보 보호, 기밀성 유지, 인간적 상호작용 보장과 같은 윤리적 고려가 필수적이다. 따라서 상담사 양성 과정에서는 AI 활용에 대한 명확한 가이드라인과 교육적 기준을 마련해야 한다. 이 연구는 상담사 교육과 감독에 AI를 효과적이고 책임 있게 통합하기 위한 미래 연구 로드맵을 제공한다는 점에서 의의가 있다.

원격 심리상담이 확산됨에 따라 전통적 대면 감독 방식의 한계를 지적하며, AI 기반 피드백 시스템을 활용한 가상 감독의 가능성을 탐구한 라니후스나(Ranihusna, 2025)의 연구에서는 상담 훈련생들을 대상으로 AI가 상담 대화의 언어, 어조, 구조를 분석하여 즉각적이고 객관적인 피드백을 제공한 결과, 상담 의사소통 능력, 세션 구조화, 자기 성찰 역량이 유의하게 향상되었다. 참가자들은 AI 피드백이 구체적이고 체계적이라 학습에 도움이 되었다고 응답했으나, 정서적 뉘앙스나 문화적 맥락을 충분히 반영하지 못한다는 한계도 드러났다. 따라서 AI 감독은 인간 감독을 대체하기보다 보완적 도구로 활용될 때 가장 효과적이며, 이를 위해 윤리적 기준과 디지털 리터러시 교육이 반드시 병행되어야 한다. 나아가 향후 상담사 교육과 감독에서 AI를 어떻게 책임 있게 통합할 수 있을지에 대한 중요한 기초 자료를 제공한다.

성인학습자의 상담 훈련에 인공지능(AI)을 활용하는 시도는 새로운 가능성을 보여주고 있다. 정 등(Jeong, Lee, Yang, Park, & Lee, 2025)의 연구는 상담자 훈련생을 대상으로 ChatGPT를 활용한 가상 상담 훈련이 자기효능감을 높이고 불안을 감소시키는 효과를 가짐을 실증적으로 보여주었다. 훈련생들은 AI 내담자와의 역할극을 통해 실제 상담 상황에 가까운 경험을 안전하게 쌓을 수 있었으며, 이는 상담자로서의 자신감을 강화하는 데 기여하였다. 특히 불안 수준은 첫 회기 이후 눈에 띄게 줄어들어, 초기 상담에 대한 두려움을 완화하는 데 유용한 도구임이 확인되었다. 그러나 AI가 제공하는 피드백은 개별 상황에 특화된 깊이 있는 조언이 부족하고 다소 일반적이라는 한계도 지적되었다. 반대로 자기 성찰(Self-review)을 한 학습자들이 더 큰 자기효능감 향상을 보였다는 점은, AI 활용과 함께 학습자의 적극적 반성과 성찰이 병행되어야 함을 시사한다. 또한 AI는 비언어적 단서(표정, 억양 등)를 제공하지 못하고, 기술적 오류가 몰입을 방해하는 문제도 남아 있다. 그럼에도 불구하고 본 연구는 성인학습자 상담 훈련에서 AI가 시간과 장소의 제약을 줄이며, 안전하고 반복 가능한 학습 기회를 제공하는 보완적 도구로서 충분한 가치가 있음을 제시하였다.

상담 훈련생의 임상감독 과정에서 AI 활용 가능성을 검토한 밀먼(Millman, 2025)의 연구는 공개된 상담 세션 대본을 AI와 상담학 교수가 각각 평가하고, 박사과정 학생들이 두 피드백을 비교·분석하는 방식으로 진행되었다. 평가 기준은 Counseling Competencies Scale – Revised(CCS-R) 루브릭이 사용되었다. 연구 결과, AI는 상담 장면을 교수보다 일관되게 높게 평가하는 경향을 보였다. 학생들은 균형성(balance) 측면에서는 AI 피드백이 더 유용하다고 느꼈지만, 명확성, 실용성, 전문성과의 관련성, 깊이에서는 교수 피드백이 더 도움이 된다고 평가했다. 이 결과는 AI가 상담사 훈련의 보완적 도구로서 가치가 있음을 보여주며, 특히 균형 잡힌 피드백 제공에 강점을 가진다. 그러나 인간 감독자가 제공하는 깊이 있는 해석, 공감, 맥락적 적합성은 대체할 수 없다. 따라서 AI는 인간 감독을 대신하기보다는 하이브리드 모델에서 활용될 때 가장 효과적이다. 연구는 향후 상담 교육에서 AI 통합 시 윤리적 기준, 다문화적 적합성, 실제 임상 적용성을 고려해야 한다는 시사점을 남긴다.

대학 기반 원격정신건강(Telemental Health) 훈련 클리닉에서 AI 활용 가능성을 탐구한 연구에 따르면, AI는 상담 훈련 과정에서 사례 개념화 지원, 세션 품질 피드백 제공, 표준화 검사 배포 및 경과 기록 작성과 같은 반복 업무 자동화에 유용하다. 이러한 기능은 감독자가 행정적 부담을 줄이고, 훈련생의 임상 역량 향상에 더 집중할 수 있도록 돕는다. 대학 훈련 클리닉은 실제 사례를 다루면서도 교육적 목적을 가진 환경이므로 새로운 기술을 도입하기에 적합하다. 그러나 AI 도입에는 데이터 프라이버시, 알고리즘 편향, 투명성 부족과 같은 윤리적 문제와, 교육·훈련 부족과 같은 실무적 한계가 뒤따른다(Sheperis & Sadeh-Sharvit, 2023). 따라서 AI는 인간 감독자를 대체하기보다는 보완적 도구로 활용될 때 가장 효과적이며, 훈련생과 감독자 모두가 AI 리터러시 교육을 통해 준비될 필요가 있다. 이 연구는 향후 상담 교육 현장에서 AI 통합의 방향을 제시하는 중요한 사례로 평가된다.

마우리아(Maurya, 2024)는 상담 교육 현장에서 ChatGPT를 활용한 역할극(role-play) 훈련 모델을 제안하였다. 그는 ChatGPT Client Simulation(CCS) 모델을 개발하여 상담 훈련생이 가상의 내담자와 대화하며 상담 기술을 연습할 수 있도록 하였다. 이 모델은 온라인 실시간 수업뿐 아니라 대면 수업에서도 활용 가능하다. CCS를 통해 상담 훈련생은 다양한 내담자 특성과 상황을 시뮬레이션하며 반복적이고 안전한 실습 환경을 경험할 수 있다. 특히 실습 기회가 제한된 교육 환경에서도 접근성을 높여 상담 기술 습득을 지원한다. 연구는 ChatGPT가 실제 인간 내담자를 완전히 대체할 수는 없으나, 상담 기술 학습을 위한 보조적 훈련 도구로서 유의미하다는 점을 강조하였다. 또한 AI가 제공하는 대화는 맥락적·정서적 깊이가 부족할 수 있어 인간 감독자의 지도와 보완이 반드시 필요하다. 이 연구는 AI가 상담

교육에서 역할극 기반 훈련 혁신을 가능하게 한다는 점에서 중요한 시사점을 제공한다.

상담 훈련생의 상담 기술 감독이 일률적일 경우 자기효능감 저하, 불안, 학업 성취 저하로 이어질 수 있다는 문제의식을 바탕으로 문헌고찰을 통해 감독 방법의 다양성을 분석한 연구 결과, 발달적 감독 모델이 가장 널리 활용되고 있음을 확인하였다. 또한 최근에는 AI, 증강현실(AR), 가상현실(VR) 등 신기술을 접목하여 훈련생의 개별적 필요를 보완하는 접근이 시도되고 있다. 예를 들어, 초급 훈련생은 사전·사후 녹화 제출을 통한 의사소통 개선과 AI 기반 피드백으로 개인적 편향을 줄일 수 있었다. 중급 훈련생은 감독 관계에서의 긴장을 완화하기 위해 자율성 촉진과 구조화된 성찰 활동을 통해 지원받았다(Rahmania, Marfu'i, & Ulandari, 2025). 이 연구는 상담 기술 감독이 단일 모델에 머물지 않고, 훈련생의 발달 단계와 요구에 따라 맞춤형, 통합적 감독이 필요함을 강조한다. 특히 AI와 같은 신기술은 감독의 효율성을 높이고 훈련생의 자기성찰을 강화하는 혁신적 도구로 활용될 수 있음을 확인할 수 있다.

피비 등(Peavy et al., 2024)은 오피오이드 치료 프로그램(OTP)에서 상담과 임상 감독의 질을 높이기 위해 AI 기반 감독 플랫폼(Lyssn.io)을 도입한 사례를 연구하였다. 상담자들은 세션을 녹음하여 AI가 분석·피드백하도록 했으며, 이후 상담자와 감독자를 대상으로 포커스 그룹 인터뷰를 진행하였다. 연구 결과, 상담자들은 이 기술이 동기강화상담(MI) 기술 향상과 전문성 개발에 도움이 된다고 평가하였다. 또한 상담 자체의 가치를 행정업무보다 더 잘 드러내준다는 긍정적 인식을 보였다. 감독자들은 이 플랫폼이 국가 임상 감독 지침과 지역적 요구 충족에 기여하며, 감독 과정을 더 체계적이고 표준화할 수 있다고 응답하였다. 다만, 세션을 모두 기록해야 하는 점은 윤리적·실천적 부담을 유발하며, 내담자의 프라이버시와 동의 문제가 중요한 과제로 지적되었다. 연구진은 AI 기반 임상 감독이 상담자의 역량 강화와 감독 효율성 증진에 큰 잠재력이 있지만, 반드시 윤리적 고려와 개인정보 보호 체계가 병행되어야 한다고 강조하였다.

3. AI 상담의 효과 및 과제

1) AI 상담의 긍정적 효과에 대한 연구

루소 등(Russo, Fiani, & Napoli, 2024)은 장기 코로나(post-COVID) 관련 외상 후 스트레스 증상(PTSD 유사 증상)을 겪는 환자들을 대상으로, AI 기반 온라인 원격 EMDR(안구운동 민감 소실 및 재처리 치료)이 전통적 대면 치료와 비교하여 어떤 치료적 효과를 가지는지 평가하였다. 연구는 160명을 두 집단(각 80명)으로 나누어, 실험군은 AI 지원 플랫폼을 통해 원격 치료를, 대조군은 일반적인 대면 치료를 받도록 구성하였다. 주요 평가 지표(SUDs, PCL-5, IES-R)를 사전·사후 및 변화 정도 측면에서 분석한 결과, 두 집단 간 통계적으로 유의한 차이가 발견되지 않았으며, 치료 효과는 동등하게 나타났다. 특히, AI 원격 치료는 지리적 접근 제약(외진 지역, 은둔형 환자), 또는 자연재해 등 상황에서도 높은 접근성과 유연성을 제공하는 장점을 지니며, 실제 적용 가능성과 실용성 측면에서 중요한 역할을 할 수 있음을 시사한다. 즉, AI 기반 원격 정신건강 상담이 전통적 치료와 유사한 수준의 효과를 낼 수 있으며, 접근성 강화라는 실질적 이점을 통해 성인 학습자들에게 새로운 학습 또는 치료 수단으로 제시될 수 있음을 보여준다.

AI 기반 상담 챗봇(Emohaa)이 사람들의 정신적 고통을 줄이는 데 어떤 효과가 있는지 살펴본 연구에서 챗봇은 인지행동치료적 지원(CBT-Bot)과 감정적 지지(ES-Bot)를 함께 제공하도록 설계되어, 사용자가 자동적 사고를 점검하거나 감정을 글로 표현하면서 스스로 돌볼 수 있도록 도와준다. 247명을 대상으로 한 전체 분석과 134명을 대상으로 한 완전 수행 분석 모두에서, AI 기반 상담 챗봇을 사용한 집단은 통제 집단보다 우울감, 불안한 감정, 수면 문제 등이 뚜렷하게 개선되었다. 이는 AI 상담이 실제로 정신건강 회복에 도움을 줄 수 있으며, 특히 시간이나 비용, 상담 접근에 제약이 있는 사람들에게 새로운 대안이 될 수 있음을 보여준다(Sabour et al.,

2023). 따라서 AI 기반 상담은 전문적인 치료를 완전히 대체하지는 않더라도, 일상 속에서 누구나 쉽게 접근할 수 있는 보조적 정신건강 지원 도구로서 유의미한 가능성을 지닌다. 아울러 AI 기반 챗봇이 적절하게 설계될 경우, 정신적 고통 완화에 있어 실제적인 치료적 효과를 낼 수 있음을 시사하며, 접근성이 용이하고 비용이 상대적으로 낮다는 장점으로 인해 실용적 대안으로서의 가능성을 발견할 수 있다.

자크 이멜(Zac E. Ime)과 동료 연구자들(2023)은 온라인 문자 기반 상담을 인공지능으로 분석하여 그 효과를 검증하였다. 이 연구는 미국의 온라인 상담 플랫폼을 통해 2014년부터 2019년까지 약 16만여 명의 성인을 대상으로 진행되었다. 연구팀은 트랜스포머 기반 머신러닝 모델을 활용해 상담 대화의 내용을 자동으로 분류하고, 상담 개입 방식과 내담자 보고 결과 간의 연관성을 평가하였다. 그 결과, 상담자의 지지적 개입과 상담 내용은 내담자의 상담 참여 기간, 만족도, 우울 증상 개선과 밀접하게 연결되어 있었다. 특히 지지적 상담이 많을수록 증상이 더 호전되고 상담이 오래 지속되는 경향이 나타났다.

핑(Ping, 2024)의 연구는 AI 기술이 심리상담에서 어떻게 활용될 수 있는지 탐구하였다. 연구에 따르면 AI 챗봇은 사용자의 대화를 분석하여 정서 상태와 심리적 요구를 파악할 수 있으며, 이를 통해 맞춤형 상담 전략을 제시하였다. 특히 기계학습 알고리즘을 활용해 상담 결과와 만족도를 예측함으로써 상담의 효과성을 높일 수 있음을 보여주었다. 연구 결과, AI 기반 모델은 약 89%의 정확도로 심리 상태를 분석해 높은 신뢰성을 확보하고 이는 성인 학습자들에게도 효율적이고 접근성이 높은 상담 지원을 제공할 수 있음을 시사한다.

2) AI 상담의 보완점에 대한 연구

인공지능 챗봇의 발달은 상담이나 심리치료와 같은 정신건강 지원에 활용될 수 있는 가능성을 보여주고 있다. 그러나 동시에 부정적 효과 또는 보완의 필요성을 강조하는 연구도 늘어나고 있다.

기존 학술 논문에서 추출한 30개 사례를 기반으로 대규모 언어모델의 편향성 여부를 연구한 결과, AI 기반 도구의 진단과 치료 권고가 공정하게 적용되기 위해서는 성별, 인종, 사회경제적 지위와 관련된 잠재적 편향을 면밀히 이해하고 적극적으로 완화하는 것이 필수적임을 밝혔다. 또한 AI 상담을 활용하기 위해 모델의 편향을 인식하고 반드시 임상적 근거와 함께 보조적으로 사용하는 것을 권고하였다 (Schnepper et al., 2025).

428명의 대학생을 대상으로 인공지능 챗봇 사용 관련 경험을 조사한 결과, 전체 학생의 절반 가까이가 챗봇을 사용해 본 경험은 있었으나, 정신건강 상담 목적으로 활용한 경우는 약 5%임을 밝힌 연구도 있다. 특히 우울이나 불안 증상을 가진 학생들만 보아도 8% 정도만이 챗봇을 상담에 활용하였다. 전통적인 심리치료나 상담, 약물치료에 대해서는 긍정적인 태도가 뚜렷했지만, 챗봇 상담에 대해서는 중립적이거나 덜 긍정적인 태도를 보였다. 학생들은 챗봇 상담을 사용하지 않는 주된 이유로 '굳이 필요하지 않다'거나 '도움이 될지 의심스럽다'는 점을 들었다. 반면 비용이나 시간, 사회적 낙인과 같은 장벽은 전통적 상담보다 적게 보고되었다(Rackoff, Zhang, & Newman, 2025). 이러한 결과는 챗봇 기반 상담이 비용과 접근성 면에서는 장점이 있지만, 효과성과 신뢰성에 대한 의문을 해소하는 것이 보급을 위해 필요함을 보여준다. 따라서 향후 체계적인 연구를 통해 AI 상담의 임상적 유효성을 입증하고, 이를 책임감 있게 활용할 방안이 필요함을 알 수 있다.

4. AI 상담의 윤리적 쟁점

오오이와 윌킨슨(Ooi & Wilkinson, 2024)은 생성형 인공지능(Generative AI), 특히 대규모 언어모델 챗봇이 상담 및 심리치료에 미칠 영향을 탐구하였다. 연구에서는 영국, 미국, 호주, 말레이시아의 상담 윤리 강령을 비교 분석하며, AI 시대에 필요한 보완

요소를 검토하였다. 분석 결과, 기존 윤리 강령은 기밀성, 전문성, 책임성 등 전통적 원칙을 강조하지만 AI 관련 위험 요소(데이터 활용, 알고리즘 편향, 설명 가능성 등)는 거의 반영되지 않은 것으로 나타났다. 연구진은 싱가포르의 Model AI Governance Framework를 예시로 들어, 투명성, 공정성, 책임성, 안전성 같은 거버넌스 원칙을 상담 윤리 강령에 통합해야 한다고 주장하였다. 이 연구는 AI를 상담에 도입하기 위해서는 단순한 기술 활용을 넘어, 내담자 보호와 신뢰 확보를 위한 새로운 윤리적 지침이 필요함을 강조한다. 따라서 상담 교육과 실무에서 AI를 안전하고 책임감 있게 사용하기 위해 윤리 강령 개정과 제도적 기반 마련이 시급하다.

WHO(2024)는 보건의료 분야에서 AI을 활용할 때 지켜야 할 여섯 가지 윤리 원칙을 제시하였다. 이는 상담 장면에도 그대로 적용될 수 있는 기준이다. 첫째, 자율성 보호로 내담자가 상담 과정과 데이터 활용 여부를 스스로 선택할 수 있도록 해야 한다. 둘째, 인간의 웰빙과 안전 증진을 최우선으로 하여 AI 상담이 내담자에게 해를 끼치지 않도록 보장해야 한다. 셋째, 투명성과 설명 가능성을 확보하여 내담자가 AI의 역할과 한계를 이해할 수 있어야 한다. 넷째, 책임성과 책무성을 강화해 상담 과정에서 문제가 발생했을 때 책임 주체가 명확히 규명되어야 한다. 다섯째, 포용성과 형평성을 고려해 다양한 문화·언어·사회적 배경을 존중하고 차별 없는 서비스를 제공해야 한다. 여섯째, 지속가능성과 대응성을 확보하여 AI 상담이 변화하는 사회적·기술적 요구에 맞게 발전하도록 관리해야 한다. 이러한 원칙들은 기존 상담 윤리 강령(자율성, 무해성, 선행, 정의, 기밀성 등)과 맞닿아 있으며, AI 상담 도입 시 내담자 보호와 신뢰 확보를 위한 윤리적 기준으로 활용될 수 있다.

조직과 컨설팅 현장에서 AI 활용이 확산되는 상황에서 심리학자의 윤리적·법적 책임을 분석한 연구에서는, 현재 윤리 강령에는 AI 관련 조항이 거의 없지만, 기존 원칙인 선행과 무해성, 역량, 기밀성, 사전동의, 데이터 관리, 과학적 근거 등이 그대로 적용될 수 있음을 강조한다. 또한 변호사, 개발자, 관리자 등 다른 전문가들과 협력할 때도 동일한 윤리적 고려가 필요하며, 미국과 유럽연합에서 새롭게 마련 중인 AI 법제는 실무자들에게 새로운 책임과 위험을 가져올 수 있다. 로만(Lowman)은 심리학자가 개인·집단·조직 차원에서 윤리적 조언자와 감독자 역할을 수행해야 한다고 제시하였다. AI는 상담과 컨설팅에서 효율성과 기회를 제공하지만, 동시에 기밀성 침해, 법적 분쟁, 책임소재 불명확성 같은 위험을 내포한다(Lowman, 2025). 따라서 컨설팅 심리학자와 관리자는 윤리적 감수성과 법적 이해를 바탕으로 AI를 활용하고, 변화하는 법·정책을 반영해 책임 있는 사용을 실천해야 한다.

AI의 공공부문 활용은 효율성·서비스 향상에 기여할 수 있지만, 동시에 편향, 차별, 불투명성, 프라이버시 침해와 같은 윤리적 문제를 야기할 수 있다. 따라서 윤리적 원칙과 이를 실현할 조직적 조건을 함께 고려하는 것이 필수적이다.

코샤남(Koshanam, 2024)은 윤리적 AI 채택을 위한 핵심 원칙으로 공정성, 투명성, 책임성, 프라이버시 보호, 신뢰를 제시하였다. 이러한 원칙은 플로리디와 카울즈(Floridi & Cowls, 2019)의 연구에서 강조된 "윤리적 AI의 다섯 가지 원칙(beneficence, non-maleficence, autonomy, justice, explicability)"과도 일치하며, 디그넘(Dignum, 2019)이 지적했듯 기술·사회·정책 차원을 포괄해야 한다. 또한 스틱스(Stix, 2021)와 위틀스톤 등(Whittlestone et al., 2019)은 기존 윤리 지침이 지나치게 추상적이어서 구체적 실행방안이 필요하다고 지적했다.

조직적 조건 측면에서, 코샤남(Koshanam, 2024)은 강력한 데이터 거버넌스 체계, 윤리적 설계와 설명 가능 AI, 윤리적 리더십, 포괄적 AI 정책, 이해관계자 참여와 포용성, 지속적 교육훈련을 제안하였다. 이는 토나츠키와 플라이셔(Tornatzk & Fleischer, 1990)가 제안한 TOE(Technology-Organization-Environment) 프레임워크에 근거하며, 이후 아와 등(Awa et al., 2017), 갱워 등(Gangwar et al., 2014), 후세인과 쿼두스(Hossain & Quaddus, 2011) 등의 경험적 연구에서 검증된 바 있다. 또한 판 노르트와 미수라카(Van Noordt & Misuraca, 2022)는 공공기관의 혁신 문화가 윤리적 AI 도입을 촉진한다고 보고했고, 노이만 등(Neumann et al., 2023)은 실패를 허용하는 애자일 프로젝트 관리 문화가 AI 통합에 도움이 된다고 밝혔다. 캠피온 등(Campion et al., 2022)과 소브리노 가르시아(Sobrino-García, 2021)는 윤리적 기준이 조직 문화에 내재될 때 편향이 줄어들고 책임성이 강화됨을 보여주었다. 굽타(Gupta, 2023)는 공공부문 AI 활용에서 규제 부재와 윤리적 허점이 신뢰를 저해한다고 지적했고, 미텔슈타트(Mittelstadt, 2019)는 윤리 지침을 조직 프로세스에 통합하는 실질적 전략이 필요하다고 주장하였다. 이와 같이 다수 연구자들의 논의는, 윤리 원칙만으로는 충분하지 않으며, 이를 실행할 수 있는 조직적 구조와 제도적 장치가 반드시 병행되어야 함을 강조한다.

학습 과제

1. 실제 수업/상담 장면을 하나 정해 AI 상담 도입 시나리오(목표 – 대상 – 흐름 – 위험 – 완화책 – 평가지표)를 작성하시오.
2. 최신 연구 세 편을 선정해 효과 및 근거, 보완 과제 비교표를 만들고, 국내 적용 시 수정점을 제안하시오.
3. 자율성, 무해성, 공정성, 설명 가능성, 책무성을 반영한 기관용 윤리 체크리스트(1쪽)를 작성하고 동료와 상호 검토하시오.

참고문헌

이재용, 이시휴, 권정현, 최준섭(2022). 인공지능 기반 챗봇의 상담 활용 사례 분석 및 학교 상담용 챗봇 개발. **초등상담연구, 21**(3), 243-267.

장규현, 서영석(2022). 심리상담 챗봇에 대한 상담사들의 인식. **상담학연구, 23**(6), 17-48.

정여주, 팽현지, 김재헌, 오정은(2025). 인공지능(AI) 상담 연구 동향과 열린 교육에서의 실천적 과제: 2020~2025년 국내외 논문을 중심으로. **열린교육연구, 33**(4), 171-197.

조다영, 최준호(2025). 공감과 음성은 사용자의 AI 심리상담 경험에 어떤 영향을 미칠까?: 20·30대 청년들의 진로 스트레스를 중심으로. **디지털콘텐츠학회논문지, 26**(1), 255-263.

Abusafia, H. A. L. A., & Ibnian, S. S. (2025). Measuring the Impact of Growing Self-Awareness Among 10th Grade Female Students Using Artificial Intelligence on Their Academic Achievement. *Journal of Palestine Ahliya University for Research and Studies, 4*(2), 69-80.

Ahmad, F. B., Al-Nawaiseh, A. J., & Al-Nawaiseh, S. J. (2025). The effectiveness of artificial intelligence applications in developing self-awareness skills among students of the basic stage.

Atzil-Slonim, D., Soma, C. S., Zhang, X., Paz, A., & Imel, Z. E. (2023). Facilitating dyadic synchrony in psychotherapy sessions: Systematic review and meta-analysis. *Psychotherapy Research, 33*(7), 898-917.

Awa, H. O., Ojiabo, O. U., & Orokor, L. E. (2017). Integrated technology-organization-environment(TOE) taxonomies for technology adoption. *Journal of Enterprise Information Management, 30*(6), 893-921.

Bannister, F., & Connolly, R. (2015). The great theory hunt: Does e-government really have a problem?. *Government Information Quarterly, 32*(1), 1-11.

Campion, T., et al. (2022). Ethical standards and innovation in AI governance.

Difebrian, A., Prameswari, D. Z. A., & Mareta, M. (2023). Artificial Intelligence-Based Counseling for Improving Self-Understanding Through Self Diagnose of Generation Z. *The Proceeding of ICRCS, 2,* 35-42.

Dignum, V. (2019). *Responsible Artificial Intelligence: How to Develop and Use AI in a Responsible Way.* Springer.

Floridi, L., & Cowls, J. (2019). A unified framework of five principles for AI in society. *Harvard Data Science Review, 1*(1).

Gangwar, H., Date, H., & Ramaswamy, R. (2014). Understanding determinants of cloud computing adoption using TOE framework. *International Journal of Information Management, 34*(3), 364-376.

Gawande, M. S., Zade, N., Kumar, P., Gundewar, S., Weerarathna, I. N., & Verma, P. (2025). The role of artificial intelligence in pandemic responses: from epidemiological modeling to vaccine development. *Molecular Biomedicine, 6*(1), 1-25.

Gupta, A. (2023). Ethical governance challenges of AI in the public sector.

Hossain, M. A., & Quaddus, M. (2011). The adoption and continued usage of RFID in logistics: A TOE perspective. *Technological Forecasting & Social Change, 78*(6), 1056-1076.

Jeong, D., Lee, H., Yang, H., Park, J. C., & Lee, S. M. (2025). AI integration in counseling training: Aiding counselors-in-training in self-efficacy enhancement and anxiety reduction. *Journal of Counseling & Development.*

Kolding, S., Lundin, R. M., Hansen, L., & Østergaard, S. D. (2024). Use of generative artificial intelligence(AI) in psychiatry and mental health care: a systematic review. *Acta Neuropsychiatrica,* 1-14.

Koshanam, V. R. (2024). Facilitating ethical adoption of artificial intelligence technologies in the public sector(Doctoral dissertation). University of Maryland University College.

Lowman, R. L. (2025). Consultants' and managers' ethical and legal responsibilities in artificial intelligence applications. *Consulting Psychology Journal, 77*(2), 104-117.

Maurya, R. K. (2024). Using AI based chatbot ChatGPT for practicing counseling skills through role-play. *Journal of Creativity in Mental Health, 19*(4), 513-528.

Maurya, R. K., & DeDiego, A. C. (2025). Artificial intelligence integration in counsellor education and supervision: A roadmap for future directions and research inquiries. *Counselling and Psychotherapy Research, 25*(1), e12727.

Millman, D. A. (2025). The Use of Artificial Intelligence in the Clinical Supervision of Counselors in Training: A Comparative Quantitative Study(Doctoral dissertation, Liberty University).

Mittelstadt, B. (2019). Principles alone cannot guarantee ethical AI. *Nature Machine Intelligence, 1*(11), 501-507.

Neumann, D., et al. (2023). Agile methods and AI adoption in public organizations.

Ofem, U. J., Anake, P. M., Abuo, C. B., Ukatu, J. O., & Etta, E. O. (2025). Artificial intelligence application in counselling practices. A multigroup analysis of acceptance and awareness using gender and professional rank. *Frontiers in Digital Health, 6,* 1414178.

Omarov, B., Narynov, S., & Zhumanov, Z. (2023). Artificial intelligence-enabled chatbots in mental health: a systematic review. *Comput. Mater. Continua, 74,* 5105-5122.

Ooi, P. B., & Wilkinson, G. (2025). Enhancing ethical codes with artificial intelligence governance-a growing necessity for the adoption of generative AI in counselling. *British Journal of Guidance & Counselling, 53*(1), 66-80.

Park, G., Chung, J., & Lee, S. (2023). Effect of AI chatbot emotional disclosure on user satisfaction and reuse intention for mental health counseling: a serial mediation model. *Current Psychology, 42*(32), 28663-28673.

Peavy, K. M., Klipsch, A., Soma, C. S., Pace, B., Imel, Z. E., Tanana, M. J., ... & Atkins, D. C. (2024). Improving the quality of counseling and clinical supervision in opioid treatment programs: how can technology help?. *Addiction Science & Clinical Practice, 19*(1), 8.

Ping, Y. (2024). Experience in psychological counseling supported by artificial intelligence technology. *Technology and Health Care, 32*(6), 3871-3888.

Rackoff, G. N., Zhang, Z. Z., & Newman, M. G. (2025). Chatbot-delivered mental health support: Attitudes and utilization in a sample of US college students. *Digital Health, 11,* 20552076241313401.

Rahmania, D., Marfu'i, L. N. R., & Ulandari, R. (2025). The Variety of Counseling Skill Supervision as a Learning Process. *Jurnal Pembelajaran, Bimbingan, dan Pengelolaan Pendidikan, 5*(6), 4-4.

Rakshit, A. (2025). Building an artificial-intelligence powered metaphor-based visualizer for human self-understanding(Doctoral dissertation, University of British Columbia).

Ranihusna, D. (2025). The Virtual Supervision Revolution: Enhancing Counselor Competency in Tele-Mental Health Through AI Enhanced Feedback Systems. *International Journal of Research in Counseling, 4*(1), 1-11.

Rehman, F., & Sajjad, S. (2025). Bridging Technology and Therapy: Exploring AI in Mental Health Services through Counselors' and Students' Perspectives. *Online Media and Society, 6*(1), 31-44.

Russo, S., Fiani, F., & Napoli, C. (2024). Remote Eye Movement Desensitization and Reprocessing Treatment of Long-COVID- and Post-COVID-Related Traumatic Disorders: An Innovative Approach. *Brain Sciences, 14*(12), 1212. https://doi.org/10.3390/brainsci14121212

Sabour, S., Zhang, W., Xiao, X., Zhang, Y., Zheng, Y., Wen, J., Zhao, J. and Huang, M. (2023). A chatbot for mental health support: exploring the impact of Emohaa on reducing mental distress in China. *Front. Digit. Health 5*: 1133987. doi: 10.3389/fdgth.2023.1133987

Schnepper, R., Roemmel, N., Schaefert, R., Lambrecht-Walzinger, L., & Meinlschmidt, G. (2025). Exploring Biases of Large Language Models in the Field of Mental Health: Comparative Questionnaire Study of the Effect of Gender and Sexual Orientation in Anorexia Nervosa and Bulimia Nervosa

Case Vignettes. *JMIR Mental Health, 12*(1), e57986.

Sheperis, D., & Sadeh-Sharvit, S. (2023). Using AI-supported supervision in a university telemental health training clinic. *Journal of Technology in Counselor Education and Supervision, 4*(1), 3.

Sobrino-García, L. (2021). Embedding ethics in AI organizational culture.

Spytska, L. (2025). The use of artificial intelligence in psychotherapy: development of intelligent therapeutic systems. *BMC psychology, 13*(1), 175.

Stix, C. (2021). Actionable principles for AI governance. *AI & Society, 36*(2), 535-548.

Tornatzky, L. G., & Fleischer, M. (1990). *The Processes of Technological Innovation.* Lexington Books.

Van Noordt, C., & Misuraca, G. (2022). The use of AI in the public sector: A research agenda. *Government Information Quarterly, 39*(2), 101714.

Whittlestone, J., Nyrup, R., Alexandrova, A., & Dignum, V. (2019). *The role and limits of principles in AI ethics.* AAAI/ACM Conference on AI, Ethics, and Society.

World Health Organization. (2024). *Ethics and governance of artificial intelligence for health: large multi-modal models.* WHO guidance. World Health Organization.

Zhang, W. Z., & Lian, R. (2025). Counselor type (Human/AI) and consultation intention: a moderated mediation model of trust and psychological counseling scenarios. *BMC psychology, 13*(1), 408.

찾아보기

저자약력

김 신 일(교육학 박사)
서울대학교 교육학과 명예교수
전) 교육인적자원부 장관 겸 부총리
한국평생교육HRD학회 자문위원장

| 주요 저서 |
평생교육학: 동향과 과제(2001), 학습사회의 교육학(2005), 교육생각(2007), 교육사회학(2007), 학습사회(2020) 등 다수

이 복 희(교육학 박사)
백석대학교 대학원 평생교육HRD전공 교수
백석대학교 평생교육HRD 연구소 소장
한국평생교육HRD학회 회장

| 주요 저서 |
평생교육론(2025),평생교육 프로그램 개발론(2024), 평생교육방법론(2023), 대인관계(2020), 자기계발론(2020) 등 다수

윤 옥 한(교육학 박사)
국민대학교 교육학과 교수
한국평생교육HRD학회 부회장 겸 사무총장

| 주요 저서 |
명강의 교수법(2008), 평생교육 프로그램 개발론(2013), 삶은 교육사회학(2015), 평생교육방법론(2017), 현대 교육과정론(2021) 등 다수

김 성 호(교육학 박사)
경기도교육청 소속 교사
한국평생교육HRD학회 사무국장
마음자람심리상담센터(김포) 이사

| 주요 저서 |
늦어도 괜찮아, 성장하고 있으니까(2025), 교회평생교육(2023)

김 소 영(교육학 박사)
백석문화대학교 외래교수
진로혜윰연구소 대표
한국평생교육HRD학회 이사

| 주요 저서 |
늦어도 괜찮아, 성장하고 있으니까(2025)

염 희 영(교육학 박사)
수퍼바이저 코치(KSC), 가족상담전문가
활명양한방암전문 요양병원 전임상담사
백석문화대학교 외래교수
한국평생교육HRD학회 이사

| 주요 역서 |
코칭기술(2025)

인공지능 시대 성인학습 및 상담

1판 1쇄 인쇄 2025년 12월 25일
1판 1쇄 발행 2025년 12월 30일

지 은 이 | 김신일 · 이복희 · 윤옥한 · 김성호 · 김소영 · 염희영
한국평생교육HRD학회
발 행 인 | 박철용
발 행 처 | 양서원
주　　소 | 경기도 파주시 직지길 522 파주출판도시
전　　화 | 031-955-8000(代)
팩　　스 | 031-955-8005
홈페이지 | www.yswpub.co.kr
이 메 일 | yswgroup@naver.com
출판등록 | 1987년 11월 24일 제406-2003-037호

ISBN 978-89-994-1628-6

정가 23,000원